中华优秀传统文化系列读物

墨学与现实文化趣谈

孙中原 著

图书在版编目（CIP）数据

墨学与现实文化趣谈 / 孙中原著. —北京：商务印书馆，2022
（中华优秀传统文化系列读物）
ISBN 978-7-100-21326-4

Ⅰ.①墨… Ⅱ.①孙… Ⅲ.①墨家 ②《墨子》—通俗读物 Ⅳ.①B224-49

中国版本图书馆CIP数据核字（2022）第105555号

权利保留，侵权必究。

本书为2019年国家社科基金冷门"绝学"研究专项"《墨经》绝学的E考据和元研究"（项目批准号：19VJX001）阶段性成果

中华优秀传统文化系列读物
墨学与现实文化趣谈
孙中原 著

商 务 印 书 馆 出 版
（北京王府井大街36号 邮政编码 100710）
商 务 印 书 馆 发 行
三河市尚艺印装有限公司印刷
ISBN 978 - 7 - 100 - 21326 - 4

2022 年 9 月第 1 版　　开本 880×1230　1/32
2022 年 9 月第 1 次印刷　印张 11 1/4
定价：58.00 元

创转创发相融通

——"中华优秀传统文化系列读物"丛书序

习近平总书记2014年9月24日在纪念孔子诞辰研讨会上讲话说,要"努力实现传统文化的创造性转化、创新性发展,使之与现实文化相融相通"。故本丛书取名"中华优秀传统文化系列读物"。以下简述本丛书著作的宗旨、缘起和内容。

一、宗旨

本丛书的宗旨,是弘扬中华优秀传统文化,阐发中华优秀传统文化"与现实文化相融相通"的意涵,推动中华优秀传统文化在新时代的"创造性转化、创新性发展",为振兴中华,实现中华民族伟大复兴的中国梦,提供锐利的思想武器和强大的精神动力,致力于中华优秀传统文化的大众化、普及化,力求做到通俗易懂,有科学性、知识性和可读性,适合广大人民群众阅读。

二、缘起

本丛书著作,缘起于我跟商务印书馆多年良好的合作共事。经多年酝酿,编撰拙著《中国逻辑研究》,2006年由商务印书馆出版。2015年经全国哲学社会科学规划办公室组织专家评审,全国哲学社会科学规划领导小组批准,获2015年国家社科基金中华学术外译项目立项,译为英文,在国外刊行。合著《墨子今注今译》,2009年由商务印书馆出版,2012年第2次印刷。从2012年至今,我陆续跟商务印书馆签约,致力于本丛书的编撰。这是我1961到1964年奉调师从中国科学院哲学研究所汪奠基、沈有鼎教授,专攻古文献,历经数十年教学和研究积淀的成果。

三、内容

本丛书首批出版著作15种:

1.《五经趣谈》:趣谈《诗》《书》《礼》《易》与《春秋》的义理。

2.《二十四史趣谈》:趣谈二十四史的启示借鉴。

3.《诸子百家趣谈》:趣谈诸子百家人物、流派、典籍与学说。

4.《古文大家趣谈》:趣谈古文大家的文学精粹。

5.《墨学趣谈》:趣谈墨学的知识启迪。

6.《墨子趣谈》：趣谈墨家的智慧辩术。

7.《墨学与现实文化趣谈》：趣谈墨学与现代文化的关联。

8.《墨学与中国逻辑学趣谈》：趣谈墨学与中国逻辑学的前沿课题。

9.《中国逻辑学趣谈》：趣谈中国逻辑学的精华。

10.《诡辩与逻辑名篇趣谈》：趣谈先秦两汉的诡辩与逻辑名篇。

11.《诸子百家逻辑故事趣谈》：趣谈诸子百家经典的逻辑故事。

12.《中华先哲思维技艺趣谈》：趣谈中华先哲的思维表达技巧。

13.《东方逻辑趣谈》：日学者趣谈中印西方逻辑，著者授权译介。

14.《管子趣谈》：趣谈《管子》的治国理政智谋。

15.《墨经趣谈》：趣谈《墨经》的科学人文精神。

本丛书著作，由商务印书馆编审出版，谨致谢忱。不当之处请指正。

孙中原

2022 年 5 月 16 日

前　言

　　本书宗旨，是趣谈墨学与现实文化的融通，墨学与现代科学、逻辑、哲学、经济、政治、道德、教育、语言文学、军事等部门的关联，促进墨学与现代世界文化的联通互鉴、深度交融。战国时，墨学与儒学齐名，都叫显学，是中华优秀传统文化的源头。现代学人的使命与责任，是"努力实现传统文化的创造性转化、创新性发展，使之与现实文化相融相通"[①]。

一、时代引领，历史使命

　　我为什么研究墨学？ 我走上墨学研究的道路，归因于时代引领、历史使命。1956 年，国家发出"向科学进军"的号召。1956—1958 年，我在中国人民大学哲学系就读，

[①] 习近平 2014 年 9 月 24 日在纪念孔子诞辰 2565 周年国际学术研讨会暨国际儒学联合会第五届会员大会开幕会上的讲话。

聆听教授讲课，开始认知墨学。1958—1961年，我先后奉调中共中央直属高级党校自然辩证法与逻辑学研究生班①，聆听中国科学院哲学所汪奠基、沈有鼎教授系统讲授中国逻辑史课程，熟知墨学与中国逻辑学的关联，同时接受世界先进科学理论与科学方法论的严格训练。

1959年7月28日毛泽东致信康生②说："我有兴趣的，首先是中国近几年和近数十年关于逻辑的文章、小册子和某些专著（不管内容如何），能早日汇编印出，不胜企望！姜椿芳同志的介绍甚为有益，书目搜编也是用了功的，请你便时代我向他转致谢意。"③

姜椿芳④的"介绍"和"书目搜编"，指姜椿芳受命负责编辑的《逻辑学论文集》六集，该书收入中国大陆

---

① 1958年7月，我奉调从中国人民大学哲学系本科进入中共中央直属高级党校自然辩证法研究生班学习，分配进入该班逻辑组。因为毛泽东关心逻辑，该班逻辑组不久即分立为独立的逻辑学研究生班，我即转入该班，成为最早的学员。因为我在中国人民大学哲学系系统学习过逻辑学，受领导教师关照，每次派我参加京津逻辑学大讨论，并作为《辩证逻辑》《形式逻辑》教材的撰稿人。

② 康生时任中央政治局候补委员、中央理论小组组长、中央文教小组副组长。

③ 高路：《毛泽东与逻辑学》，载龚育之、逢先知、石仲泉：《毛泽东的读书生活》，生活·读书·新知三联书店1986年版，第139页。也见《毛泽东书信选集》，人民出版社1983年版，第564页。

④ 姜椿芳时任中央编译局副局长。

1953年后发表的全部逻辑学论文，1958年8月印。其中第四集，收入此间全部中国逻辑思想史的论文，含汪奠基《关于中国逻辑史的对象和范围问题》等。①

毛泽东构想一项宏伟的文化工程，意义非凡。毛泽东读书秘书高路在《毛泽东与逻辑学》中说："毛泽东不满足于看逻辑学论文，他还希望系统地看全部'专著'；他不满足于只了解'近几年'的讨论情况和各种见解，还希望了解中国'近数十年'的研究概况、认识的历史发展；他不仅对西方的逻辑感兴趣，也想对中国传统逻辑思想有更多的了解。一九五八年他就和周谷城说到过这样的意思。他说最好把古今所有的逻辑书都搜集起来，印成一部丛书，还在前面写几句话，作为按语。"②

周谷城说："主席曾对我说过：'最好把所有的逻辑书，不论是新的或旧的，过去的或现在的，一律搜齐，印成大部丛书，在前面写几句按语式的话，作为导言。'"③1959

---

① 参见《中国社会科学家辞典》现代卷，甘肃人民出版社1986年版，第372—374页孙中原撰"汪奠基"词条。汪奠基：《关于中国逻辑史的对象和范围问题》，《哲学研究》1957年第2期。

② 高路：《毛泽东与逻辑学》，载龚育之、逄先知、石仲泉：《毛泽东的读书生活》，生活·读书·新知三联书店1986年版，第141页。

③ 周谷城：《回忆毛主席的教导》，载《毛泽东同志八十五诞辰纪念文选》，人民出版社1979年版，第191页。

年，毛泽东授意中央政治研究室逻辑组，挑选逻辑专著11本，称"逻辑丛刊"，由三联书店在1959—1961年陆续出版。毛泽东一直把他亲自督编的这套《逻辑丛刊》保存在身边。

毛泽东关注逻辑学与中国逻辑史研究，我当时就读的中共中央直属高级党校自然辩证法研究班逻辑组，分立为逻辑班，我是逻辑班最早学员。逻辑班主任孙定国特意给我毛泽东督编的大字本《逻辑学论文集》，供我研读。

1958—1961年，我就读中央党校逻辑班期间，中央有关部门指示建立由中央党校、北京大学、中国人民大学和北京师范大学四校负责人组成的学术机构，轮流主持京津地区的逻辑学大讨论，其背景是毛泽东的关心支持。中央党校每次都派我，参加京津地区逻辑学大讨论。

中央政治局候补委员、中央理论小组组长、中央文教小组副组长康生，按照毛泽东意图，指示中国人民大学领导人胡锡奎：人民大学派人，跟汪奠基学习中国逻辑史。1961—1964年我奉学校调令，住进中国科学院哲学所宿舍，师从逻辑室汪奠基、沈有鼎教授，专攻中国逻辑史与《墨经》等中国古代元典。我经历中国古典文献校勘、训诂与考据考辨的系统严格训练，精研《墨经》等中国古代元典，奠定了《墨经》研究的文献资料基础。

2001年1月，设在中宣部与国家新闻出版总署的《中华大典》工作委员会和《中华大典》编纂委员会，聘我为《中华大典·哲学典》编委与《中华大典·哲学典·诸子百家分典》副主编兼撰稿人。我用E考据方法、电脑高科技手段，从11亿字《四库全书》《四部丛刊》电子版，完全归纳，穷尽检索，科学分析，选取《墨经》科学范畴，把海量《墨经》与经史子集资料，纳入现代世界科学分类系统，编辑《中华大典·哲学典·诸子百家分典》563万字，撰写《墨经》等诸子百家范畴总部稿281万字，这是本书研究的数据资料基础。

拙撰《墨经分类译注》，是数十年来，持续不断在中国人民大学哲学院为硕士博士研究生授课教材，有广泛的学术影响。这部分内容收入拙著《中国逻辑研究》商务印书馆2006年版，经专家评审，2015年列入国家社会科学基金中华学术外译项目，译为英文，在海外出版。

二、新元墨学，元墨学纲领

我怎样研究墨学？ 德国数学家希尔伯特的元数学纲领，提出理论研究的分层论，把所研究的理论叫对象理论，研究对象理论所用的工具性理论叫元理论。借鉴希尔伯特元数学纲领的方法从事墨学研究的理想期待，是构建新墨学与元墨学，简称新元墨学、元墨学。

墨学元研究，是墨学的超越、总体研究，墨学元研究的成果，是元墨学。现代墨学，即墨学的现代化，墨学的现代性转化，是墨学研究范式的现代转型，其研究成果，是新墨学与元墨学。墨学现代化、新墨学与元墨学范畴，是现代墨学研究的重点、难点、焦点、亮点与学术增长点。

现代学者适应新时代的需要，把古墨学创新转化为新墨学，乃是势之必至，理所固然。墨学现代化，是新墨学创立的手段、原因、途径、行为与实践。新墨学创立，是墨学现代化的目的、结果、宗旨、动机与理想。墨学现代化趋势的实质，是奔向现代化的目标，乃不可阻挡的历史潮流、命运与必然。

墨学现代化趋势的必然性，是墨学的现代性转变，贯穿于墨学现代化的全过程。墨学现代化趋势的理论渊源（内因、根据与直接因素），是墨学自身的内在张力与生命力。墨学是中国传统学术中，最富科学人文精神的优秀文化遗产，蕴含施诸四海而皆准，行诸百世而不悖的普遍真理，有重要的现代价值与世界意义。

墨学自身的内在张力与生命力，遇到合适的土壤气候，必然发芽生长，开花结果。墨学现代化趋势的历史渊源（外因、条件与间接因素），是全球化时代世界地球村意识的冲击，中华民族弘扬优秀传统文化的精神驱动。墨学现代化的趋势，是墨学自身的内在张力、生命力与时代需要的因缘和合。现代学者在新时代，面对新课题，从墨学中借鉴丰富的哲学资源，汲取深湛的哲理智慧，墨学现代化的趋势应运而生。

墨学元研究的目的、结果，是创立元墨学。元墨学的理论层次，高于古墨学，揭示古墨学的元性质，是新墨学的中枢与灵魂、主导与统帅因素。古今墨学元性质，是以现代科学为工具性元理论，揭示古今墨学的整体性质。

古墨学研究的主体，是先秦墨家。古墨学是先秦墨家一家之言，适应战国时代需要，代表从手工业者上升的士人知识分子心声，有派别与时代的局限，需要今日学人批判继承、发挥发展与总体超越。

今墨学研究的主体，是现代学者。梁启超是 20 世纪中国传统文化研究的代表人物之一，以弘扬中华学术为己任，倡导中华民族文化的再次复兴。梁氏顺应中华民族发扬传统文化、适应世界进步潮流的需要，揭开墨学现代研究的序幕。

受梁氏影响，胡适激发墨学现代研究的兴趣，用英文撰博士论文，称墨翟是中国最伟大的人物之一，真正有价值的唯一著作，是名为《墨子》的 53 篇论文集。墨者是伟大的科学家、逻辑学家与哲学家，是高度发展的科学方法的创始人，是发展归纳和演绎科学逻辑的中国学派，为中国贡献了逻辑方法最系统的发达学说。胡适用西方逻辑概念，创造性地解释墨家"故理类"范畴与"譬侔援推"等论辩方法，与梁启超同为墨学现代研究的开拓者、领军人。

沈有鼎以精深的国学与西学素养，精确解释墨学精华，是墨学现代研究的质变与新高度，由此使墨家逻辑成为学人常识，影响遍及所有重要的逻辑哲学论著，使长期埋没沉沦的墨家逻辑喜获新生，受到学术界的普遍赞誉。沈氏墨辩现代研究成果的价值，不亚于墨辩的原创，若无沈氏确解墨辩的成果，学人至今可能仍不知墨家逻辑为何物。

古墨学研究的主题，是战国课题的墨学应对，成果是战国课题的墨学答案。《鲁问》[①]载墨子说："凡入国，必择务而从事焉。国家昏乱，则语之尚贤尚同；国家贫，则语之节用节葬；国家喜音湛湎，则语之非乐非命；国家淫僻无礼，则语之尊天事鬼；国家务夺侵凌，即语之兼爱非攻。"

这是墨子面临的战国课题，是当时社会、政治、伦理、宇宙人生的终极难题、当务之急。墨子提出十大难题，作为墨学研究的主题，论证《尚贤》《非命》十大论题，突显墨学产生的深刻历史渊源与强烈的科学人文精神。墨家各派面临战国时代哲学、社会科学与自然科学难题，通过俱诵訾应、论说传承的机制，推出奇书《墨经》。

---

① 本书引《墨子》，只标篇名。

《经》《经说》183条，对当时哲学、社会科学和自然科学难题，给出简明的答案与解释论证。《大取》是渗透伦理逻辑精义的墨学札记。《小取》是首尾相贯、概括浓缩的逻辑专论。《墨经》是先秦诸子百家争鸣辩论和朴素科学认识成果的荟萃检阅，是墨家丰厚科学人文精神的结晶。

《墨经》是一部浓缩的古希腊和古中国思想文化著述。《墨经》留有未来学人说明发挥的广阔空间，是有开端无终点、有预想待完善的中华科学化逻辑化的理想蓝图。以现代科学为工具性元理论，以《墨经》为对象的现代解释发挥与发展，是更有价值的墨学现代化要务，是创立新元墨学的使命目标。

今墨学研究的主题，是现代课题的墨学应对，研究成果是现代课题的墨学答案。今墨学研究的机理，是结合墨学对象与现代需要，达成创立新墨学的结果、目的、宗旨、动机和理想，犹如用画笔、色彩与画技的完美结合展现最新最美的新元墨学图景。

古墨学研究的形态，是古墨学论著，用古汉语表达，是今墨学研究的对象资料，犹如冶金需要矿产原料。今墨学研究的形态，是今墨学论著，用现代语言表达，是今墨学研究的成果，犹如冶金熔铸新品。

古墨学研究的元语言工具，是古汉语。古汉语文字简略,惯用缺省,《墨经》更为凝练浓缩。《墨经》命题省略系词,肯定联结词与全称量词阙如。语句命题,简化浓缩为语词词组。说明论证,简化浓缩为"论题＋说在＋例证理由"的提示语。因此需要通过专门的分科研究,结合语境,准确理解其浓缩缺省的文字,创造性地诠释转换,表达为通顺流畅、通俗易懂的现代语言。墨家各派俱诵的《墨经》式先秦古汉语,不适合现代广大读者阅读理解语应用。

今墨学研究的元语言工具,是现代语言。英国逻辑学家罗素说,每一种语言可有另一种处理其结构的语言,这种语言有一种新结构。现代墨学研究的元语言工具,是渗透现今人类共同知识的现代语言。现代学人的使命,是在审慎研究、理解原文的基础上,把墨学所用古汉语,创造性转化为渗透现今人类共同知识的现代语言,让现代广大读者能读懂应用。

古墨学研究的层次,是第一层次的元研究,是墨家从战国时代课题升华概括的元理论成果。今墨学,是以现代科学为工具性元理论,以墨学为研究对象的第二层次元研究,是对墨学的超越、总体发展,层次高于墨学的新元墨学,是中华民族优秀文化的重要与必要组成部分,为当今社会和谐与世界人民的福祉服务。

古墨学研究的方法,是古代哲学方法。方法是方向、途径、手段、工具和程序的统称。广义研究方法，包括研究方向（主题、目的、宗旨，研究什么、解决什么问题）。狭义研究方法，指理论建构的途径、手段、工具和程序（怎样研究）。

今墨学研究的方法，是现代哲学方法，以现代科学为工具性元理论，对墨学进行超越、总体研究。现代科学，是全球化过程中从域外引进的客观普遍真理，对全人类实践、认识普遍有效，是墨学研究的犀利工具。

发达的现代科学，是开启墨学之锁的合用钥匙，是剖析墨学元典的最佳方法。"他山之石，可以攻玉。"在全球化的世界地球村，从域外引进更为犀利的现代科学工具，选择适当，运用恰合，不再刻意计较其原产地。

用西方方法诠释中国资料，是中西哲学比较研究法的别名，需对西方方法和中国资料，经过比较、鉴别与消化，真切了解，熟能生巧，得心应手，才能用西方方法对中国资料进行创造性诠释研究，推出符合现代需要的新成果。这与对西方方法和中国资料均无真切了解的形式主义、主观、片面与表面的"比附"，没有实质共同点。

"以西释中"（据西释中），不等同于"比附"。"比附"，是拿不能相比的东西来勉强相比。所"以"（据）西方方法适宜，"释中"恰当，是正确的中西哲学比较研究。在全球化的世界地球村，中西文化的比较研究、融会贯通，是不可阻挡的历史趋势。

墨学现代化，从方法论说，是古今中西哲学互为工具、互相解释的比较研究过程；从本质说，古今中西哲学既有异，又有同，是古今中西哲学时间性、空间性的对立（异）统一（同）和"同异交得"。古今中西哲学的互相解释和比较研究，有助于全球化时代人类不同思想文化传统的对话交流、和谐相处。

苏轼《题西林壁》诗云："横看成岭侧成峰，远近高低各不同。不识庐山真面目，只缘身在此山中。"现代研究者，以各自专业特长和横侧、远近、高低"各不同"的观察视角，有可能把同一"墨学全山"看成岭峰"远近高低各不同"的假象。这种"不识墨学全山真面目"的方法论根源，是"只缘身在墨山中"，钻牛角尖出不来，误把局部当整体，只知其一不知其二。以现代科学眼光，从超越、总体视角进行研究，把局部、分析的认识组织为整体、综合的认识，才能认识"墨学全山真面目"。

杜甫《望岳》诗云："会当凌绝顶，一览众山小。"屹立现代科学的巅峰，才能一览"墨学全山真面目"。以现代科学为工具性元理论，对墨学进行超越、总体研究，是墨学现代化和墨学元研究的最佳方法论选择。

古今墨学研究主体、主题、成果、形态、语言、层次、方法等元性质，是墨学研究范式转换的标志与质变关节点。把古今墨学元性质的认识,转化为创建新墨学与元墨学的实际行动,有助于促进墨学现代化目标的实现。

在中华民族复兴,积极参与世界地球村和平发展、合作竞争的现时代,需要汲纳人类业已创造的全部文化精粹,恰当认识自身,准确把握国情,认知变革墨学的精华哲思,在历史既定的基础条件下,理性地继承传统,踏实地创造未来。

以现代科学方法,新诠墨家精粹学理,促进墨学现代转化,使墨学作为新时代铸造中华文化辉煌的必要与重要成分,为亿万华夏儿女提供丰富的精神滋养,让墨家科学精神的宝贵遗产,如长流的清泉,继续滋润读者的心田。

目　录

第一讲　墨子创论 ···1
　第一节　尚贤 ···3
　第二节　尚同 ···8
　第三节　兼爱 ···10
　第四节　非攻 ···22
　第五节　节用 ···27
　第六节　节葬 ···30
　第七节　非命 ···33
　第八节　天志 ···36
　第九节　明鬼 ···39
　第十节　非乐 ···41

第二讲　自然科学 ···47
　第一节　光学 ···47
　第二节　力学 ···56
　第三节　简单机械学 ···57

第四节　数学 …………………………………………61
   第五节　物理学 ………………………………………67
第三讲　人文社会科学（上）……………………………69
   第一节　逻辑学 ………………………………………69
   第二节　方法哲学 ……………………………………212
   第三节　认知哲学 ……………………………………220
   第四节　科技哲学 ……………………………………230
第四讲　人文社会科学（中）……………………………234
   第一节　本体哲学 ……………………………………234
   第二节　历史哲学 ……………………………………241
   第三节　经济学 ………………………………………245
   第四节　政治学 ………………………………………251
第五讲　人文社会科学（下）……………………………254
   第一节　伦理学 ………………………………………254
   第二节　教育学 ………………………………………266
   第三节　语言文学 ……………………………………267
   第四节　艺术美学 ……………………………………270
   第五节　军事学 ………………………………………285

第一讲　墨子创论

墨子创学十论题。墨子游说，治国方案；墨翟讲学，门徒整理。汉代史学家刘向、刘歆父子，编校宫廷藏书《墨子》，流传至今。《尚贤》到《非命》十论，归类经济、政治、伦理、军事和哲学，偏重政治伦理学说。

《鲁问》载，墨子周游列国，弟子魏越说，您见到各国君主，打算先说什么？墨子说，进入一个国家，一定要选择最重要的主题游说。国家昏暗混乱，先说尚贤、尚同。国家贫穷，先说节用、节葬。国家沉湎乐舞，酗酒淫佚，先说非乐、非命。国家淫僻无礼，先说天志、明鬼。国家好战侵略，就先说兼爱、非攻。所以说，一定要选择最重要的主题游说。

"尚贤"，是主张贤人治国。"尚同"，是主张国家统一。"兼爱"，是主张普遍爱人。"非攻"，是反对侵略战争。"节用"，是主张节约开支。"节葬"，是主张节俭办丧事。"非乐"，是批判统治者沉溺乐舞。"非命"，是反对儒家的命定论、天命论，主张充分发挥人力的作用，认知和改造世界。"天志""明鬼"，是用上帝鬼神，吓唬统治者相信墨者的主张。

墨子说这话，恰与"墨论"，即著名的墨子十论（十个论题）相对应，道出今本《墨子》中一组论文的来历。墨子十论（十个论题），每个论题各有上中下3篇，共30篇。但流传至今，有7篇只剩篇题，内容丢失，虽号称十论30篇，实际只剩下23篇。

"墨论"，即墨子十论23篇，与今日世界科学知识分类系统，存在如下的对应关系：《尚贤》和《尚同》，各有上中下，共6篇，属于政治学说。《兼爱》上中下3篇，属于伦理学说。《非攻》上中下3篇，属于军事学说。《节用》上中和《节葬下》，共3篇，属于经济学说。《天志》上中下和《明鬼下》，共4篇，属于宗教学。《非乐上》，属于美学。《非命》上中下3篇，属于哲学。

概言之，"墨论"，即墨子十论23篇论文，对应于今日世界科学知识分类系统的政治学、伦理学、军事学、经济学、宗教学、美学和哲学7门学科。而战国末墨者著作狭义《墨经》4篇，则把墨子《天志》《明鬼》抛到九霄云外，无一字句谈神论鬼，是彻底的无神论、纯粹科学，是墨学发展的崭新阶段，是墨者思想大解放、大进步、大发展的光辉标志，是全人类的宝贵知识遗产。

第一节 尚贤

一、何谓尚贤

尚贤即崇尚贤人、任人唯贤，是墨子十大论题之一。提倡超越宗法血缘、等级贵贱，以后天学习所得才能为唯一用人标准。"尚贤"一词，出现33次。《鲁问》说："国家昏乱，则语之尚贤。"论述尚贤使能，强调崇尚贤人、使用能人。"尚贤而使能"短语常用，提出最具激进革命性的人才学观点，有积极的现实启示意义。

《尚贤上》说："古者圣王之为政，列德而尚贤。"《尚贤中》说："古者圣王甚尊尚贤。"《尚贤下》说："此尚贤者也，与尧舜禹汤文武之道同矣。""今天下之士君子，居处言语皆尚贤。"为政急务是"众贤"，搜求大量好人才，管理各级的政务。

反对儒家"亲亲有杀（差等），尊贤有等"的血缘等差论。提出革命性的主张："不党父兄，不偏富贵，不嬖颜色。""有能则举之，无能则下之。"任人唯亲，是宗法制社会的普遍现象。墨子提出，打破宗法制任人唯亲的原则，不分血缘亲疏，等级贵贱，任人唯贤。"尚贤"，即任人唯贤。"不党父兄，不偏富贵"，是否定血缘宗法制的用人原则，反对贵族垄断政治特权。

孔子主张"亲亲有杀（等差），尊贤有等"，虽也说

"举贤才",但不像墨子"尚贤"有颠覆性、革命性,主张彻底同世卿世禄制的用人原则决裂,主张从"农与工肆之人"中选贤举能,为农工商人争取参政权。墨子主张让国家权力职位有流动性和竞争性,给农工商人凭自身德能参与政治的平等机会。

"为政之本是尚贤",墨子说了9次。《尚贤上》说:"尚贤者,政之本也。"《尚贤中》说:"今王公大人之君人民,主社稷,治国家,欲修保而勿失,胡不察尚贤为政之本也?何以知尚贤之为政本也?曰自贵且智者,为政乎愚且贱者,则治;自愚且贱者,为政乎贵且智者,则乱;是以知尚贤之为政本也。""今王公大人中实将欲治其国家,欲修保而勿失,胡不察尚贤为政之本也?且以尚贤为政之本者,亦岂独子墨子之言哉!此圣王之道。""今大人欲王天下,正诸侯,将欲使意得乎天下,名成乎后世,胡不察尚贤为政之本也?此圣人之厚行也。"《尚贤下》说:"天下之王公大人皆欲其国家之富也,人民之众也,刑法之治也,然而不识以尚贤为政其国家百姓,王公大人本失尚贤为政之本也,若苟王公大人本失尚贤为政之本也。"

二、智者治国

墨子主张智者治国,认为智者用智慧方法治国,国家就能治理好;愚者为政则乱。他主张任用"可学而能者",

即通过后天学习，获得才能和德行修养的人。《尚贤上》说："贤良之士：厚乎德行，辩乎言谈，博乎道术者。"贤人道德高尚，能说会道，知识广博。贤人有多方面才能，有善良德行，德才兼备。

"王公大人骨肉之亲、无故富贵、面目美好者"，仰仗先天因素，不依靠"可学而能"的智慧掌权，贻害无穷。墨子严厉质问："今王公大人骨肉之亲、无故富贵、面目美好者，焉故必智哉？若不智，使其治国家，则其国家之乱，可得而知也。"

"夫无故富贵、面目佼好则使之，岂必智且有慧哉？若使之治国家，则此使不智慧者治国家也。国家之乱，既可得而知已。"王公大人骨肉亲，凭什么一定有智慧？让这些"不智慧者"治国家，就像"暗者而使为行人，聋者而使为乐师"，即让哑巴偏当外交官、聋子偏当乐队指挥，国家势必混乱。

《尚贤中》说："可使治国者使治国，可使长官者使长官，可使治邑者使治邑。凡所使治国家官府邑里，此皆国之贤者也。"担任各级管理职务的贤人，必须有高尚道德修养，勤学各种业务知识，懂治国方法，各司其职，各胜其任。

《尚贤上》说，"贤良之士"，"固国家之珍，而社稷之佐也"。《亲士》说："归国宝，不若献贤而进士。""良弓难张，然可以及高入深。良马难乘，然可以任重致远。良才难令，然可以致君见尊。""比干之殪，其抗也。孟贲之杀，其勇也。""吴起之裂，其事也。故彼人者，寡不死其所长。故曰：太盛难守也。"贤人常因其优长，而被诋毁。所以贤才应倍加爱护。

三、为贤之道

墨子主张为民利，为贤之道安民生。《尚贤下》说："为贤之道将奈何？曰：有力者疾以助人，有财者勉以分人，有道者劝以教人。若此，则饥者得食，寒者得衣，乱者得治。若饥则得食，寒则得衣，乱则得治，此安生生。"

《辞过》《非乐》记载，墨子谴责统治者"厚作敛于百姓，暴夺民衣食之财"，导致"民有三患：饥者不得食，寒者不得衣，劳者不得息"。《非儒下》说："贫且乱政之本。"《辞过》说："民富国治。"人民贫富，是决定国家治乱的原因。

四、官无常贵

墨子反对儒学以血缘为基础的宗法等级制思想，极力提倡说"官无常贵，民无终贱"和"农与工肆之人，有能则举"，反映小生产者要求改变自身政治地位，参与国家治理的愿望。墨子说"官无常贵"：当官并非永高贵。

《尚贤上》说:"官无常贵,而民无终贱。有能则举之,无能则下之。举公义,辟私怨,此若言之谓也。故古者尧举舜于服泽之阳,授之政,天下平。禹举益于阴方之中,授之政,九州成。汤举伊尹于庖厨之中,授之政,其谋得。文王举闳夭、泰颠于罝网之中,授之政,西土服。故当是时,虽在于厚禄尊位之臣,莫不敬惧而惕;虽在农与工肆①之人,莫不竞劝而尚德。"

"官无常贵,民无终贱"命题,表达墨子的民本意识,体现墨子"劳动者圣人"的社会属性,代表"农与工肆"即劳动者发声。俗认"官常贵,民终贱",墨子反其道而行,提出反命题"官无常贵,民无终贱",用一双否定词,否定"官常贵,民终贱"的常规旧俗。

墨子首次提出"官无常贵,而民无终贱"的革命性命题,提出"虽在农与工肆之人,有能则举"的人事组织原则,贯彻深刻的民本人本意识,包含合理性和真理性,是进步的用人主张,超越阶级等级差别,是超越时代的激进革命性人才观,影响深远。

《荀子·成相》说:"请成相,道圣王,尧舜尚贤身辞让。许由、善卷重义轻利行显明。尧让贤,以为民,泛利兼爱德施均。"把墨子举贤论,改写为韵文,编成快板书,

---

① "肆",指手工业作坊,店铺。

用说唱形式流传。

明儒焦竑等在《墨子品汇释评》评墨子举贤论说，尚贤则治，不尚贤则乱。此等议论，即吾儒不能易也。清儒曹耀湘《墨子笺》说，墨子生于春秋之末，诸侯大夫皆以世禄而执政。贤人在下位，贫贱而疏远者，没有发挥作用的机会，而他历述帝王举贤，成为后世效法榜样。

墨家学说，多与儒家有别，但尚贤之说，则是儒墨所同。举贤尚贤，儒墨思想对立互渗，是共同推动中国历史发展的积极因素。墨子"官无常贵，民无终贱"的命题，对现实有启发，可借鉴。

第二节 尚同

一、和平一统

尚同即崇尚统一，是墨子十论之一。提倡国家统一，前提是各级官吏都实行仁义学说，把贤人政治推向全国，让贤人一同天下。这种和平统一中国的理想，墨子说了30次。《尚同下》说："尚同为政之本，而治要也。"即尚同是为政的根本、治理的要领，墨子说了7次。墨子尚同论，为中国统一，推展雄图大略。墨子立足和平一统，反对大国武力兼并。

墨子和平一统的主张，反映了处在动荡中的"农与工肆之人"、小国弱国人民,希望和平一统的心愿。《尚同下》说"尚同一义为政",即以向上统一道义的原则治政,墨子说了4次。又说"尚同为政善",即以尚同原则治政为善。墨子时代,周王朝徒具虚名,天下争于战国,四分五裂,解决中国实际上的统一问题,是时代要求、万民仰望,代表人民根本利益。

二、科学管理

墨子说"尚同为政善",包含科学管理的意涵。《尚同下》说:"千里之外有贤人焉,其乡里之人,皆未之均闻见也,圣王得而赏之。千里之内有暴人焉,其乡里之人,皆未之均闻见也,圣王得而罚之。故唯毋以圣王为聪耳明目与?岂能一视而通见千里之外哉?一听而通闻千里之外哉?圣王不往而视也,不就而听也。然而使天下之为寇乱盗贼者,周流天下无所重足者,何也?其以尚同为政善也。"这是指上下通情、信息畅通。这是墨子科学管理的理想,在当前的互联网时代,已经完满实现。

《尚同下》说:"一目之视也,不若二目之视也。一耳之听也,不若二耳之听也。一手之操也,不若二手之强也。"《尚同中》说:"夫唯能使人之耳目,助己视听。使人之吻,助己言谈。使人之心,助己思虑。使人之股肱,助己动作。助之视听者众,则其所闻见者远矣。助之言谈者众，则其德音之所抚循者博矣。助己之思虑者众，则其谋度速得矣。助之动作者众，则其举事速成矣。故古者圣人，之所以济事成功，垂名于后世者，无他故异物焉，曰：唯能以尚同为政者也。"这是民主集中制，群众路线的理想状态，包含会聚众智、科学管理的哲学原则，符合科学认识论的哲学理念，对现今行政运作、体制机制掌控，饶有启迪。

第三节　兼爱

一、理想教育

兼爱是墨子创说的第三论题。《兼爱》记录墨子演讲，展开墨子与"天下之士君子"，即儒家信徒的争论。《孟子·滕文公上》解释"兼爱"是"爱无差等"，主张人类应该不分血缘关系亲疏、身份等级贵贱，普遍平等，相爱互助。

兼爱原则，是"为彼犹为己"：为别人就像为自己。墨子引用《诗·大雅·抑》说："无言不售，无德不报。投我以桃，报之以李。"即没有问话不应答，没有恩德不回报。你送给我桃子，我送给你李子。

兼爱是墨子仁义学说的主要内容。《经说下》发挥墨子思想说："仁，爱也。义，利也。"仁爱义利相连，互相定义。"兼相爱"和"交相利"紧密结合,"爱人"就要"利人"。兼爱是墨子心目中"贤人"的高尚品德。

墨子说:"为贤之道将奈何哉?曰:有力者疾以助人,有财者勉以分人,有道者劝以教人。"墨子的"兼爱"思想,是当时处在萌芽状态的手工业行会内,会员间互助互利原则的理想化,是"农与工肆之人"朴素平等愿望在理论上的升华,传承中华民族的美德。

兼爱是墨子希望实现的道德理想、要求和愿望。墨子看到现实生活存在"不相爱"的事实,说:"凡天下祸篡怨恨,其所以起者,以不相爱生也。"由于"不相爱",故"强必执弱,富必侮贫,贵必傲贱,诈必欺愚",造成混乱。他针对现实说:"圣人以治天下为事者也,必知乱之所自起,焉能治之……譬之如医之攻人之疾者然,必知疾之所自起,焉能攻之。"

墨子把兼爱理想看成治理社会混乱的药方,孜孜不倦"劝人兼爱""教人兼爱",运用教育游说手段宣传兼爱,希望当权者("王公大人士君子"),接受实现兼爱的理想。"天下之士君子"不接受墨子兼爱主张,屡屡发难抵制。

二、兼爱用处

《兼爱下》借"天下士君子"即儒者的口说:"您的兼

爱学说，好是好，可是有什么用？"墨子说："如果真没用，连我也反对。世界上哪里有好的，却没有用？"

墨子像编剧本，假设有两个人，一人是"兼士"即墨者，赞成兼爱学说；一人是"别士"即儒者，反对兼爱学说。"别士"说："我怎么能对待朋友，像对待我自己；对待朋友的父母，像对待自己的父母一样？"于是，他看见朋友肚饿，不给饭吃；身冷，不给衣穿；生病，不治疗；死，不办丧事。"兼士"说："我对待朋友，像对待自己；对待朋友父母，像对待自己父母。"于是，他看见朋友肚饿，就给饭吃；身冷，就给衣穿；生病，就给治疗；死，就办丧事。

墨子假定第三人，披铠甲，戴头盔，要出发参加野战，不知将死将活。假定第四人，受命出使巴越齐楚，不知能否活着回来。这时，他们要把父母妻子托付给朋友照管，那么是托付给"兼士"，还是托付给"别士"？无论是谁，尽管他不赞成兼爱学说，但一定会托付给"兼士"。这种人，言论上反对兼爱，行动上却选取兼爱，是言行不一。

听了墨子虚拟故事，"天下之士君子"说："这是选择士，国君能选择吗？"墨子接着假定一位"兼君"、一位"别君"。"别君"说："我怎能对待百姓，像对待我自己？这不合人情。人生没有多少年，就像白驹过隙，倏忽而过，我应该把自己先照顾好。"于是，置百姓饥寒病死于不顾。"兼君"说："我先考虑百姓，后考虑自己。"于是，处处先替百姓想。假定遇到灾年，百姓在死亡线上挣扎，即使他们不赞成兼爱学说，也一定会选择"兼君"。这也是言行不一。

三、兼爱实现

《兼爱下》借"天下士君子"的口说："兼爱算是够仁义，可是能实现吗？实现兼爱，就像手提泰山过江河，不能实现。"墨子说："你的譬喻不恰当。手提泰山过江河，自古到今，不能实现，可是古书记载，古圣先王，禹汤文武，亲自实行兼相爱，交相利。"

《兼爱下》借"天下士君子"的口说："即使能实现，恐怕也很难。"墨子说："上行下效，国君实行，下级照办。晋文公有个怪癖好，喜欢下级都穿破烂衣，于是下级竞相实行。楚灵王有个怪癖好，喜欢下级腰细身苗条，于是下级都拼命节食，屏住气息，束紧腰带，拄着拐棍，才能站起，扶着墙头，才能走路。越王勾践有个怪癖好，喜欢战士勇无比，教练三年不放心，故意大火烧宫船，编造谎言欺诈说：越国宝贝都在此，大家都来救火吧！越王亲自播战鼓，命令战士来救火。战士听到战鼓声，争先跳水死无数。下级都穿破烂衣，腰细节食屏气息，争先跳水死无数,这些都是够难的,但是只要国君喜,百姓都会争着做。兼爱交利是好事,比这更易办得到。兼爱所以难实现,是因国君不喜欢。如果国君喜兼爱,给予重赏来劝导,给予重罚来管教,兼爱交利好实现,容易就像火向上,容易就像水向下,不可阻挡争着做。"墨子把实行兼爱、改良社会的希望,寄托于当权国君、卿大夫和士阶层,花大力量去游说,说服他们行兼爱。

四、孟子诋毁

《孟子·滕文公下》说:"杨氏为我,是无君也。墨氏兼爱,是无父也。无父无君,是禽兽也。"即是说,战国初哲学家杨朱提倡为我主义,是目无君主;墨子主张"兼爱",是目无父母;目无君主,目无父母,就与禽兽无区别。

《兼爱上》说:"子自爱,不爱父,故亏父而自利……此所谓乱也。"墨子反对儿子"不爱父",哪里会是"目无父"？墨家儒家不同点:墨子主张爱人父,应该同于爱己父。孟子攻击说"墨氏兼爱,是无父也",分明歪曲了墨子意思。又说"无父"是"禽兽",更是谩骂,没道理,创了乱扣帽子的先例。

墨子兼爱儒家反,孟子痛骂禽兽比。兼爱主张无差等,兼爱交利倡平等。儒家坚持有差等,亲疏贵贱爱不同。儒者口号叫"亲亲",热爱自己的父母,比爱别人父母多;热爱自己同族人,比对别族施爱多。墨子把这叫"别爱",意指分别有差等。"别士""别君"墨子责,指其维护宗法制。"农与工肆"墨代言,提倡平等互为利。

五、墨子智辩

《耕柱》说:"巫马子谓子墨子曰:'我与子异,我不能兼爱。我爱邹人于越人,爱鲁人于邹人,爱我乡人于鲁人,爱我家人于乡人,爱我亲人于我家人,爱我身于吾亲,以为近我也。击我则疾,击彼则不疾于我,我何故疾者之不拂,而不疾者之拂?故有我有杀彼以利我,无杀我以利彼。'子墨子曰:'子之义将匿邪,意将以告人乎?'巫马子曰:'我何故匿我义?吾将以告人。'子墨子曰:'然则一人说子,一人欲杀子以利己。十人说子,十人欲杀子以利己。天下说子,天下欲杀子以利己。一人不说子,一人欲杀子,以子为施不祥言者也。十人不说子,十人欲杀子,以子为施不祥言者也。天下不说子,天下欲杀子,以子为施不祥言者也。说子亦欲杀子,不说子亦欲杀子,是所谓经者口也,杀常之身者也。……子之言恶利也?若无所利而言,是荡口也。'"

即巫马子对墨子说:"我跟你不同。我不能兼爱,我爱邹国人超过爱越国人,爱鲁国人超过爱邹国人,爱家乡人超过爱鲁国人，爱家里人超过爱家乡人，爱父母超过爱家里人，爱我超过爱父母，因为更切近我。打我我痛，打别人我不痛。为什么使我疼痛的，不去防卫，不疼痛的，倒去防卫呢？因此只会杀别人以有利于我，而不会杀我以有利于别人。"

墨子说："你这种思想，要隐藏起来，还是要告诉别人呢？"巫马子说："我为什么要把思想隐藏起来呢？我将要告诉别人。"墨子说："那么，如果一个人相信你的说法，就有一个人想杀死你，来利于自己。十个人相信你的说法，就有十个人想杀死你，来利于自己。天下人都相信你的说法，天下人都想杀你，来利于自己。反之，有一个人不相信你的说法，就会有一个人想杀死你，认为你是散布不祥之言的人。十个人不相信你的说法，就会有十个人想杀你，认为你是散布不祥之言的人。天下人都不相信你的说法，天下人就会都想杀你，认为你是散布不祥之言的人。喜欢你的想杀你，不喜欢你的也想杀你，这就是轻率之言，将殃及自身啊！你的话有何利？如果没有利，还一定要说，那就是存心胡说。"

儒家信徒巫马子，常与墨子辩伦理。墨子对巫马子的驳斥，一针见血。巫马子犹有不忿，于是又有一场辩。《耕柱》说："巫马子谓子墨子曰：'子爱天下，未云利也。我不爱天下，未云贼也。功皆未至，子何独自是而非我哉？'子墨子曰：'今有燎者于此，一人奉水将灌之，一人掺火将益之，功皆未至，子何贵于二人？'巫马子曰：'我是彼奉水者之意，而非夫掺火者之意。'子墨子曰：'吾亦是吾意，而非之子意也。'"

即巫马子对墨子说："你兼爱天下，没有看到什么利益。我不爱天下，没有看到什么害处。都还没有实效，你为什么只认为自己对，而批评我？"墨子说："现在假如有人在这里放火，一个人想用水灭火，一个人想浇油，让火烧得更旺。都还没有实效，你认为哪一种思想可贵？"

巫马子说："我认为，想用水灭火的人的意图，是对的；想浇油，让火烧得更旺的人，意图是不对的。"墨子说："我也认为，我兼爱的用意是对的，你反对兼爱的用意，是不对的。"墨子认为，宣传兼爱是善意，反对兼爱是恶意；提倡兼爱天下治，反对兼爱天下乱。巫马子坚持别爱说，论题错误意不善，必以失败而告终。

六、斥子夏徒

《耕柱》载："子夏之徒问于子墨子曰：'君子有斗乎？'子墨子曰：'君子无斗。'子夏之徒曰：'狗豨犹有斗，恶有士而无斗矣？'子墨子曰：'伤矣哉！言则称于汤文，行则譬于狗豨，伤矣哉！'"

即子夏学生问墨子说："君子之间有争斗吗？"墨子

说:"君子没有争斗。"子夏学生说:"猪狗还有争斗,哪里有士而无争斗呢?"墨子说:"可悲啊!言则称于商汤、周文王,行则譬于狗猪,可悲啊!"

鲁迅1934年8月创作历史小说《非攻》,开宗明义写道:"子夏的徒弟公孙高(人名虚拟)来找墨子,已经好几回了,总是不在家,见不着。大约是第四或第五回罢,这才恰巧在门口遇见,因为公孙高刚一到,墨子也适值回家来。他们一同走进屋子里。公孙高辞让了一通之后,眼睛看着席子的破洞,和气地问道:'先生是主张非战的?''不错!'墨子说。'那么,君子就不斗么?''是的!'墨子说。'猪狗尚且要斗,何况人……''唉唉,你们儒者,说话称着尧舜,做事却要学猪狗,可怜,可怜!'墨子说着,站了起来,匆匆的跑到厨下去了,一面说:'你不懂我的意思……'"

鲁迅描写的儒墨对话,源于《耕柱》。墨子所说"君子无斗"命题,有特定含义,指在君子仁人间应相亲相爱、互助互利,不应互相残害欺侮。《非儒》说:"若皆仁人也,则无说(理由)而相与(敌)。仁人以其取舍是非之理相告,无故从有故也,弗知从有知也。无辞必服,见善必迁,何故相与(敌)?"

即仁人实行兼爱互助,无理由相互为敌。在君子暴人间,墨子主张"有斗"。因为君子为天下兴利除害,可以兴正义之师诛讨惩罚不义之师。如对暴人不斗，纵容坏人残害好人，是天下最大"不义"，不能称"君子"。

无论君子内部"无斗"，还是君子暴人间"有斗"，都不能与猪狗打斗相提并论。子夏之徒把这两个不同问题混为一谈，必遭墨子痛斥。儒者言必称汤文，行动却学习猪狗，墨子连呼"伤矣哉"（有伤人格）。

七、兼以易别

用墨家兼爱学说，取代儒家"别爱"学说。兼，指兼爱学说，即普遍平等地爱全人类。别，指别爱学说，即有区别地爱一部分人。易，即取代、代替。《兼爱下》说："非人者必有以易之，若非人而无以易之，譬之犹以水救水，以火救火也，其说将必无可焉，是故子墨子曰：'兼以易别。'"《兼爱中》说："既以非之，何以易之？子墨子言曰，以兼相爱，交相利之法易之。"

《天志中》说："兼者，处大国不攻小国，处大家不乱小家，强不劫弱，众不暴寡，诈不谋愚，贵不傲贱。""别者，处大国则攻小国，处大家则乱小家，强劫弱，众暴寡，诈谋愚，贵傲贱。"《天志下》说："兼之为道也，义正；别之为道也，力正。"

八、兼之为道

以兼爱作为治国的道理和指导思想，是墨子和墨家的政治理想。《天志下》说："兼之为道也，义正；别之为道也，力正。曰义正者何若？曰大不攻小也，强不侮弱也，众不贼寡也，诈不欺愚也，贵不傲贱也，富不骄贫也，壮不夺老也，是以天下之庶国，莫以水火毒药兵刃以相害也。"

九、兼王之道

兼王之道即兼收博采。《亲士》说："江河不恶小谷之满己也，故能大。圣人者，事无辞也，物无违也，故能为天下器。是故江河之水，非一源之水也；千镒之裘，非一狐之白也。夫恶有同方不取，而取同己者乎？盖非兼王之道也。是故天地不昭昭，大水不潦潦，大火不燎燎。""其直如矢，其平如砥，不足以覆万物。是故溪陕者速涸，逝浅者速竭，硗埆者其地不育。"

即江河不嫌弃小溪水注满自己，能汇成滔滔巨流。江河水不是来自一个源头。价值千金的裘皮大衣，不是来自一只狐狸腋下。哪有合乎道理的话不听，只听跟自己相同的意见呢？天地不是经常光明，大水不是永远清澈，大火不是长燃不熄。直得像箭杆，平得像磨刀石，不能包容万物。小溪干涸快，浅水枯竭快，坚硬土地不长庄稼。

懂得集中群众智慧的必要性、重要性和优越性，是中国传统文化民主性精华。群众智慧，可补充个人智慧不足。墨子引《诗》："我马维骆，六辔沃若，载驰载驱。周爰咨度。""我马维骃，六辔若丝。载驰载驱，周爰咨谋。"即我的马，是黑色鬃毛的白马，六条马缰绳柔美光滑，在路上快跑，到处咨询访查。我的马，是黑色毛片的青马，六条马缰绳丝一般光滑，在路上快跑，到处探问谋划。

十、兼爱影响

《孟子·告子下》说："墨子兼爱，摩顶放踵利天下为之。"即墨子坚持兼爱理想，即使从头顶到脚跟，都磨成粉末，只要对天下有利，都坚持到底，尽力而为。《庄子·天下》说："墨子泛爱兼利。"《尸子·广泽》说："墨子贵兼。"

孙中山《三民主义》说："古时最讲爱字的莫过于墨子。"[①] 又说："墨子是世界第一平等博爱大家。"[②] 英国李约瑟说："墨子早在公元前第四世纪就宣传兼爱学说，受到

---

① 孙中山：《三民主义·民族主义第六讲》，中国社科院近代史所等编：《孙中山全集》第9卷，中华书局2011年版，第244页。

② 1905年孙中山主持同盟会机关报《民报》创刊号刊墨子画像文字介绍。

了人们一致的推崇。"①梁启超《墨子学案》说:"墨学所标纲领,其实只从一个根本观念出来,就是兼爱。"曹耀湘《墨子笺·兼爱下》说:"兼爱者,墨氏之学之宗旨也。"皮嘉佑《平等说》也说:"平等之说导源于墨子。"②

第四节　非攻

一、何谓非攻

什么叫非攻?就是反对攻伐和掠夺。墨子保护小私有,认为攻伐不义多。非攻主张反攻掠,保护人民劳动成果;主张为世除害可兴师诛讨残暴之国。战国时期兴起大国攻小国,强国攻弱小国。墨子选择防守小国,以积极防御为战略。他认为,攻伐掠夺是不义的,弱小自卫是正义的。《非儒》说:"暴残之国也,圣将为世除害,兴师诛罚。"

二、兼爱引申

非攻是兼爱引申。墨子从劳动人民朴素的道德观念出发,概括出"兼相爱、交相利"的"兼爱"说;又从"兼

---

① 李约瑟:《中国科学技术史》第二卷《科学思想史》,科学出版社、上海古籍出版社1990年版,第187页。
② 皮嘉佑:《平等说》,《湘报》第58—60号,1898年5月。

爱"说，引申出"非攻"的概念。非攻是平民道德的引申。《兼爱中》说："天下之人皆相爱，强不执弱，众不劫寡，富不侮贫，贵不敖贱，诈不欺愚。凡天下祸篡怨恨可使毋起者，以相爱生也，是以仁者誉之。"非攻兼爱紧相连，兼爱必然要非攻。

三、保护财产

墨子常用私有制社会的普遍道德规范"勿偷盗"，类比论证非攻。《非攻上》说：

> 今有一人，入人园圃，窃其桃李，众闻则非之，上为政者得则罚之。此何也？以亏人自利也。至攘人犬豕鸡豚者，其不义，又甚入人园圃窃桃李。是何故也？以亏人愈多，其不仁滋甚，罪益厚。至入人栏厩，取人马牛者，其不仁义，又甚攘人犬豕鸡豚。此何故也？以其亏人愈多。苟亏人愈多，其不仁滋甚，罪益厚。至杀不辜人也，拖其衣裘，取戈剑者，其不义，又甚入人栏厩取人马牛。此何故也？以其亏人愈多。苟亏人愈多，其不仁滋甚矣，罪益厚。当此，天下之君子皆知而非之，谓之不义。今至大为不义攻国，则弗知非，从而誉之，谓之义。此可谓知义与不义之别乎？

杀一人，谓之不义，必有一死罪矣。若以此说往（以此类推）：杀十人，十重不义，必有十死罪矣。杀百人，百重不义，必有百死罪矣。当此，天下之君子皆知而非之，谓之不义。今至大为不义攻国，则弗知非，从而誉之，谓之义。诚不知其不义也，故书其言，以遗后世。若知其不义也，夫奚说书其不义以遗后世哉？

今有人于此，少见黑曰黑，多见黑曰白，则必以此人为不知白黑之辩矣；少尝苦曰苦，多尝苦曰甘，则必以此人为不知甘苦之辩矣。今小为非，则知而非之。大为非攻国，则不知非，从而誉之，谓之义，此可谓知义与不义之辩乎？是以知天下之君子也，辩义与不义之乱也。

从保护劳动人民小私有财产观念出发，逻辑地引出非攻概念。类比推理，逻辑清晰，娓娓道来，入情入理。《天志下》说："今有人于此，入人之场园，取人之桃李瓜姜者，上得且罚之，众闻则非之。是何也？曰，不与其劳，获其实，已非其所有，而取之故。""今天下之诸侯，将犹皆侵凌攻伐兼并，此为杀一不辜人者，数千万矣。"

大意说：现在有人闯入人家果园菜园，偷窃桃李瓜姜，人听到都会说他不对，当政者抓到也会惩罚。什么原因？因他不劳而获，亏人自利。偷人犬豕鸡豚牛马，屠杀无辜，抢掠衣裘戈剑，翻墙而入，绑架人之子女，挖洞入室，窃人之金玉布帛，都是不仁不义，应该非难处罚。

《耕柱》《鲁问》记载，楚国封君鲁阳文君，对弱小邻国宋国、郑国，有攻伐兼并意图。墨子批评鲁阳文君说，假定有人，家里牛羊猪狗肉"食之不可胜食"，看见人家做面饼，千方百计偷，说这样可以节省家里食物。墨子问鲁阳文君，这是食物不够，还是有偷窃病？鲁阳文君说，是有偷窃病。墨子说，楚国四境之田，荒芜不可胜辟，看见宋郑间有空地，千方百计占有，也是有偷窃病。墨子对鲁阳文君说，窃一犬一彘叫不仁，窃一国一都以为义，这是知小不知大。墨子从当时劳动人民兼爱互利、不偷窃的道德观念出发，保护小生产者劳动成果、和平生活，谴责大国对小国的攻掠战争。

四、矛头所向

矛头所向：齐晋楚越。《非攻下》说："今天下好战之国齐晋楚越。若使此四国者得意于天下，此皆十倍其国之众，而未能食其地也，是人不足而地有余也。今又以争地之故，而反相贼也，然则是亏不足而重有余也。"

《非攻中》载墨子说，南则楚越之王，北则齐晋之君，所有余的是土地，所不足的是人民，然而他们却"尽民之死"，以争虚城，"则是弃所不足，而重所有余也。为政若此，非国之务者也"。

《节葬》说："南有楚越之王，而北有齐晋之君，此皆砥砺其卒伍，以攻伐兼并。"当时齐晋楚越四大国对峙，"四分天下"。公元前453年，韩赵魏三家分晋，大诸侯国有齐秦楚越韩赵魏燕8个，小的有宋鲁郑卫、莒邹杞蔡、郯任滕薛曾等。大诸侯国不断进行兼并战争，攻城略地，矛头指向周边小国。在中国走向统一的过程中，这种现象不可免，但给小国人民带来深重灾难。

五、归罪战争

耽误农时。"好战大国"，攻伐掠夺，耽误农时，使百姓饥饿。《非攻中》说："今师徒唯毋兴起……春则废民耕稼树艺，秋则废民获敛。今唯毋废一时，则百姓饥寒冻馁而死者，不可胜数。"《七患》说，农业生产特点："以时生财"，须"力时急"，抓紧农时，"五谷常收"，致"生财密"。兴师动众，攻伐兼并，短者数月，长者数年，贻误农时，破坏生产，民陷饥寒。

掠夺财富。墨子说："今王公大人，天下之诸侯……将必皆差论其爪牙之士，皆列其舟车之卒伍，于此为坚甲利兵，以往攻伐无罪之国，入其国家边境，芟刈其禾稼，斩其树木。"犹如强盗，抢掠牲畜，把人民辛勤创造的财富窃为己有，是"非其所有而取"，"亏人自利"，不劳而获。《孙子兵法》《军事》和《九地》说"侵掠如火""掠乡分众""掠于饶野"，这是大国攻伐掠夺小国的实情。

残害无辜。《天志下》说，"好战大国"攻伐小国，"民之格者则劲杀之，不格者则系操而归，丈夫以为仆御胥靡，妇人以为舂酋。"即被侵掠国家百姓，稍有反抗，予以残害，不反抗者，用绳索捆绑，像牵牲畜一样掠回，强迫为奴，生如牛马。

天下巨害。《非攻下》说，"好攻伐之国"，兴兵"十万"，连年战争，"农夫不暇稼穑，妇人不暇纺绩织纴，则是国家失卒，而百姓易务"。国家失去劳动力，百姓不能务本业。被迫征战的大国百姓，征途饥饿，疾病死者，"不可胜数"。《非攻中》说："丧师多不可胜数，丧师尽不可胜计。""杀人多必数于万，寡必数于千。"攻伐掠夺战争，对交战双方百姓，都是灾难。《非攻下》总结说："当若繁为攻伐，此实天下之巨害。"

第五节　节用

一、节约用项

墨子十大论题之一。《鲁问》说："国家贫，则语之节用……"《节用中》说："节用之法曰，凡天下群百工，轮车辀鲍,陶冶梓匠①,使各从事其所能,曰凡足以奉给民用则止,诸加费不加于民利者,圣王弗为。"《公孟》说:"爱人节用,合焉为智矣。"

二、适度消费

提倡勤俭节约,反对奢侈浪费。生产消费,开源节流,一体两面,密不可分。消费适度讲分寸,超出限度是奢侈。满足百姓基本生活需要。穿衣:"适身体,和肌肤而足。"饮食:"足以增气充虚,强体适腹而已。"造房:"高足以辟润湿,边足以圉风寒,上足以待雪霜雨露,宫墙之高足以别男女之礼。谨此则止。"

衣食住行,适可而止。王公贵族,奢侈浪费,加剧劳动者的饥寒困苦。《节用上》说:"今天下为政者,其所以寡人之道多,其使民劳,其籍敛厚,民财不足,冻饿死者不可胜数也。"

《辞过》阐发"节"概念:"风雨节而五谷孰,衣服节而肌肤和。""节"即"适度",是自然与社会协调发展的普遍原理。节用效果,相当于财富倍增。《节用上》说:"圣人为政一国,一国可倍也。大之为政天下,天下可倍

---

① 轮车鞼鲍(guì páo),陶冶梓匠:概指造车工、制革工、陶工、冶金工、木工等各类工匠。

也。其倍之，非外取地也，因其国家去其无用之费，足以倍之。圣王为政，其发令兴事，使民用财也，无不加用而为者。是故用财不费，民德不劳，其兴利多。"

刘向《说远·反质》记载，墨子赞扬夏禹节用，卑小宫室，损薄饮食，土阶三等，衣裳细布；批判殷纣王侈靡无道，为鹿台糟丘，酒池肉林，宫墙文画，雕琢刻镂，锦绣被堂，金玉珍玮，妇女优倡，钟鼓管弦，流漫不禁，使天下愈竭，身死国亡，为天下戮。

墨子对禽滑厘打比方说，假设遭遇荒年，给你一颗随侯之珠、一锺粟，得珠者不得粟，得粟者不得珠，你选哪一种？禽滑厘说："吾取粟耳，可以救穷。"墨子总结说：食必常饱，然后求美。衣必常暖，然后求丽。居必常安，然后求乐。为可长，行可久，先质而后文，此圣人之务。即人民吃饱，才会进一步讲究美食；身上穿暖，才会进一步讲究华丽衣衫；居住安定，才会进一步讲究居住逸乐；这样才能长治久安。先满足人民衣食住行的基本生活需要，然后才讲究文饰美化、华丽逸乐。

《荀子·富国》说："墨术诚行，则天下尚俭。"司马迁《史记·孟子荀卿列传》说，墨翟"善守御，为节用"。《太史公自序》引其父司马谈《论六家要旨》说，墨者主张"强本节用不可废"，即发展生产，厉行节约，不能偏废，并评价说："强本节用，则人给家足之道也，此墨子之所长，虽百家弗能废也。"

唐杨倞《荀子·修身》注说："（墨翟）其术多务俭啬"。宋欧阳修说："墨家之言贵俭，此其所行也。""其强本节用之说，亦有足取者。"明宋濂《诸子辩》说："墨者，强本节用之术也。予尝爱其圣王作为宫室，便于住，非以为观乐也之言。予尝爱其圣人为衣服，适身体，和肌肤，非荣耳目，而观愚民也之言。又尝爱饮食增气充虚，强体适腹之言。"

清曹耀湘《墨子笺》说："强本以勤，节用则俭，此乃墨氏之大旨。知墨子所谓节用，于有用者节之，于无用者去之。"李贽《墨子批选》说："勤俭致富，不敢安命，今观勤俭之家自见。"

墨子节用观，是中华民族勤俭节约传统美德的体现，是中国优秀传统文化的宝贵财富，至今仍有积极的现实意义。奢侈浪费，是现实生活一大突出问题。墨子倡导节用观，可引为借鉴。

第六节　节葬

一、节葬创论

节葬论题，是墨子关于丧葬习俗的专题论文，是节用说的引申，是其题中应有之义，它从一个侧面折射其政治、经济和文化等方面的思想观点。墨子学儒，认为儒家厚葬，浪费财产，提倡夏禹节葬习俗。节约治丧，移风易俗，表现出强烈的社会批判意识，有超时代的现实意义。

节约丧葬，是墨子十大论题之一。《鲁问》说："国家贫，则语之节用节葬。"《节用中》说："制为节葬之法曰：衣三领，足以朽肉；棺三寸，足以朽骸；堀穴深不通于泉，流不发泄则止。死者既葬，生者毋久丧用哀。"

墨学的形成与墨子批判儒家厚葬说有必然联系。《淮南子·要略》说，墨子最初学儒，接受孔子思想，觉得儒家丧礼繁琐，厚葬逝者，浪费财产，长久服丧，伤害身体，妨害做事，使人贫困，所以背叛周代厚葬习俗，改用夏代节葬风尚。

二、痛斥厚葬

墨子痛批，当时王公大人治丧，棺椁必重，葬埋必厚，衣衾必多，文绣必繁，丘陇必巨，棺材多层，墓穴要深，随葬要多，纹饰讲究，坟堆高大。诸侯治丧，耗尽府库，金玉珠玑，缀满尸身，丝絮组带，车马随葬。帐幕钟鼓，几席壶鉴，戈矛刀剑，鸟羽牛尾，象牙兽皮，一起埋葬，葬如搬家。厚葬久丧求富，就像禁耕求获。厚葬久丧求众，就像负剑求寿，荒谬悖理。

墨子时代，在今湖北随州市地方，有一个小国叫曾国。1978年该地发现了曾国君主曾侯乙（约前475—约前433）的随葬墓，出土青铜乐器、礼器兵器、金器玉器、车马器、漆木竹器共15000多件，出土编钟一套65件，重2500余公斤。

墨子说，诸侯死者，虚府库，金玉珠玑比乎身，曾侯乙墓是一个典型，它显示出墓主人生时宫殿的奢华，宴乐的辉煌。其编钟架由铜人身体支撑，折射统治者奢华生活，以劳动者牺牲为代价。

墨子说，天子杀殉，众者数百，寡者数十；将军大夫杀殉，众者数十，寡者数人。这一点为曾侯乙墓的发掘所证实：墓中有殉葬棺21具，是13岁到25岁的女性遗骨。女性殉葬棺，与狗棺并放，表明女奴人权，被任意剥夺，地位如狗。

厚葬习俗，延续千年。民脂民膏，是劳动者用血汗和生命换来的财富，却埋在地下腐坏。墨子痛批厚葬的危害。墨子节葬观，符合现代丧仪节俭的社会习俗，有超时代的现实意义。清儒曹耀湘《墨子笺·节葬下》注说，《节葬》批评厚葬久丧，是墨子的救时之论。

明李贽《墨子批选》说，墨子明言节葬，非薄其亲而弃之沟壑，以与狐狸食也。儒者好入人罪，自孟子已是如此；批评孟子对墨子无限上纲的攻击，说墨子"无父"，"是禽兽"，这是出于误解偏见。

第七节 非命

一、非命创论

非命，反对儒家天命论、命定论。《鲁问》说："国家喜音沉湎，则语之非乐非命。"《非命》载墨子说，国家安危治乱，不靠天命靠人力，提倡充分发挥人力的积极能动作用，批判消极的命定论。《非命上》说："古者桀之所乱，汤受而治之，纣之所乱，武王受而治之，此世未易，民未渝，在于桀纣则天下乱，在于汤武则天下治，岂可谓有命哉？"

《非命中》说："昔者桀之所乱，汤治之，纣之所乱，武王治之，此世不渝，而民不改，上变政，而民易教，其在汤武则治，其在桀纣则乱，安危治乱，在上之发政也，则岂可谓有命哉？"

《非命下》说："昔桀之所乱，汤治之，纣之所乱，武王治之，当此之时，世不渝，而民不易，上变政，而民改俗，存乎桀纣，而天下乱，存乎汤武，而天下治，天下之治也，汤武之力也，天下之乱也，桀纣之罪也，若以此观之，夫安危治乱，存乎上之为政也，则夫岂可谓有命哉？"又说："夫岂可以为命哉？故以为其力也！"

墨子运用求异法做科学归纳证明。由暴王桀纣幽厉"执有命"，概括出"命者，暴王所作"，懒人所述，应该抛弃的观点，代之以"强力而为"的人力能动论，是墨家科学人文精神的突出代表。《公孟》载，墨子跟儒者程繁辩论，墨子说，命定论的"儒之道足以丧天下"，儒家"以命为有，贫富寿夭、治乱安危有极矣（命有定数），不可损益也。为上者行之必不听治矣，为下者行之必不从事矣，此足以丧天下"。

二、非儒命定

《非儒》说："（儒家）强执有命以说议曰：寿夭贫富、安危治乱，固有天命，不可损益。穷达、赏罚、幸否有极，人之智力不能为焉。群吏信之，则怠于分职。庶人信之，则怠于从事。吏不治则乱，农事缓则贫，贫且乱政之本。而儒者以为道教，是贼天下之人者也。"

儒家坚持有命论，说长寿和短命、贫穷和富贵、安定和危难、治理和混乱，都由天命决定，不能改变。穷困和通达、受赏和遭罚、吉祥和灾祸，都由天命决定，人的智慧和力量无所作为。官吏相信有命论，就会懈怠职守。平民相信有命论，就会荒废事业。官吏不理政事，国家社会就会混乱，农业生产耽误，人民就会贫穷。贫穷是政治混乱的根源。儒家把有命论作为教化的道理，是毒害天下人。

儒家所谓"命"，是人的智慧能力无可奈何的先天必然性。儒家宣扬人的现实遭遇由命运预先安排，非人力所能改变。孔子肯定天命对宇宙人生的决定作用。《论语·宪问》记载孔子说:"道之将行也与,命也。道之将废也与,命也。"即自己道理能否实现,都是命中注定,人力不能抗争。

孔子肯定天命对宇宙、人生的决定作用。《论语·雍也》载,孔子学生冉耕生病,孔子探问,从窗外握着冉耕的手说:"要死了,这是命呀!这样的人,而有这样的病!这样的人,而有这样的病!"这就肯定人的疾病和死亡是命中注定。鲁哀公问孔子:"您的弟子中,哪个好学?"孔子回答:"颜回好学,不幸短命死了,现在则没有这种人,再没有听到好学的人。"颜回31岁死,孔子说他命短。

《论语·颜渊》载,孔子学生司马牛忧愁地说:"别人都有兄弟,偏偏我没有。"子夏说:"我听说:'死生有命,富贵在天。'君子敬慎无差错,对人恭敬有礼,四海之内都是兄弟,君子何须忧愁无兄弟呢?"子夏听孔子说的"死生有命,富贵在天",是儒家命定论的惯用语。

墨子运用矛盾律,揭露儒家自相矛盾。儒家宣扬命定论,认为贫富寿夭,全在天命安排,非人力所能改变,同时又提倡学习,等于承认学习可以改变命运,这是自相矛盾。墨子说:"教人学而执有命,是犹命人葆而去冠也。"即是说教人学习,同时又坚持命定论,就像叫人用帽子包裹头发,却又要人把包裹头发的帽子取下来,荒谬悖理。

墨子主张在认识世界的基础上，运用自身力量顽强奋斗，改变现状，达到理想目标。这种积极进取的精神，体现了中华民族自强不息的传统美德，值得继承弘扬。墨子认为，儒家宣扬命定论，是害人的懒汉哲学，足以懈怠意志，使人放弃奋斗，安于贫穷。

明李贽《墨子批选·非命上》批注说："勤俭致富，不敢安命，今观勤俭之家自见。"他用当时社会实践中实际例证的亲身观察，证明了墨子"勤俭致富，不敢安命"思想的合理性。"勤俭致富，不敢安命"的致富策略，通过充分发挥人的主观能动作用，用勤俭、理性和智慧，探索致富道路，渗透科学和人文精神，跟宿命论、机械论和流行的迷信思想划清界限，值得效法。

第八节　天志

一、何谓天志

天志，指天有意志。自然界的天，无意志。《天志》把自然界的天描绘成有意志的，把天神化，塑造为人格神，把人类有意志的性质加之于天，烘托为至高无上的天神、天帝、上帝。

《天志上》说，"天"有超人的观察力，对"林谷幽间"隐蔽处，"明必见之"。《天志中》说"天为贵，天为智"，认为天有最高智慧聪明。说："天之为寒热也，节四时，调阴阳雨露也，时五谷熟，六畜遂。""为日月星辰。""制为四时春秋冬夏，以纪纲之。降雪霜雨露，以长遂五谷麻丝，使民得而财利之。列为山川溪谷，播赋百事。"即把"天"说成世界万物创造主。

梁启超《子墨子学说》解释墨子"天志"说："人格者，谓有人之资格，可当作一人观也。"《天志》把自然界的天人格化为超人间的权威，是万物主宰，造福免祸，赏善罚暴，这是神学迷信、宗教信仰，是有神论，不是科学观点，是非科学观点。

墨子在公元前5世纪，借用神化的天、天帝，作为推行兼爱等政治理想的工具，是穿神文外衣，拿神文工具，为墨家人文理想服务，是神文和人文思想的杂烩，精粗、真伪、是非并存杂陈。

后期墨家，活动于公元前3世纪，集体著作是狭义《墨经》四篇，彻底剔除墨子神文思想的杂质，只字不提"天志"，把墨子人文思想，推进到崭新阶段，发展出中国古代辉煌的自然和人文学科体系，是墨学从神文到人文的质变过程，是中国科学史上的伟大事件，值得大书特书，发扬光大。

墨子创论十论题，"天志""明鬼"两个神文论题占五分之一，"尚贤"到"非命"八个人文论题占五分之四。

用 E 考据，即电子数字化考据，对墨子的用词做定性定量考察发现，墨子的人文用词"人"字，总计出现 463 次；神文用词"神"字，总计出现 116 次，"鬼"字 181 次，"天"字 267 次，总计 564 次。可见，墨子神文思想用词多于人文思想用词 101 次，表现神文说辞数量惊人。

二、工匠比喻

墨子关注神是为了关注人，人是墨学的出发点和归宿点。神文思想中的天神，是借来用作"为人民服务"的工具，像工匠手中的规矩。墨子出身于工匠，多用工匠作比喻。他手拿天志量是非，把天志譬喻为工具。

《天志中》说："子墨子之有天志，譬之无以异乎轮人之有规，匠人之有矩也。今夫轮人操其规，将以量度天下之圆与不圆也，曰，中吾规者，谓之圆。不中吾规者，谓之不圆。是以圆与不圆，皆可得而知也。此其故何？则圆法明也。匠人亦操其矩，将以量度天下之方与不方也，曰，中吾规者，谓之方，不中吾矩者，谓之不方。是以方与不方，皆可得而知之。此其故何？则方法明也。"

狭义《墨经》第 183 条 5700 余字，成书于战国后期，谈神论鬼，无一字句，彻底摒弃"天志"论题，把天神迷信抛至九霄云外，标志墨学经历二百年发展，彻底剔除神文思想杂质，整体完成了由神文到人文的质变，大步迈进科学人文的最佳境界。

第九节　明鬼

一、何谓明鬼

明鬼，即证明鬼神存在。墨子列举周宣王、秦穆公、燕简公、宋文公、齐庄公等白日见鬼，证明鬼神是众人耳目之实。《明鬼下》说："天下之所以察知有与无之道者，必以众之耳目之实，知有与亡为仪者也。诚或闻之见之，则必以为有，莫闻莫见，则必以为无。若是，何不尝入一乡一里而问之，自古以及今，生民以来者，亦有尝见鬼神之物，闻鬼神之声，则鬼神何谓无乎？若莫闻莫见，则鬼神可谓有乎？"

援引夏商周典籍记载，证明鬼存在。这是有鬼论、有神论的迷信。鬼神存在是假命题，不是事实和真理。其证明方法是诉诸错误哲学观、狭隘经验论，缺乏理性论科学观指导；诉诸典籍讹传误导，全然相信周燕宋齐等国《春秋》记载鬼故事，以此作为证明有鬼的根据。

鬼是假概念，外延是零，世上没有真的鬼。人为规定、想象鬼的外延，认为自然界的天、山水，与人一样有灵魂，可变鬼，是没有事实依据的。《明鬼》是科学宇宙观的反面教材，是谬误论证的典型案例，具有反面的教育意义和反面的使用价值。

二、有鬼谬说

《明鬼下》说:"古今之为鬼,非他也,有天鬼,亦有山水鬼神者,亦有人死而为鬼者。""虽有深溪博林幽涧,毋人之所,施行不可以不谨,见有鬼神视之。""鬼神之能赏贤而罚暴也。"

又说:"吏治官府之不洁廉,男女之为无别者,鬼神见之。民之为淫暴寇乱盗贼,以兵刃毒药水火御无罪人乎道路,夺人车马衣裘以自利者,有鬼神见之。""鬼神之明,不可为幽涧广泽,山林深谷,鬼神之明必知之。鬼神之罚,不可为富贵众强,勇力强武,坚甲利兵,鬼神之罚必胜之。"即认为鬼神通广大,明察秋毫,赏善罚恶,兴利除弊,表现出迷信谬说和善良愿望的杂糅。墨子说"鬼"181次,指鬼魂,是万物有灵论的迷信。墨子认为鬼神灵验神明,有超人的权威,能支配人间的祸福吉凶、治乱安危。

三、祭祀聚餐

《明鬼下》说:"若使鬼神诚有,是得其父母姒兄而饮食之也,岂非厚利哉?若使鬼神诚无,是乃费其所为醴粢盛之财耳。且夫费之,非特注之污壑而弃之也,内者宗族,外者乡里,皆得如具饮食之。虽使鬼神诚无,此犹可以合欢聚众,取亲于乡里。"

又说:"是故子墨子曰,今吾为祭祀也,非直注之污壑而弃之也,上以交鬼之福,下以合欢聚众,取亲乎乡里。若神有,则是得吾父母弟兄而食之也,则此岂非天下利事也哉?"墨子认为,祭祀鬼神不浪费,假如鬼神真没有,可用祭品大吃喝,合欢聚众亲乡里。可见墨子天真幼稚的人情味,劝人祭祀用心良苦。

第十节　非乐

一、何谓非乐

非乐,是墨子十大论题之一。乐指音乐等艺术活动。非乐的批判矛头是针对统治者,非难统治者大办奢侈享乐的音乐艺术活动,肆意享乐,靡费民财,穷竭民力。非乐是墨子"强本节用"思想的延伸,是其为民兴利除害思想的重要方面。

从《非乐》《三辩》,可见墨子"非乐"的宏论激辩怎样由"针对统治者,非难统治者大办奢侈享乐的音乐艺术活动,肆意享乐"这一有限的积极意义,固执偏执,由问题复杂链条的某些环节,片面夸张,走上极端,从而否定墨者与广大人民群众必要的音乐艺术活动的普适价值的过程，可以从中总结理论思维的经验教训，回归整体性、全面性、灵活性的辩证思维，从而改善大众现实的文娱生活。

二、锦衣吹笙

墨子精乐道，对音乐等艺术活动是内行和专才。《淮南子·要略训》说："墨子学儒者之业，习孔子之术。"儒者之业孔子术，包括音乐是一技。儒家业务包含音乐，音乐的归类是六艺。① 墨子学乐谱乐理，善于乐技做乐吏。

《礼记·祭统》说："翟者，乐吏之贱者也。"《吕氏春秋·贵因》说："墨子见荆王，锦衣吹笙，因也。"东汉高诱注："墨子好俭非乐，锦与笙非其所服也，而为之，因荆王之所欲也。""因"字有迁就、依凭、依靠、凭借、因依、因袭、因承、承袭、沿袭、顺应、仍旧、因循、随缘之意，指待人处事的灵活性。《说文解字》讲："因，就也。"

《艺文类聚》卷四十四引《尸子》说："墨子吹笙，墨子非乐，而于乐有是也。"孙诒让《公输》"子墨子见王"注："《吕氏春秋·贵因》篇云'墨子见荆王，锦衣吹笙'，疑即此时事，盖以救宋之急，权为之也。""权"，意为权

---

① 六艺为礼乐射御书数，分别指学习礼法、乐舞、射箭、驾车、书法和算术，是当时读书人必备的六种才艺。倡导学习六艺相当于今日提倡成为德智体美全面发展的人才。

变、权宜，指灵和性、大策略，是以退为进。

三、墨子美学

墨子肯定音乐艺术活动的审美价值，美感功能。汉刘向《说苑·反质》引墨子语："食必常饱，然后求美。衣必常暖，然后求丽。居必常安，然后求乐。为可长，行可久。先质而后文，此圣人之务。"《非乐上》说："子墨子之所以非乐者，非以大钟鸣鼓，琴瑟竽笙之声以为不乐也。""目知其美也，耳知其乐也。"即墨子之所以"非乐"，不是说大钟、鸣鼓、琴瑟、竽笙的声音不好听，眼睛看了不美，耳朵听了不乐。这是一方面。

另一方面是："以为大钟鸣鼓，琴瑟竽笙之声，以求兴天下之利，除天下之害而无补也。是故子墨子曰：'为乐非也！'"即统治者大办音乐等艺术活动，不符合人民利益，所以墨子说："大办音乐不对！"

统治者不顾人民死活，大搞音乐等艺术活动，满足私欲。他们从事和欣赏音乐等艺术活动，耽误生产；进行音乐等艺术活动，制造乐器，浪费人力物力，增加人民负担，劳民伤财，有害无利。墨子"背周道而用夏政"，政治理想是"法夏"，以夏禹为效法榜样。墨子所"非"之"乐"，是儒家鼓吹的西周礼乐。

墨学的价值主体，是劳动人民。劳动人民急需解决的是温饱，重点不是欣赏音乐。从事音乐活动，影响生产，有害无利。从统治者的角度来说，音乐等艺术活动有美感享受的功能价值，但墨子认为，这是统治者在挥霍劳动人民血汗。

四、宏论激辩

《三辩》记载，墨子与儒家信徒程繁宏论激辩"非乐"论题，突出表现了墨子学术性格的复杂、多样和矛盾，是当时宏论激辩状况的真实写照，从中可引出对今人有益的理论思维经验教训。"三辩"，意即反复多次辩论，记载的是儒家信徒程繁与墨子的反复问答。

程繁先声夺人驳墨子说，您说："圣王不为乐。"即圣王不奏乐，不听音乐。可是，诸侯处理政事疲倦，通过演奏钟鼓之乐休息。士大夫处理政事疲倦，通过演奏竽瑟之乐休息。农民春耕夏锄，秋收冬藏，通过敲打瓶盆休息。现在您说，圣王不听音乐，这就像只让马拉车，却总不让马卸套，只把弓拉紧，却总不松开，有血肉之躯的人，不能办到。程繁陈词，很符合人情事理。

在逻辑上，墨子说"圣王不为乐"（"圣王无乐"），相当于全称否定命题"所有S不是P"。但墨子同时又说：从前尧舜用茅草盖房，实行礼仪，演奏音乐。商汤把夏桀流放于大水，一统天下，自立为王，事业成功，没有后患，继承先王音乐，创作音乐，把乐章叫作《护》，又整理古代音乐《九招》。周武王战胜商朝，杀死商纣王，一统天下，自立为王，事业成功，没有后患，继承先王音乐，创作音乐，把乐章叫作《象》。周成王继承先王音乐，创作音乐，把乐章叫作《驺虞》。

这等于承认"有些圣王为乐"（"有些圣王有乐"），相当于特称肯定命题"有 S 是 P"。这与前说"圣王不为乐"（"圣王无乐"）的命题形式"所有 S 不是 P"，是矛盾关系，同时肯定二者，自相矛盾，违反逻辑矛盾律。

程繁紧接驳墨子："您说圣王没有音乐，可是这些也是音乐，怎么能说圣王没有音乐？"程繁一语中的，击中要害。反复驳辩到最后，墨子说："圣王法则是：事物过度，就减少。饮食对人有益，饿知道进食，算是聪明，可这聪明等于无知。那些圣王虽有音乐，但却很少，就像会吃不能算聪明一样，音乐少，等于没有音乐。"墨子"少乐无乐"的强辩，酷似公孙龙"白马非马"的诡辩，强词夺理，是谬误论证，在程繁合乎逻辑的论辩面前，显得苍白无力，等于认输。

中国古代学术激辩，墨子总体处于优势。墨子创立墨家，推出辩学著作《墨经》，鲁胜称为《墨辩》《辩经》。墨子是中国逻辑学的奠基人、先驱者。墨子在实际辩论的多数场合，是正面教师、逻辑大师。

但《三辩》记载，墨子在宏论激辩"非乐"论题时，暂时扮演了一次强词夺理的反面角色。程繁辩技合乎逻辑，论证有力有理有据。墨子议论反逻辑，辩技拙笨显得无理。尽管墨子是大师，但是在真理逻辑面前，人人平等，我们要一视同仁地对待墨子，不能因为他是大师而加以偏袒，这才叫作逻辑理。

汉代史学家刘向、刘歆父子，奉汉代皇帝命令，整理国家图书馆收藏的诸子典籍，把《三辩》编进《墨子》，使我们得以体察墨子学术性格的复杂、多样和矛盾。这个意外收获饶有趣味，启发和鼓励人们不断提升心智，学习逻辑。人无完人有缺失，瑕不掩瑜有先例。圣人也许有瑕疵，强词"非乐"是一例。

五、音乐价值

音乐有重要的社会价值。音乐等艺术活动，有教育感化、陶冶品性、培养情操的功能。随着经济的发展和物质生活水平的提高，精神生活、文化娱乐的水平也相应提高。今日不能学墨子非乐，应恰当发展音乐等艺术活动，与经济、政治、伦理、教育、科学各领域，相辅相成，谐调发展。墨子非乐，忽视文娱对人类社会的积极作用，是片面思维，狭隘短视，应予批判扬弃。

第二讲　自然科学

第一节　光学

一、世界顶级

《墨经》有系统的几何光学知识,光影学说,记录了观察实验,探索了光影原理,在世界光学史上有顶级的重要地位。英国著名科学史家李约瑟说:"(墨家)对力学和光学进行研究,这些研究属于我们现在所掌握的有关中国科学的最早记录。"[①]

中国科学院院士、光学家钱临照说,《墨经》是两千多年前世界上的伟大光学著作,俨然是一部完整的几何光学,是老老实实的实验记录,崇尚实际,不事空论,是墨

[①] 李约瑟:《中国科学技术史》第二卷《科学思想史》,科学出版社、上海古籍出版社1990年版,第181页。

家的基本精神、中华民族的优良传统,在世界自然科学古籍中有光荣地位。[1] 又说,春秋战国时期,论述自然科学的书籍就是《墨经》。光学八条记载光学实验的次序,完全合乎现代几何光学的要求,《墨经》作者是敏锐忠实的实验科学家,对观察结果做了系统的科学总结。[2]

二、直线传播

《经下》说:"影倒,在午,有端与影长,说在端。"《经说下》解释说:"影:光之人,照若射。下者之人也高,高者之人也下。足蔽下光,故成影于上。首蔽上光,故成影于下。在远近、有端与于光,故影窟内。"即形成倒影的条件在于光线交错,有一个小孔,而且影子有一定长度;论证的关键在于存在小孔。光线照到人身,光线照耀就像射箭是直线进行。人下部的影子,形成于高处。人高处的影子,形成于低处。人的足部遮蔽从下部照来的光线,所以形成的影子在上边。头部遮蔽从上部照来的光线,所以形成的影子在下边。人站在离墙有一定远近的地方,墙上有一个小孔,被光线照射,在室内形成倒影。见图1:

---

[1] 参见钱临照:《古代中国物理学的成就Ⅰ:论墨经中关于形学、力学和光学的知识》,《物理通报》1951年第3期,第102页。

[2] 参见钱临照:《我国先秦时代的科学著作——墨经》,《科学大众》1954年第12期,第468—470页。

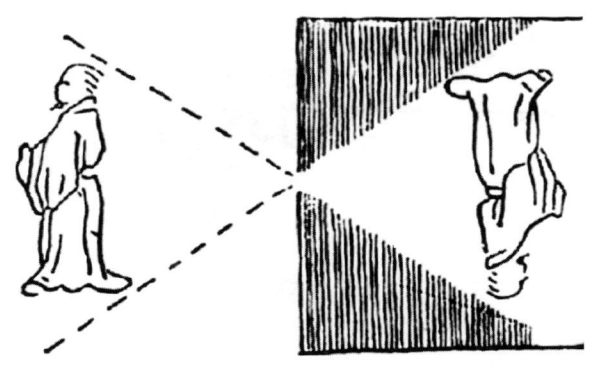

图 1 小孔成像

2016年，我国成功发射世界首颗量子科学实验卫星，命名为墨子号。量子卫星首席科学家潘建伟院士说，墨子最早提出光线沿直线传播的原理，设计小孔成像实验，奠定了光通信、量子通信的基础，以中国古代伟大科学家的名字命名量子卫星，是为了展示我国的文化自信。

三、本影半影

《经下》说："影二，说在重。"《经说下》解释说："二光加一光，一光者影也。"两光源照射同一物体，形成的两影重叠为本影和半影，论证理由在于两光源的重复照射。两光源形成两半影夹一本影。见图2：

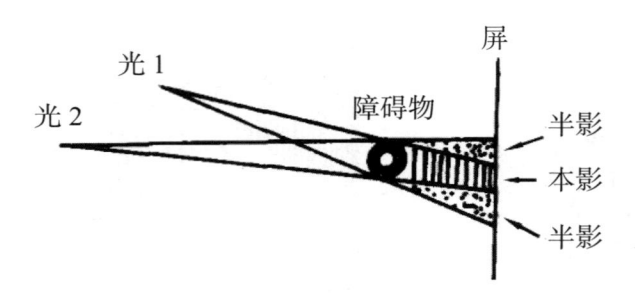

图 2 本影半影

四、日光反射

《经下》说："影迎日，说在转。"《经说下》解释说："日之光反烛人，则影在日与人之间。"即影迎着太阳（影在太阳跟人之间），论证理由在日光被反射。太阳光线被镜子反射到人身上，影形成于太阳和人之间。见图3：

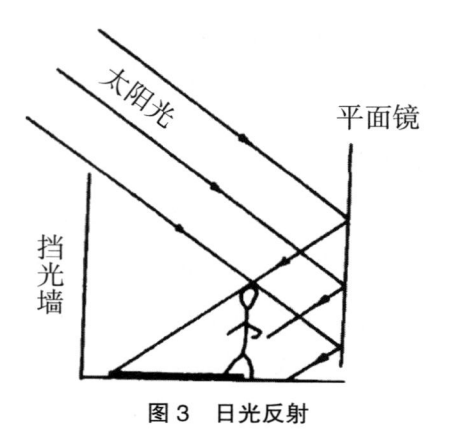

图 3 日光反射

五、凸镜成像

《经下》说:"鉴团影一。"《经说下》解释说:"鉴者近,则所鉴大,影亦大;其远,所鉴小,影亦小;而必正。影过正故招。"凸镜成像只一种:物体距镜面近,所照面积大,成像也大。距镜面远,所照面积小,成像也小。像一定是正立的。物体距镜面过远,像跟原物差别过大,会招摇不定。物体在凸镜前,在镜后成正立缩小的虚像。见图4:

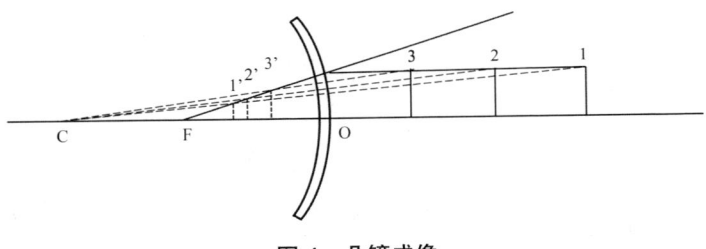

图4 凸镜成像

六、凹镜成像

《经下》说:"鉴凹,影一小而易,一大而正,说在中之外内。"《经说下》解释说:"鉴。中之内:鉴者近中,则所鉴大,影亦大;远中,则所鉴小,影亦小;而必正:起于中、缘正而长其值也。中之外:鉴者近中,则所鉴大,影亦大；远中，则所鉴小，影亦小；而必易：合于中而长其值。"即凹镜成像，一种情况是像比物体小，并且是倒立的。另一种情况是像比物体大，并且是正立的。论证理由在于物体是处在球心之外，还是焦点之内。见图5：

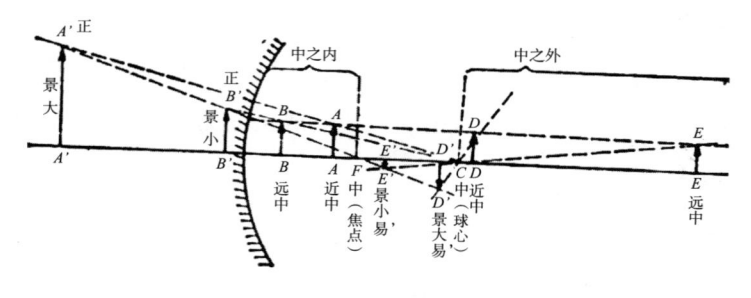

图5 凹镜成像

1. 在球心外。当照镜子的物体接近球心时，所照面积大，成像较大。当它远离球心时，所照面积小，成像较小。像倒立。这是由于光线会合于焦点和球心中间，并延长相交而成像的结果。物体在球心外，在球心和焦点间得缩小倒立实像。见图6：

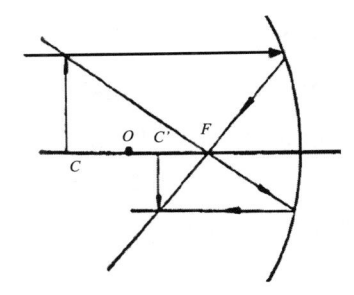

C：物体。C′：成像。O：球心。F：焦点。
图6　凹镜成像球心外

2. 在焦点内。当照镜子的物体接近焦点时，则所照的面积大，成像也较大。当它远离焦点时，则所照的面积小，成像也较小。像都一定是正立的，这是由于光线从焦点和球心出发，与镜面正交，并向镜后延长相交而成像的结果。凹镜成像，物在焦点内，得到镜后放大正立虚像。见图7：

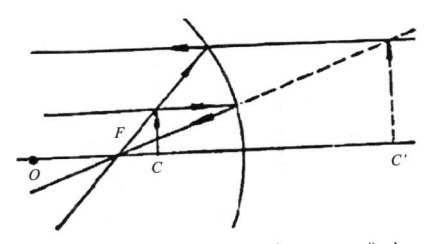

C：物体。C′：成像。O：球心。F：焦点。
图7　凹镜成像焦点内

七、光学实验

斜正远近影大小，科学实验堪称奇。《经下》说："影之大小，说在斜正远近。"《经说下》说："木斜，影短大。木正，影长小。光小于木，则影大于木。非独小也，远近。"即光源照物体成影大小，论证理由在物体斜正、光源远近。

用木头做实验。木头斜放，则影子短大；木头正放，则影子长小。光源小于木头，则影子大于木头；光源大于木头，则影子小于木头。当光源距木头远时，影子小；当光源距木头近时，影子大。

可见墨家用一根木头做实验，分析在木头摆放的斜正、光源对比木头的大小、光源离木头的远近等不同情况下物影的变化。见图8：

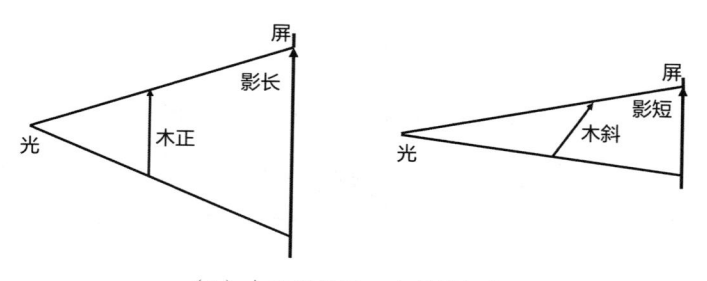

（1）木正影长窄，木斜影短宽

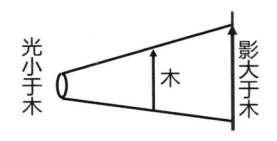

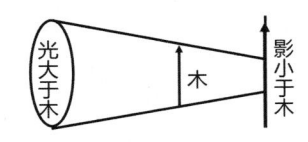

（2）光小于木影大木，光大于木影小木

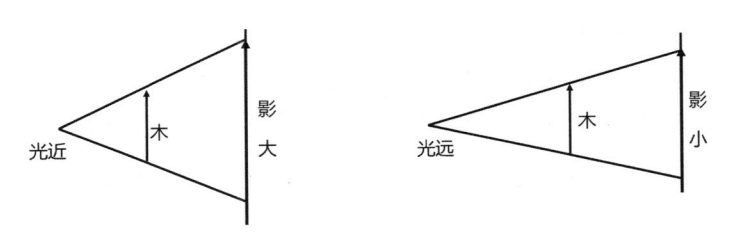

（3）光近则影大，光远则影小

图 8　光学实验

　　墨家开辟了以精密科学实验推进科学发展的正确道路，但因中国社会制度的限制和墨家学团的中绝而受阻。中国科学发展，在 17 世纪后落后于西方，中国人民亟须引进、掌握西方先进的科学知识。现今中国学者的神圣使命，是继承《墨经》科学的精华，与全世界积淀几千年的先进科学联通接轨，促进科学的繁荣。

第二节 力学

一、力的定义

《经上》说:"力,形之所以奋也。"《经说上》解释说:"力。重之谓。下举重,奋也。"即力是物体运动变化的原因。重量可以叫作力。自下而上举起重物,是力引起物体运动变化的事例。《经说下》解释:"凡重,上弗挈,下弗收,旁弗劫,则下直。"这是揭示"仅受重力作用,必垂直下落"的规律,接近伽利略和牛顿的规律性认识。

二、引力实验

墨家学者通过做实验,发现了地面的引力,表现出真正科学的精神。《经下》说:"堆之必拄,说在废材。"《经说下》解释说:"并石垒石,循夹寝者法也。方石去地石,关石于其下,悬丝于其上,使适至方石。不下,拄也。胶丝去石,挈也。丝绝,引也。未变而名易,收也。"即堆砌材料一定要有所支撑,论证的理由在于放置建筑材料应遵循一定法则。每层并砌和层层垒砌石料,要遵循互相夹持着摆放的法则。取一块方石,让它离地面正好有一块石头的间隔,然后放一块石头在它下面,在它上面悬挂一根丝绳,使丝绳下端正好够着这块方石。这块方石不落下,是由于受到下面石头的支撑。把丝绳胶结在上面那块石头上，去掉下面的石头，这时会发现丝绳对石头的提举作用（克服地面引力）。如果丝绳断了，这时会发现石头向下的牵引作用（地面引力）。还是这种情况，而换一种说法，从地面角度来说，这是地面对石头收取的作用（地面引力）。见图9：

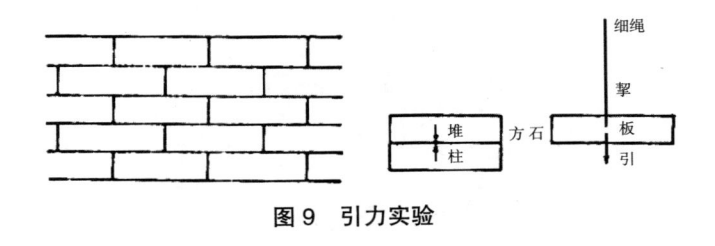

图9　引力实验

第三节　简单机械学

一、桔槔省力

《经下》说："负而不翘，说在胜。"《经说下》解释："衡木加重焉，而（标端）不翘，极胜重也。右校交绳，无加焉而翘，极不胜重也。"即使用桔槔机提取重物时，本端负重，而标端不会翘起来，论证的理由在于，标端的重力距，胜过本端与重物的重力合力距。

横杆本端加上重物以后，而标端不会翘起来，这是由于标端的重力距，胜过本端与重物的重力合力距的缘故。

如果从右边调节立柱与横杆的连结之处，交点过于靠近标端，那么即使本端没有加上重物，标端也会翘起来，这是由于标端的重力距，没有胜过本端的重力距的缘故。见图10：

图10 桔槔省力

二、称衡静力

《经下》说："衡而必正，说在得。"《经说下》解释说："相衡则本短标长。加重于其一旁，必垂。权重相若也，两加焉，重相若，则标必下，标得权也。"即秤杆必须保持平衡，论证的理由在于，秤杆标端得到了一个可以在秤杆标端任意调节滑动的秤锤。

秤杆保持平衡，则本端短，标端长。如果秤杆已经保持了平衡，再在秤杆的某一端加上重量，那一端一定会下垂。如果秤锤与重物相等，分别加在秤杆的标端与本端，则标端一定会下垂，这是由于本来本端较短，标端较长，而标端又得到了一个与重物相等的秤锤的缘故。

三、滑车省力

《经下》说："挈与收反，说在权。"《经说下》解释说："挈。挈有力也，引无力也。不必所挈之止于斜也，绳制挈之也，若以锥刺之。挈：长重者下，短轻者上，上者愈得，下者愈亡。绳直，权重相若，则止矣。收：上者愈丧，下者愈得。上者权重尽，则遂挈。"即用滑轮提升与收取重物的方向相反，论证的关键在于，使用一个起牵拉、缓冲或平衡作用的标准重物——"权"。由下而上提升重物，要用力气。由上而下收取重物，是利用重力的作用，使重物自动下降，所以不用力气。要想方便或省力地提取重物，不一定只利用斜面这一种方式，用绳索制动滑轮以提取重物，就像用锥子刺物一样方便省力。

由下往上提升重物时，系在绳子一端的相对较重的"权"，靠着重力的作用会自动下降，系在绳子另一端的相对较轻的重物，则被自动地往上提。被提举的重物越来越靠近上边，靠重力下降的"权"会越来越接近地面。如果制动定滑轮的绳子两边下垂，分别悬挂的"权"和重物重量相等，那么两边就会静止不动。

由上往下收取重物时，系在绳子一端的相对较轻的

"权",离地越来越远,越来越靠近上边,重物凭借重力的作用,越来越靠近地面。待"权"上升到滑轮边沿时,如果还想提升重物,则需用人力把重物稍稍提举,以便使"权"能够再次自动下落,开始新一轮提举重物的过程。

《墨经》总结滑轮力学原理:滑轮机械叫"绳制",提举重物省力。向上提举叫"挈"(qiè),向下降落叫"收","挈"与"收"用力方向相反,但同时作用于一个共同点。滑轮一边,绳长物重,物体下降。另一边,绳短物轻,物体上举。两端重物相等,绳垂直平衡。见图11:

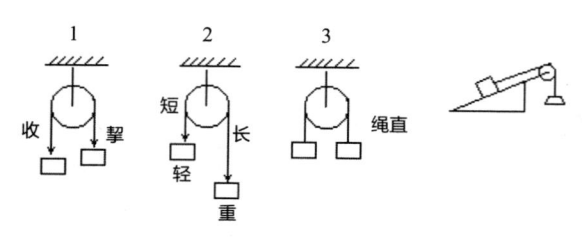

图 11　滑车省力

四、应用斜面

《经下》说:"倚者不可正,说在梯。"《经说下》解释说:"倚:背、拒、牵、射,倚焉则不正。两轮高,两轮为轻,车梯也。重其前,弦其前,载弦其胡,而悬重于其前。是梯,挈且挈则行。凡重,上弗挈,下弗收,旁弗劫，则下直。斜，或害之也，流梯者不得下直也。今也废石于平地，重，不下，无旁也。若夫绳之引胡也，是犹自舟中引横也。"即斜面运物跟垂直运物不同，论证的理由在以车梯为例。背负、抵拒、牵引、投射，都有偏斜而不垂直的现象。车梯的前两轮低，后两轮高。因为车梯的重心偏前，为了在装运重物过程中保持车梯的平衡，需要在车前系以绳索，使绳索下垂，悬以重物。

这种车梯，提起前端，并向前牵引，则能够前行。凡是重物，不往上提举，不往下收取，不从旁边给予强力，而仅受重力作用，则会垂直下落。斜面对物体的下落起某种妨害作用，在梯子上滑动的物体，不能够垂直下落。

把一块石头放在平地上，它有重力，但受地面阻力的作用，不会下落，也没有从旁边来的作用力，它就会静止不动。说到用绳索牵引车梯前行的运动方式，这就像用绳索牵引舟前横木使舟作水平运动一样。利用滑轮，在斜面提举重物省力。

第四节　数学

一、柱隅四权

《经上》说："方，柱隅四权也。"《经说上》解释说："矩写交也。"即"方"是四边四角相等。"方"是用矩尺做出的四边相等、四角为直角的平面图形。见图12：

图12　柱隅四杈

二、一中同长

《经上》说："圆，一中同长。"《经说上》就是说："规写交。"《经上》说："同长，以正相尽。"《经说上》解释说："楗与框之同长。"《经上》说："中，同长。"《经说上》解释说："心中，自是往相若也。"即从圆心到圆周都有同样长度，距离相等。见图13：

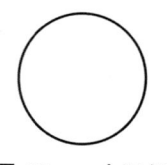

图13　一中同长

三、同样高度

《经上》说："平，同高也。""平"是指不同个体，有同样高度。平：水平、等高、平行、齐等。《法仪》说："平以水。"即测定水平用水平仪。

四、顺序公理

《法仪》说:"直以绳。"即木工用墨绳拉直线。《经上》说:"直,参也。"《经说上》解释说:"圆无直。""直":直线。"参":第三个点加入另两点间。直线性质在于有一点恰好介于另两点间。即一直线上有三个点,有一点恰好介于另两点间。希尔伯特顺序公理一:设有 A、B、C 三点,若 B 介于 A 和 C 之间,则 A、B、C 是一直线上三个不同的点,并且 B 也介于 C 和 A 之间。二:对于任何不同的 A 和 B 两点,在直线 AB 上至少有一点 C,使得 B 介于 A 和 C 之间。三:在一直线上任何不同的三点中,至多有一点,介于其余两点间。

五、证圆无直

《经说上》说:"有说,过五诺,若'圆无直'。"圆无直:圆周上无直线。一圆周上任何三点,都不在一直线上。无圆能通过同一直线上三点。用科学方法可证明。

六、点叫作端

《经上》说:"端,体之无厚而最前者也。"《经下》解释说:"非半弗斫则不动,说在端。"不可分的点,是无穷小的微粒,相当于古希腊自然哲学的原子。

七、线叫作尺

《经上》说："体，分于兼也。"《经说上》解释说："若二之一，尺之端也。"点线关系，是部分整体关系。"体"是部分、元素，"兼"是整体、集合。"尺"相当于几何学的"线"，"端"相当于"点"。

"线"是无数"点"的集合、整体，"点"是"线"的部分、元素，相当于欧几里得几何中"全体大于部分"的公理。点是线的必要条件，线是点的充分条件。《经说上》解释说："小故：有之不必然，无之必不然。体也，若有端。"有点不一定有线，无点一定无线，点为线的必要和非充分条件。线为点的充分条件，有线一定有点，无线不一定没有点，线是点的充分和非必要条件。

八、面叫作区

《经说上》解释说："尺前于区而后于端，不夹于端与区内。"即在平面几何中，线是位于面的前边，夹持面，作为面的界限。线是位于点的后边，被点夹持，以点为界限。线夹面，被点所夹。只能说"点夹线"和"线夹面"，不能说"线夹于点与面内"，不能说"点与面夹线"。"尺"：线。"区"：面。"端"：点。"尺前于区"，相当于欧几里得几何的定义"面的界限是线"。"尺后于端"，相当于欧几里得几何的定义"线的界限是点"。

九、体叫作厚

几何学上的"体"(体积)叫作"厚"。"体"(体积)在长宽高度三维上都有厚。《经上》说:"厚,有所大也。"《经说上》解释说:"惟无厚无所大。""厚"(体,体积),在空间三维长宽高上有厚度,是"有所大"(有一定量)。

十、点线相交

《经上》说:"撄,相得也。"《经说上》解释说:"尺与尺俱不尽。端与端俱尽。尺与端或尽或不尽。""撄"是相交。"尺与尺俱不尽":线和线相交,双方都不完全重合,因为线是无数点的集合,线和线相交,只交于一点。"端与端俱尽":点和点相交,是完全重合,完全占有对方,没有空隙,因为点无长宽高。"尺与端或尽或不尽":点和线相交,从点方面说,是完全重合(尽);从线方面说,是不完全重合(不尽)。见图14:

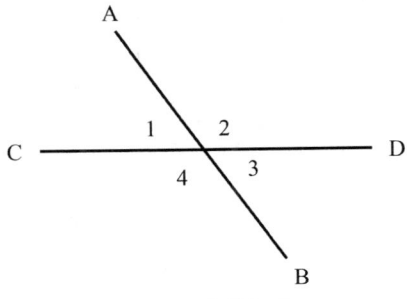

图14 点线相交

十一、两图相切

《经上》说："次，无间而不相撄也。"《经说上》就是说："无厚而后可。""次"是相切，相切是两图形共同点只有一个。"无间"是两个图形无间隙。"不相撄"是不相交，相交是有两个共同点，"相切"是有一个共同点。见图15：

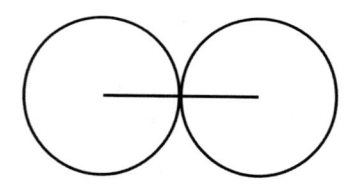

图15 两图相切

十二、两图相离

《经上》说："有间，中也。""间，不及旁也。""离，间虚也。"《经说上》就是说："虚也者，两木之间，谓其无木者。"两图相离有间隙。见图16：

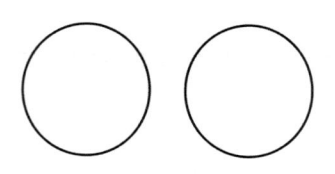

图16 两图相离

十三、有穷无穷

《经上》说:"穷,或有前不容尺也。"《经说上》就是说:"或不容尺有穷,莫不容尺无穷也。"即一个空间是有穷的,在度量的时候,前面不能容纳一线。一个空间是无穷的,在度量的时候,前面永远可以容纳一线。酷似古希腊阿基米德(前287—前212)的度量公理"有穷线段可度量":有长短不同两线段,在长线段上连续截取短线段,截到某次无剩余,或得一短于短线段的剩余线段。

第五节　物理学

一、端是微粒

端是物质经验分割的极限、质点、微粒、原子。这是一种物质结构论。《经下》说:"非半弗斱则不动,说在端。"《经说下》说:"斱半,进前取也,前则中无为半,犹端也。前后取则端中也。斱必半,无与非半,不可斱也。""端":没有长宽高三维,无穷小的物质微粒。这一观点相当于古希腊自然哲学家的原子论。

二、墨经形学

中国科学院院士、著名科学家钱临照说,春秋战国时期，论述自然科学的书籍，就是《墨经》。《墨经》的作者是敏锐忠实的实验科学家，《墨经》是对观察结果的系统科学总结。学者们认为，《墨经》形学（物理学）文本资料有20条。"端"是几何学的点，是物理学的原子、微粒。①

---

① 钱临照:《释墨经中光学力学诸条》，载《科学史论集》，中国科学技术大学出版社1987年版，第5、35页；《物理通报》1951年第1卷第3期。钱临照:《论墨经中关于形学力学和光学的知识》，《科学通报》1951年第2卷第8期。钱临照:《我国先秦时代的科学著作——墨经》，《科学大众》1954年第12期，第468—470页。洪震寰:《墨经中的物理》，《物理通报》1958年2月号，第73—78页。徐克明:《墨家物理学成就述评》，《物理》杂志1976年第5卷第1期，第50—57页。徐克明:《墨家物理学成就述评（续）》，《物理》杂志1976年第5卷第4期，第231—239页。洪震寰、徐克明:《墨经中的物理知识》，载《中国大百科全书·物理学》卷，中华大百科全书出版社1987年版，第801、802页。方孝博:《墨经中的数学和物理学》，中国社会科学出版社1983年版。

第三讲　人文社会科学（上）

人文学科即人文社会科学、哲学社会科学。狭义《墨经》四篇，是微型百科全书，其中的知识门类可分为人文学科13门：逻辑学科、方法哲学、认知哲学、科技哲学、本体哲学、历史哲学、经济学科、政治学科、伦理学科、教育学科、语言文学、艺术美学、军事学科。

第一节　逻辑学

一、墨学逻辑

墨学人文成科学，概念范畴原理多。人文学科13门，门门学科建树多。逻辑学科打头阵，逻辑学科构墨学。构建宣传靠逻辑，逻辑工具成墨学。[1]

论证墨学与逻辑学有内在的必然联系。墨学的构成、

---

[1] 拙著《墨学与中国逻辑学趣谈》由商务印书馆2017年出版。

认知和宣传方式,是逻辑学。中国古代逻辑学,从墨子开始萌芽,到后期墨家著作《墨经》形成体系。西晋鲁胜写《墨辩注序》,把《墨经》叫"墨辩"和"辩经"。于是,"墨辩"在中国逐渐成为固定词组,它一是指《墨经》元典,二是指墨家辩学。《墨经》和墨家辩学,是中国传统逻辑学(古典逻辑学、经典逻辑学)的典型代表,是当代中国学者亟须深入攻关钻研的重要课题。

二、名辩逻辑

清代以前,"名"和"辩"是分开说的两个单独术语,分别代表儒家和墨家两种逻辑学说。"名"的代表作是《荀子·正名》。鲁胜《墨辩注序》推崇《墨经》,把《墨经》称为《墨辩》《辩经》,但是他又受儒家影响,把先秦逻辑思想一概归在儒家的"名"范畴内。

鲁胜《墨辩注序》开宗明义地把"名"(意指名学)的功能定义为"别同异,明是非,道义之门,政化之准绳",接着历数先秦名学的谱系、范畴和作用,末尾归结为"名之至也",意即名学的极致。

"辩"的代表作是广义《墨经》。广义《墨经》的《小取》开宗明义地说:"夫辩者,将以明是非之分,审治乱之纪,明同异之处,察名实之理,处利害,决嫌疑焉:摹略万物之然,论求群言之比。"这是给"辩学"制定功能定义。梁启超说:"西语的逻辑,墨家叫做'辩'。"[①]

接着分说思维形式,各论"以名举实,以辞抒意,以说出故",相当于逻辑学的概念论、判断论、推理论。又列举判断推理形式"或假效譬侔援推"七种,并制定思维规律"以类取,以类予。有诸己不非诸人,无诸己不求诸人",相当于同一律、矛盾律。下面再说"譬侔援推",特别是"侔"式推论(比辞类推)的各种谬误。《小取》是中国古代逻辑学的简明教学大纲。

"名"和"辩"两种学说源流,本质一致,各有特点。其特点分别是以"名"统"辩",或以"辩"统"名"。"名"相当于语词概念,加以扩张,用其广义,可以统率一切思维形式,于是把逻辑学叫名学。"辩",即辩论,相当于证明反驳,用"辩"也可以统率一切思维形式,囊括名辞说(概念、判断、推论),于是把逻辑学叫辩学。古代辩辨二字通假,辩学辨学意义相同。

"名""辩"是近代中国学者引进西方逻辑学时,把逻辑学叫名学、辩学(辨学)的历史渊源,是被借用的民族传统和语言特色。英国人穆勒(J. S. Mill)1843年出版的 *A System of Logic, Ratiocinative and Inductive*(直译:《逻辑体系:演绎与归纳》),严复译为《穆勒名学》,1905年由

[①] 梁启超:《墨子学案》,商务印书馆1921年版,第92页。

金陵金粟斋木刻出版。

英国人耶方斯（W. S. Jevons）1876 年在伦敦出版 *Primer of Logic*（直译：《逻辑初级读本》或《逻辑入门》）。1896 年出版了英国人艾约瑟（Joseph Edkins）翻译的该书中译本《辨学启蒙》。严复 1909 年重译为《名学浅说》，由商务印书馆 1909 年出版。

耶方斯 1870 年出版 *Elementary Lessons in Logic Deductive and Inductive*（直译：《逻辑基础教程：演绎和归纳》），王国维译为《辨学》，北平文化书社 1908 年版。内容包括名辞（概念）、命题、推理式、虚妄论、方法论（分析、综合）、归纳法（观察、实验、假说、分类、抽象）。

现代中国学者摆脱先秦儒墨两家的学术宗派性和狭隘性，根据名学和辩学本质的一致性，综合二者，叫名辩逻辑。名辩，是中华民族固有术语。逻辑，是与西方接轨、增益现代色彩、标示学科性质的术语。

这体现一种逻辑观，即把名辩看作逻辑的一个特品，把西方逻辑学看作全人类共同的知识学科。西方逻辑学，由于发展的系统性、完整性和典型性，成为全人类共同的逻辑学，全世界同一的逻辑学。

百多年来，所有西方逻辑经典著作，译为中文，没有任何一个中国人，把西方逻辑学，看作与西方民族、肤色等生理特征有关，拒绝接受，而是自然地接受为人类共同的科学知识。中国逻辑学如果是逻辑,本质上也应是全人类共同的科学知识。道理如此,这叫逻辑学的共同性。如果说中国逻辑学有特殊性,只是因为它用中国特殊的语言文字表达,而没有概念范畴原理的不同。

所谓中国古代逻辑学(古典逻辑学、经典逻辑学、传统逻辑学)、"名学"、"辩学"和"名辩学"等,应该用西方现代逻辑学的理论方法,衡量分析,去粗取精,去伪存真,改造转型,不然没有出路,没有意义。这是顺应历史潮流、合乎世界大势的必然现象。近代以来,认知中西逻辑学关系的正确原则,应是铺路搭桥,融会贯通,而不是挖沟筑墙、割裂分离、互不联接。

三、逻辑高评

1. 李约瑟评。李约瑟说:"后期墨家更多是研究科学逻辑、科学和军事技术。"[①] 他们"做出重大努力来建立一种科学逻辑"[②]。

2. 梁启超评。梁启超 1904 年在《新民丛报》连载《子墨子学说》附录《墨子之论理学》,他说:"《墨经》最

[①] 李约瑟:《中国科学技术史》第二卷《科学思想史》,科学出版社、上海古籍出版社 1990 年版,第 182 页。

[②] 李约瑟:《中国科学技术史》第二卷《科学思想史》,科学出版社、上海古籍出版社 1990 年版,第 181 页。

重要之部分,自然是在名学(逻辑学)。"称《墨经》是"全世界论理学(逻辑学)一大祖师。""只可惜我们做子孙的没出息,把祖宗遗下的无价之宝,埋在地窖子里二千年。今日我们在世界文化民族中,算是最缺乏论理精神、缺乏科学精神的民族,我们还有面目见祖宗吗?如何才能够一雪此耻?诸君努力啊!"①

3. 胡适评价。胡适说,《墨经》作者是"科学的和逻辑的墨家"②,"对演绎和归纳具有相当时髦的概念"③;他们"是伟大的科学家、逻辑学家和哲学家"④,"作为科学研究和逻辑探讨的学派"⑤,"是发展归纳和演绎方法的科学逻辑的唯一的中国思想学派"⑥,"在整个中国思想史上,为中国贡献了逻辑方法的最系统的发达学说"⑦。又说:"《墨辩》乃是中国古代名学最重要的书。"⑧"墨家的名学

---

① 梁启超:《墨子校释·自序》,任继愈、李广星主编:《墨子大全》第26册,北京图书馆出版社2004年版,第187页。
② 胡适:《先秦名学史》,学林出版社1983年版,第56页。
③ 胡适:《先秦名学史》,学林出版社1983年版,第57页。
④ 胡适:《先秦名学史》,学林出版社1983年版,第57页。
⑤ 胡适:《先秦名学史》,学林出版社1983年版,第58页。
⑥ 胡适:《先秦名学史》,学林出版社1983年版,第58页。
⑦ 胡适:《先秦名学史》,学林出版社1983年版,第111页。
⑧ 胡适:《中国哲学史大纲》,商务印书馆1987年版,第187页。

在世界的名学史上，应该占一个重要的位置。"①

四、思维形式

逻辑学研究思维形式及其规律。《小取》说："以名举实，以辞抒意，以说出故。""夫辩者，将以明是非之分。"名辞说辩：概念、判断、推理论证。见表1：

表1 思维形式

墨经范畴	名	辞	说	辩
逻辑范畴	概念	命题	推论	证明反驳
知识部门	概念论	命题论	推理论	论证理论

五、名的范畴

"名"是中国古代逻辑学的重要范畴，《四库全书》中出现1071146次，涉及典籍79592卷，《墨子》中出现93次。

"名"的逻辑范畴，来源于孔子率先提出的"正名"。《论语·子路》载，子路问孔子说："卫国君主等待您执政，您先做什么？"孔子说："一定是正名！"子路说："您太迂腐，正名有什么用？"孔子说："你太粗野！"接着讲大道理："名不正，则言不顺；言不顺，则事不

---

① 胡适：《中国哲学史大纲》，商务印书馆1987年版，第224页。

成。""名之必可言也,言之必可行也。君子于其言,无所苟而已矣。"即语词概念不正确,则说话不合逻辑。说话不合逻辑,则事情办不成。语词概念形成,定能说出来。说出来,定能做到。正人君子说话,不能马虎苟且。

"正名",就是把"名",即语词概念,使用正确。孔子提出"正名",对中国逻辑学影响巨大。

墨家著作是《墨经》,儒师荀子的著作是《正名》,名家领袖公孙龙则推出大作《名实论》,他们三人不约而同做同一件事,把争论上升到纯逻辑层面。荀子《正名》"名"统"辩",对名阐述最系统。荀子详论"名枢要",略论辞说与辩论。荀子名学第一名,下位概念辞说辩。《墨经》以"辩"统"名辞",辩名辞说有系统。《小取》开宗"夫辩者",墨辩之学开头语。下位概念名辞说。公孙龙子《名实论》,罗列范畴有系统。物实位正与正名,逻辑哲学基础宏。《墨经》《荀子》《名实论》,三部著作顶梁柱,逻辑大厦有支撑。概念范畴都一致,命题原理同系统。用词造句很相像,中国逻辑喜构成。

《墨经》看法有特点,"辩"字比"名"更看重。"辩"字一义是辩论,逻辑研究成对象。逻辑辩论是动力,逻辑服务于辩论。逻辑辩论是源泉,辩论发展辩论长。"辩"字意义是辩学,辩学就是逻辑学。希腊印度与中国,逻辑都是辩论生。《小取》开宗"夫辩者",整篇语境是辩论,辩的学问即逻辑。逻辑表达古汉语，墨学学统逻辑重。研究逻辑难点二：逻辑元典得确解，现代研究方法正。语言通俗方法新，现代研究有新风。

"名"是中国逻辑学的重要范畴，相当于语词概念。墨家的辩学、荀子和公孙龙子的名学，都以"名辞说辩"作为思维表达的基本形式。"名辞说辩"联系密切，相辅相成，构成思维表达和逻辑学的有机整体。

语词概念是思维表达的基本单位。概念是思维的细胞。正确思维，有效表达，包含恰当构造命题，合乎逻辑推论，有说服力论证，依赖于准确运用概念，学会运用概念的艺术。"名辞说辩"，对应于今日说的概念、命题、推理和论证，酷似逻辑学概念论、命题论、推理论和论证学说的架构。

六、中国概念

德国哲学家黑格尔（1770—1831）说："中国人是笨拙到不能创造一个历法的，他们自己好像是不能运用概念来思维的。"[1] 黑格尔的说法，不合乎事实。从道理上说，人与动物有别，人能用概念思维，动物不能。中国人"不

---

[1] 黑格尔：《哲学史讲演录》第2卷，生活・读书・新知三联书店1957年版，第275页。

能运用概念来思维",岂非怪事?

从事实上说,有数千年灿烂文明的中华民族,有发达的物质文明、精神文明,从古到今,有与农业季节相适应的合用历法,有浩如烟海的丰富文化典籍。乾隆年编的《四库全书》和近代编的《四部丛刊》两部大型丛书,有11亿字。遍读经史子集四大类图书,可知中国人与西方人一样,"能运用概念来思维",这是铁一般的事实,颠扑不破的真理。

2001年到2007年,我作为设在中宣部和国务院新闻出版总署的《中华大典》办公室聘任的《中华大典·哲学典》编委,任《中华大典·哲学典·诸子百家分典》副主编和撰稿人,编撰名墨法杂兵诸家与各总部范畴稿数百万字。

我用E考据,即电子数字化考据,从历代典籍选取千百概念范畴,构成世界观、认识论、方法论、逻辑学、历史哲学、政治哲学、道德哲学、美学等领域的范畴体系。以《墨经》为例,有中国逻辑学、哲学和科学概念范畴数以百计,俨然是科学范畴的"王国",有"运用概念思维"的娴熟技巧和丰富理论。

这与德国哲学家雅斯贝尔斯(1883—1969)的论断一致。雅斯贝尔斯说,以公元前500年为中心的文化轴心时代,是奠定人类精神基础、影响今日的时代。"这个时代产生了所有我们今天依然在思考的基本范畴。"[①]《墨经》概念论是运用概念的艺术，是中国逻辑家对世界逻辑史的重要贡献。

七、墨经概念

《小取》说："以名举实。"《经上》第31、32条说："举，拟实也。""言，出举也。"《经说上》解释说："告以之名举彼实也。故言也者，诸口能之，出名者也。名若画虎也。言，谓也。言由名致也。"

名（语词、概念）的实质，是举实、拟实，即列举和摹拟事物。"以名举实"，是用语词、概念列举实物。举的定义，是"摹拟"，用摹拟事物性质、状态的语句、短语或摹状词，反映事物。

比如："人有理性，有知识，会说话，能劳动。"这句话便起到"举实""拟实"的作用。"举实""拟实"，表

---

① 雅斯贝尔斯：《人的历史》，载田汝康、金重远选编：《现代西方史学流派文选》，上海人民出版社1982年版，第38—40页。雅斯贝尔斯在1949年出版的《历史的起源与目标》中说："公元前800至公元前200年之间，尤其是公元前600至前300年间，是人类文明的轴心时代。""在中国生活着孔子和老子，中国哲学的所有派别都产生了，墨翟、庄子、列子以及不可胜数的其他哲学家都在思考着。""在这个时代产生了我们今天依然要借助于此来思考问题的基本范畴。"

示语词（词项）的指谓、表意和认识功能。用语句"举实""拟实"，构成概念的内涵和外延。"之名"即"此名"；"以之名举彼实"，表明用主观世界的名，去反映客观世界的实。主客关系，工具对象，学理昭然。

名对实的反映作用，通过语句实现。从结构上说，语句由名联结而成。从认识作用上说，名对实的反映，靠语句对事物的指谓实现。利用名（语词、概念）和言（语句），认知事物、表达感情、进行交际、指导行动，是人类特有的性质。

名的作用，是列举事物。列举是模拟，"摹略"即反映、抽象、概括。列举、模拟、摹略，是人类对事物的认识作用，又是概念范畴的抽象概括作用，通过语言实现。表达概念范畴的名（语词），用口说出。用"模拟"定义"列举"，用图画比喻概念范畴对事物的反映作用，表明墨家概念论的哲学基础是能动的反映论。

《大取》说："名，实名。实不必名。"名称标志实体，有实体不一定有名称。这是从实际出发的科学观点。告诉你这个名称，列举那个事实，语言是用口说出名称，显示名称、语言的交际作用。指谓和交际，是语言的两大功能。墨家从事物、语言和意义三者的关系，说明名的性质和作用。名称（语词、概念）是语言的构成元素，逻辑研究从概念论开始。

《经说上》第79条说:"声出口,俱有名。若姓字丽。"声即言,言为心声。人注定要与语词概念打交道,语词概念为人所普遍运用。"名""言"与事物的关系,犹如有一个姓名,后面跟着一个人,姓名附属联结于人。

黑格尔说:"当一个人说话时,在他的话里就有一个概念。"[①]列宁把这句话翻译为:"人只要一开口说话,在他的话中就包含着概念。"[②]他评论说:"非常正确而且重要——恩格斯用比较通俗的形式重复的正是这一点,他这样写道:自然科学家应当知道,自然科学的成果是概念,但巧妙地运用概念却不是天生就会的,而是自然科学和哲学两千年发展的结果。"[③]

《墨经》讨论名称的指谓作用。《经上》第80条说:"谓:命、举、加。"《经说上》解释说:"谓犬'狗',命也。'狗,犬。'举也。叱:'狗!'加也。"即列举指谓的三种含义:命名、列举和附加感情因素。把犬叫作"狗",是命名。用"狗"名作主项构成命题,说"狗是犬"是用名称列举事物,对狗叱责说"狗!"是附加感情因素。

《墨经》通过与"指"比较,阐述"名"的抽象概括

---

① 黑格尔:《哲学史讲演录》第1卷,生活·读书·新知三联书店1956年版,第310—311页。
② 列宁:《哲学笔记》,人民出版社1960年版,第290页。
③ 列宁:《哲学笔记》,人民出版社1960年版,第291页。

作用。认知形式"指":用指头指着事物说,相当于"实指定义"。比如,一人不认识鹤,我指着鹤说:"这是鹤。"《经说下》第153条说:"或以名示人,或以实示人。举友富商也,是以名示人也。指是鹤也,是以实示人也。"

我的朋友某甲不在眼前,我用概念说:"我的朋友某甲是富商。"这是给"我的朋友某甲"这个主项,加上"富商"这个谓项,用一个一般概念,使人了解他。我指着面前的鸟说:"这是鹤。""名"是脱离事物的一般概念,"指"是不脱离事物的感性直观。

《经下》第140条说:"所知而弗能指,说在春也、逃臣、狗犬、遗者。"《经说下》解释说:"春也,其死固不可指也。逃臣,不知其处。狗犬,不知其名也。遗者,巧弗能两也。"有些知识,只能用概念表达,不能用手指着说。即名叫"春"的女仆,病死了,不在人间,无法指着她说。逃亡的奴仆,不知他现在在哪里,无法指着他说。小孩不知道狗、犬的名称,必须分别解释,仅用手指指着实物,区分不出这两个名称。遗失的东西宝物,不能指着说,即使能工巧匠,也无法制造与原物同一的个体。

《墨经》认为科学概念是通过心智的抽象概括。《经下》第146条说:"知而不以五路,说在久。"《经说下》解释说:"以五路知久,不当以目见。若以火见。"即有些知识的获得,不是直接通过五种感官(眼耳鼻舌身),要通过心智的抽象概括。五种感官提供经验，是形成抽象知识的条件。

"时间"概念的获得，也是通过概括。五种感官经验，是认识时间概念的条件，犹如光线是见物的条件，不是见物的器官，见物的器官是眼睛。"以五路知久"，不相当于"以目见"的"以"，相当于"以火见"的"以"，"五路"（五种感官）是认识时间概念的条件，心智是认识时间概念的器官。

《经上》第40条对"久"（时间）的定义是"弥异时"，概括各种不同的具体时间"古今旦暮"。感官只能感知个别时间，思维抽象一切时间的共性、本质，用语词"久"概括，成为时间的哲学范畴。《墨经》上百个科学范畴，是运用心智理性的概括。本书讲解《墨经》18门学科（含自然学科5门，人文社会学科13门）的众多概念范畴，以无可辩驳的事实，驳倒黑格尔上述的胡说，证明雅斯贝尔斯上述论断的正确。

严复在1905年出版的《穆勒名学》和1909年出版的《名学浅说》中称"名"，不称概念。1921年梁启超出版《墨子学案》，把《小取》"以名举实"对应于"概念concept"。中国古代没有"概念"这一术语的事实，不意味中国古代没有概念和概念论。用现代汉语对古汉语文献做正确的诠释之后，完全可以恰当地认识、理解中国古代的概念和概念论。说中国古代没有概念和概念论,是黑格尔的误解。

墨家的概念论涉及名(语词概念)的性质、作用和种类等问题,《墨经》列举并解释成百个科学范畴的定义和分类,对概念的理论和应用有杰出贡献。我们的任务是研究解释墨家关于概念的理论和应用。

八、概念分类

《墨经》总结概念的分类理论,极为精到深刻。《经上》第79条说:"名:达、类、私。"《经说上》解释说:"物,达也,有实必待之名也命之。马,类也,若实也者,必以是名也命之。臧,私也,是名也止于是实也。"

"名"(语词、概念)从外延上分为三种:达名、类名和私名。达名是外延最大的普遍概念(general concept,最高类概念),相当于范畴(category)。如"物"(物质)是一个哲学范畴,它同"实"(实体、实际事物)的范围一样大。凡是存在着(有,即存在)的实体,都一定等待着"物"这个名来称谓概括。

类名是一般的普遍概念(类概念,属或种概念)。类名可以根据其外延大小,构成一定序列,如"兽""马""白马"等。就"马"而言,凡具有如此这般性质的实体("若实也者"),都一定用这名称谓概括。

私名是外延最小的单独概念,反映特定的个体,又叫专有名词(专名)。如"臧"作为一个人名。达名、类名和私名,对应于一般、特殊、个别三类实体。《墨经》以这种分类层次为基础,制定囊括各门科学的范畴体系。《墨经》从外延上,把概念划分为达、类、私,即范畴、普遍和单独概念三种,准确精到,与西方逻辑论述一致。见表2:

表2 概念分类

概念分类	达名	类名	私名
定义	有实必待之名命	若实者必以是名命	是名止于是实
译文	凡存在实体都用以概括	凡此性质实体都用以概括	一名指一实
解释	最高类概念	一般类概念	单独概念
对应范畴	一般	特殊	个别
实例	物	马	臧

九、以形貌命

《大取》概念分类,涉及实体、属性和关系概念:"以形貌命者,必知是之某也,焉知某也。……诸以形貌命者,若山丘室庙者皆是也。……长人之与短人也同,其貌同者也,故同。指之人也与首之人也异,人之体非一貌者也,故异。将剑与挺剑异,剑以形貌命者也,其形不一,故异。"

"不可以形貌命者,虽不知是之某也,知某可也。""苟是石也白,败是石也,尽与白同。""诸非以举量数命者,败之尽是也。""是石也虽大,不与大同,是有使谓焉也。""诸以居运命者,苟人于其中者,皆是也,去之因非也。诸以居运命者,若乡里齐荆者皆是。"

"以形貌命者",即以事物的形态状貌命名,指实体概念(具体概念)。如山丘室庙等。其特点是,一定要知道它指谓哪种对象(实体),才能了解。高身材与短身材,都是"人",因为其形态状貌相同。人指与人首,是人体的不同部分。"将剑"用于威仪装饰,"挺剑"用于刺杀敌人,两者形态状貌不同。

"不可以形貌命者"指属性、关系概念(抽象概念)。它不是以事物的形态状貌命名,而指谓事物的属性和关系。对于这种概念,虽不知道它是指称哪种对象(实体),也可以了解。这又可分为属性和关系两种情况。

属性概念有绝对性,不依赖于与别的事物比较,本身是如此。说这块石头"白",它不依赖于与别的事物比较,本身是"白"。"白"的性质,渗透于石头的每一颗粒。把这块石头打碎,它每一颗粒都"白"。

"诸非以举量数命者"指属性概念。所谓"败之尽是也",是指对于机械物体的一部分性质,才是如此。比如一块坚硬的石头打碎，每一小块仍坚硬。如果把这一点普遍化，会带来谬误。比如一架连弩车，可以一次射箭数十只，若把连弩车拆散，其每一部分就不具有这种性质。一只活狗会吠，解剖而死，则不会吠。所以不能说属性概念都有"败之尽是"的特点。

关系概念有相对性，依赖于与别的事物比较，才是如此。比如说这块石头"大"，这是由于有小石头作为参照物，才可以这样说（"是有使谓焉也"）。如果把这块石头打碎，就不能说每一部分仍"大"。所谓"举量数命者"，是指"大小多少"数量方面的关系概念。

《大取》从"不可以形貌命者"中，分出一种"以居运命者"，是反映空间范围的概念。如乡里齐楚。这是指人在一个空间范围内居住和运动，一旦离开了那里，就不再属于那个空间范围。某人生于齐，长于齐，是齐人。一旦举家离齐，居楚，服务于楚，便称楚人，不再是齐人。《大取》关于概念分类的理论，从概念内涵的角度着眼，多与现代科学理解相合。

十、集合元素

集合与元素是两层，令古人感到困惑和诧异。辩者深入思考，故意利用这一点来讲行诡辩。《庄子·天下》记载，辩者的诡辩有论题"鸡三足""黄马骊牛三"。辩者和惠施相对而辩，争论不休。明确指出，公孙龙等辩者，精于这类诡辩。

惠施是战国中期人，公孙龙是后起之秀。《吕氏春秋·淫辞》和《孔丛子·公孙龙》记载，公孙龙（前320—前250）到晚年还津津有味地和孔穿辩论，论证的论题是"臧三耳"。《公孙龙子·通变论》记载，论证的诡辩是"鸡三足"与"牛羊足五"。

"鸡三足"之类诡辩的成因，是故意混淆集合和元素概念的层次关系：鸡足的元素是二，鸡足的集合是一，加起来说是三。"黄马"的元素是一，"骊牛"的元素是一，加上"黄马骊牛"的集合，说是三。臧的耳朵，从元素说是二，从集合说是一，加起来说是三。牛足、羊足，从元素说是四，从集合说是一，加起来说是五。

当把集合和元素概念按照不同层次关系加以区分时，不会产生诡辩；当把二者加以混淆时，就产生纠缠不清的诡辩。在这些诡辩的刺激下，出于清理这类诡辩的需要，《墨经》区分兼名和体名，指出集合和元素概念的不同性质，为廓清辩者的诡辩提供了锐利武器。

《墨经》把集合概念叫作"兼名"。《经下》第167条说："牛马之非牛，与可之同，说在兼。""牛马"是一个"兼名"（集合概念）。《经上》第2条说："体，分于兼也。"《经说上》解释说："若二之一，尺之端也。"

"兼"：整体。"体"：部分。集合概念，叫作"兼名"。相对而言，元素概念，叫"体名"。"牛马"是"兼名"，"牛"和"马"是体名。"二"是兼名，其中的"一"，是体名。直线是"兼名"，其中的点是"体名"。

《经下》第113条说："区物一体也，说在俱一、惟是。"《经说下》解释说："俱一若牛马四足，惟是当牛马。数牛数马则牛马二，数牛马则牛马一。若数指，指五而五一。"区分事物为不同的集合，都具有两方面的性质，即元素的各个独立性和集合的唯一整体性。

"俱一"和"惟是"是墨者独创的两个范畴。"一体"解为一个集合，是把许多不同的"体"（部分、元素）统一、整合，而得到高一层次的集合。这个集合在集和子集的序列中，可解为整体，亦可解为部分。如对"兽"而言，"牛马"是一子集、一部分。对"牛""马"而言，"牛马"是一集合、一整体。《墨经》对概念的划分，有相对论和辩证观。

"俱一"指每个元素的各个独立性，字面意思是"每一个都是独立的一个"。"俱"在《墨经》是全称量词。《经上》第43条定义"尽，莫不然也"，举例是"俱止、动"，"俱"与"尽"同义。《经说上》第39条说"二人而俱见是楹也。"

《经说下》第103条说"俱一不俱二"。《经下》第105

条说"俱一与二"为"不可偏去而二"的一个例子。"俱一"是墨家惯用词语。"惟是"指集合的唯一整体性、不可分配性,字面意思是"仅仅这一个"。"惟"是独、仅仅,"是"即这一个。

《墨经》常以"牛马"为例。"俱一"如说"牛马四足",指的是牛四足、马四足。"四足"的性质,不是从"牛马"这一集合的意义上说的,而是从非集合即类的意义上说的:"四足"的性质,可以同等地分配给"牛"和"马"两个元素(或子集合)。

"惟是"如说"牛马"的集合。数起元素来,"牛马"有"牛"和"马"两个,而数起集合来,"牛马"只是一个。《经说下》第167条说:"牛不二,马不二,而牛马二。则牛不非牛,马不非马,而牛马非牛非马。"

这是从另一角度,说集合和元素的不同。即"牛"不是两样元素,"马"也不是两样元素,而"牛马"则有"牛"和"马"两样元素。套用逻辑同一律的公式"彼是彼,此是此,彼此是彼此"(A是A,B是B,AB是AB)说,牛是牛,马是马,牛马是牛马。

在《经说下》第168条,被概括为"彼止于彼""此止于此""彼此止于彼此"的规律。这是用汉字表达的元素和集合的同一律。用字母来表达改写,即:$A = A$,$B = B$,$AB = AB$。由此可见《墨经》逻辑的合理性,全人类的同一性。

《墨经》常以"数指"为例:"若数指,指五而五一。"在讲集合和元素这种抽象逻辑理论时,数手指是方便形象的教学手段和可随意取用的天然教具。设老师问学生:"右手有几个手指头?"学生回答:"有五个。"这是从手指集合的元素角度说的(即"俱一")。这就是"指五"的意思。老师再问学生:"右手五指的集合有几个?"学生回答:"有一个。"这是从手指集合的角度说的(即"惟是")。这就是"五一"的意思。左手情况同。

老师问学生:"两只手有几个指头?"学生回答:"有十个。"这是从元素即"俱一"角度说。老师问:"双手五指的集合有几个?"学生答:"两个。"这是从"惟是"角度说。《经说下》第159条总结说:"五有一焉,一有五焉。十,二焉。""五有一焉",即五指的集合有一个。"一有五焉"即一指的元素有五个。"十,二焉",即十指中"五指"的集合有两个。

在这个基础上,《经下》第159条总结说:"一少于二,而多于五,说在建、住。""一少于二"从元素角度说,一指少于二指,更少于五指、十指。"一多于五"从元素与集合的关系说,因为从一只手说,一指的元素有五个,而"五指"的集合只有一个。从两只手说,一指的元素有十个,而"五指"的集合只有两个。

"建、住"提示元素和集合（俱一和惟是）两个角度。"建"指建立集合。如在一只手上建立一个"五指"的集合，在两只手上建立两个"五指"的集合。"住"指在集合中住进（放进）元素或子集。如在一个"五指"的集合中住进五个一指的元素，在两个"五指"的集合中住进十个一指的元素。

从住进元素的数目说，住一少于住二、住五、住十。从住进元素的数目和建立集合的数目相比较来说，住一多于建五。如从一只手或两只手的情况说，住进一指元素的数目，多于建立五指集合的数目。

这是"一少于二，而多于五"趣味数学题的奥妙谜底所在。《墨经》从清理古代辩者诡辩的需要出发，精细表述集合和元素概念的理论，讨论集合和元素概念的区分与联系，为古代逻辑学理论增添异彩。

十一、范畴体系

黑格尔在《哲学史讲演录》第一卷"中国哲学"部分说，中国哲学"没有能力给思维创造一个范畴［规定］的王国"，"中文里面的规定［或概念］停留在无规定［或无确定性］之中"。在《逻辑学》上卷《第二版序言》中说，中国语言"简直没有，或很少达到""对思维规律本身有专门的和独特的词汇"的地步。这种说法不合事实，他对《墨经》范畴一无所知。

范畴是大概念,即《墨经》的"达名"(外延最广的概念)。《墨经》六篇,定义上百个各门科学的范畴。如世界观范畴,有物(物质)、实(实体)、久(时间)、宇(空间)、有穷、无穷、化(质变)、损益(量变)、法(规律)。

认识论范畴,有虑(思考)和知(认知)。"知,接也"的"知",指感性认识。"知,明也"的"知",指理性认识。从来源说,知识分为闻知、说知和亲知。从内容说,知识分为名知、实知、合知和为知。

亲知,是用感官亲自感知外界事物而取得的直接知识。闻知,是传授而来的(听来的)知识。有亲闻(亲自听到的)和传闻(经别人传播听到的)两种。说知,是推论之知,由已知引出未知。

名知,是知道语词、概念。实知,是知道实物。合知,是既知语词、概念,又知实物。为知,是有意识的自觉行动。

政治学范畴,有功、罪、赏、罚、诽(批评)、誉(表扬)。

伦理学范畴,有仁、义、礼、忠、孝、任、勇、利、害。

物理学范畴,有动(运动)、止(静止)、力。

数学范畴,有方、圆、平、直、中、厚、倍。

《经上》从"故"至"正"共100条,用定义分类,从内涵外延上规定上百个科学范畴,俨然是一个范畴的"王国",表明《墨经》作者是创制概念范畴的专家。《墨经》的概念范畴,各有专门和独特的规定,至今仍不失其科学价值。诗以咏之:中国岂能无概念,墨经概念理论丰。三种概念达类私,实体属性关系明。集合元素细分辨,剖析诡辩如刀锋。概念范畴称王国,范畴理论方法精。

十二、命题艺术

《墨经》有独到的命题论和运用命题的技巧。其中对实然、或然和必然等模态命题,对祈使句的主观或然模态和客观必然模态的区分,对全称特称命题、假言命题,以及命题的评价标准,都有精辟论述、巧妙运用,对今日人们在逻辑上做到判断恰当,十分有用。

命题是表达判断的语句,有断定和真假可言。断定是对事物的认知,真假是对认知是否符合实际的评价。语句是表达完整意思的基本语言单位。南朝梁刘勰《文心雕龙·章句》说:"句者,局也。局言者,联字以分疆。""人之立言,因字而生句,积句而成章,积章而成篇。篇之彪炳,章无疵也。章之明靡,句无玷也。"即语句是语言的区划,联缀字词,构成各自分别的单位。说话写文章,用字造句,积句成章,积章成篇。全篇光彩,是因为每章没有瑕疵。章节明丽，是因为每句没有毛病。局，即局限、分界、区划。靡，即细致。玷（diàn），即缺损、过失、缺点。《广韵》说："玷，玉瑕。"

命题语句是语言的细胞单位。只有命题、语句和判断恰当，才能构造合乎逻辑的篇章。作品由字而句，由句而章，积章成篇，有条不紊，写成结构严密的文章，要一句不苟，一字不妄。这说明语句篇章的本末主从关系，语句是构成文章的基础。

"辞"，相当于语句、命题。其语言形式是语句，认知内容是命题。《小取》说"以辞抒意"，即用语句表达判断命题。"意"是心中意思，判断命题。《吕氏春秋·离谓》说："辞者，意之表也。""言者，以谕意也。"

其中"抒""表""谕"，意为抒发、表达与说明。"言"即"辞"，狭义指语句，后世构成双声词"言辞"或"言词"。先秦一般说"辞"，汉以后逐渐以"词"代"辞"。"言辞"今一般多作"言词"。

"辞"这个简体字，对应的繁体字是"辭"，原意是讼辞、口供，是理乱、理辜、治理狱讼案件的结论和法官的判词。《周礼·秋官·乡士》说："听其狱讼，察其辞。"《说文解字》说："辞，讼也。""犹理辜也。""辜，罪也。"引申为一般意义的言辞、语句、判断、命题。

"辞"，相当于英文judge，作为及物动词，指审判、审理、判决、裁判、评定、裁决、判断、断定、鉴定、识别、评价；作为不及物动词，指下判断，作裁判，作评价。judgement作为名词，指审判、判决、裁判、判断、鉴定、评价。

日本学者用汉字"判断"（繁体"判斷"）翻译英文judge、judgement，贴切准确。《说文解字》说："判，分也。从刀，半声。"它是形声兼会意字。清段玉裁注："古辨、判、别三字意同也。""判"字右半边"竖刀"是意符，"半"是音符，表示分辨、分别，指用刀切开、分开，引申为判断。

《说文解字》说："断，截也。""断"是会意字，右半边"斤"，是"斫木斧"（砍木头用的斧子），左半边是"古文绝"字，是用斧子切丝意，引申为断绝、裁决、决断、断定。古今中外，语词对应，神奇相合，若合符契。

十三、实然命题

《庄子·天下》载诡辩家公孙龙等，提出"孤驹未尝有母"等诡辩论题，跟惠施辩论，"饰人之心，易人之意，能胜人之口，不能服人之心"，即蒙蔽人心，惑乱人意，使人口服，但不能使人心服。"孤驹未尝有母"的诡辩，是借口孤驹"现在无母"，诡辩说"孤驹从来无母"，把现在时态夸大为全时态（所有时态）。

《列子·仲尼》载,公孙龙的追随者魏牟,与乐正子舆辩论"孤犊未尝有母"等论题说:"中山公子牟者,魏国之贤公子也。好与贤人游,不恤国事,而悦赵人公孙龙。乐正子舆之徒笑之。公子牟曰:'子何笑牟之悦公孙龙也?'子舆曰:'公孙龙之为人也,行无师,学无友,佞给而不中,漫衍而无家,好怪而妄言,欲惑人之心,屈人之口,与韩檀等肄之。'公子牟变容曰:'何子状公孙龙之过欤?请闻其实!'子舆曰:'吾笑龙之诒孔穿……'……'龙诳魏王曰:……孤犊未尝有母,其负类反伦,不可胜言也公子。'牟曰:'子不谕至言而以为尤也,尤其在子矣。……孤犊未尝有母,有母非孤犊也。'乐正子舆曰:'子以公孙龙之鸣皆条也,设令发于余窍,子亦将承之。'公子牟默然良久,告退曰:'请待余日,更谒子论!'"

即战国时魏国公子魏牟,因封于中山,叫中山公子牟,是贤能的公子,喜欢结交才学之士,不问国事,尤其喜欢赵国公孙龙。乐正子舆等人嘲笑他。魏牟说:"你们为什么笑我喜欢公孙龙呢?"子舆说:"公孙龙为人,行动没有老师,做学问没有朋友,巧辩不合道理,思维散漫,不成系统,爱好怪诞,胡言乱语,以迷惑人心,折服人口,与韩檀等人一起钻研。"

魏牟变脸说:"你怎么这样形容公孙龙的过错?请举出证据!"子舆说:"我笑公孙龙欺骗孔穿(孔子六世

孙）。""公孙龙还欺骗魏王说：'孤犊未曾有母'，混淆类别，违反常理，这类例子举不胜举。"

魏牟说："你不懂最高深的言论，却误认为荒谬，真正荒谬恰是你自己。孤犊未曾有母，有母不叫孤犊。"乐正子舆说："你把公孙龙的奇谈怪论，看作条条是道，是香臭不分。"魏牟沉默很久，告辞说："请等待几天，我再跟你辩论！"

《列子·仲尼》说公孙龙子用"负类反伦"（违背事实，违反常理）的诡辩，欺骗魏王，其中有"孤犊未尝有母"的诡辩。其论证是："孤犊未尝有母，有母非孤犊也。"这种诡辩，歪曲利用模态命题。墨家为澄清这类诡辩，精心研究关于命题的理论，特别是关于时间模态的理论。

"实然"即确实如此。实然命题，反映确实发生的事实。用过去时间模态词"已"（已经）、"已然"（已经如此）或"尝然"（曾经如此），表达确实发生的事实，即实然命题。《墨经》讨论了用过去时模态词"已"表示的实然命题。《经上》第77条说："已：成；无。"《经说上》解释说："为衣，成也。治病，无也。"

"已"（已经）是表示过去时、完成式的时间模态词。模态是英文mode的音译，它是一种特殊的命题形式，表示断定的程度、样式、方式。《墨经》研究古汉语中模态词的性质和用法。过去时模态词"已"的用法有两种：一种是表示建设性的，如说："已经制成一件衣服。"一种是表示破坏性的，如说："已经找到病源，消除病根。"

《墨经》仔细研究过去时的实然性质。《经下》第161条说："可无也，有之而不可去，说在尝然。"《经说下》说："已然则尝然，不可无也。"《经下》第149条说："无不必待有，说在所谓。"《经说下》解释说："若无马，则有之而后无。无天陷，则无之而无。"一件事情可以是"无"（从来没有），但是一旦有了（发生了），就不能把它从历史上抹掉（有之而不可去），因为它确实曾经发生过。

所谓"已然"（已经如此）就是"曾经发生过"（尝然），因此就不能说"没有发生过"（不可无也）。"无"不以"有"为必要条件，这里就看你说的是哪种"无"。如说："我现在无马。"这是指过去曾经有马，而后来无马（有之而后无）。

又如说："没有天陷（天塌下来）这回事。"这是指从来就没有（无之而无）。"杞人忧天"，是怕天塌陷下来。李白诗句说"杞国无事忧天倾"，就有杞国本无事，庸人自扰之的意思。怕天塌陷，是多余的顾虑。

"孤驹未尝有母"诡辩的谬误，是很明显的。说是"孤驹"，就是说"现在无母"。而"现在无母"，不等于"过去无母"。既然说是"驹"，就是说它"曾经有母"，而不能由"现在无母"推出"未尝有母"（未曾有母，从来无母）。

这正是"有之而不可去"和"已然则尝然，不可无也"的一例。辩者"孤驹未尝有母"诡辩的成因，是故意混淆时间模态，即以"现在无母"的事实，抹煞"过去曾经有母"的事实，使用偷换概念的诡辩手法。

《墨经》定义时间模态词"且"。《经上》第33条说："且，言然也。"《经说上》解释说："自前曰且，自后曰已，方然亦且。""且"是表述事物存在状况和样式（"然"）的。"且"有两种基本用法：一是在事物发生之前说"且"，相当于现代汉语的"将""将要"，表将来时态，是或然命题（可能命题）。二是在事物发生过程中说"且"，相当于现代汉语"正在""刚刚"，表现在时态，是实然命题。

"已"（"已然""尝然"），相当于现代汉语"已经""曾经"，表过去时态，也是实然命题。在一事物过程已经完成之后来表述它，使用过去时间模态词"已"（"自后曰已"）。

在一事物发生过程中表述它，可以使用现在时间模态词"方"或"且"，即《经说上》所谓"方然亦且"。"方"即"开始""正在"。"方兴未艾"（方兴未已），可以说"且兴未艾"。"来日方长"，可以说"来日且长"。"国家方危"，可以说"国家且危"。"日方中方睨，物方生方死",可以说"日且中且睨,物且生且死"。既然现在时语句表示一种事实开始发生、正在发生,从模态上说,就是实然命题。

辩者"卵有毛"诡辩的成因,是混淆可能性和现实性的不同模态。晋司马彪解释说:"胎卵之生,必有毛羽。""毛气成毛,羽气成羽。虽胎卵未生,而毛羽之性已着矣。故曰卵有毛也。"

这是从"卵有毛"的可能性,而说"卵有毛"已成现实性,是混淆可能性和现实性的谬误论证。可能性是事物现象出现之前所具有的某种发展趋势,用或然命题(可能命题)表示。现实性是可能性已实现,成为既成事实、存在的现实,用实然命题表示。

这是两种不同的模态,不能混淆。《墨经》逻辑对此明确区分。"卵有毛"的可能性,不等于"卵有毛"的现实性。其公式是:"可能 P ≠ P。""可能 P"和"P"两个命题的关系,是从属(差等)关系,"可能 P"真,"P"命题真假不定,其间不是等值关系。

十四、或然命题

在事物过程发生之前,断定它有可能发生,用将来时模态词"且"(将、将要),即《经说上》所说的"自前曰且"。这相当于或然命题(可能命题)。《小取》有如下辩论:"且入井,非入井也;止且入井,止入井也。且出门,非出门也;止且出门,止出门也。若若是:且夭,非夭也;寿且夭,寿夭也。有命,非命也;非执有命,非命也。无难矣。此与彼同类,世有彼而不自非也,墨者有此而非之,无他故焉:所谓内胶外闭,与心无空乎内,胶而不解也。此乃不是而然者也。"其中有如下三组模态命题推论式:

模态命题推论式1:且入井,非入井也。止且入井,止入井也。(意即:"将要入井"的可能性,不等于"入井"的事实;阻止"将要入井"的可能性发生,却等于阻止"入井"的事实发生。)

模态命题推论式2:且出门,非出门也。止且出门,止出门也。(意即:"将要出门"的可能性,不等于"出门"的事实;阻止"将要出门"的可能性发生,却等于阻止"出门"的事实发生。)

模态命题推论式3:且夭,非夭也。寿且夭,寿夭也。(意即:"将要夭折"的可能性,不等于"夭折"的事实;阻止"将要夭折"的可能性,却等于阻止"夭折"的事实发生。即采取措施,使"将要夭折"的人长寿,却真就是使"夭折"人长寿。)

在模态命题推论式1中,"且入井"(将要入井),表示"入井"的可能性(或然性,或然命题),不等于"入井"的事实（现实性，实然命题）。但是，采取措施，阻止"且入井"的可能性发生（如拉住将要入井的人，或盖住井口），则"入井"的事实也不会出现。

在模态命题推论式 2 中，"且出门"（将要出门）的可能性，不等于"出门"的事实。但采取措施，阻止"且出门"可能性发生（如拉住将要出门的人，或把门关上），则"出门"的事实也不会出现。

在模态命题推论式 3 中，"且夭"（将要夭折），不等于"夭"（夭折）。但采取措施，阻止"且夭"的可能性发生（如治好将要夭折人的病，改善营养状况和卫生条件），使"且夭"的人有"寿"（"寿且夭"），就等于"寿夭"（使夭折人有寿）。

墨家出于批判儒家宿命论的需要，特设这一类型的推论式。《论语·颜渊》载，子夏说："死生有命，富贵在天。"墨子在跟儒家信徒公孟子辩论时，公孟子说，贫富寿夭，全然在天，不可损益。

墨家反对儒家这种消极的命定论思想，主张强力而为，主张有病治病，改善营养，益人寿命。模态命题推论式 1 和 2 是为模态命题推论式 3 提供类比论证的前提和论据。墨家在这样做的时候，自然也就发展了古典逻辑的理论。这里模态命题三个推理式，从模态逻辑的形式规律看，是正确合理的。

令一事实（如入井、出门或夭）为 P，这 P 就是一个实然命题。而可能 P，则为一个或然命题。实然命题 P，比或然命题可能 P 断定的内容多，所以在模态命题的对当关系中 P 处于上位，可能 P 处于下位。

根据模态命题对当关系的规律，断定下位命题真，则上位命题真假不定。即可能 P 真，则 P 真假不定。可能 P，不等于 P。于是，"且入井，非入井""且出门，非出门"和"且夭，非夭"成立。

而断定下位命题假，则可断定相应的上位命题假，即如下公式成立："¬ ◇ P → ¬ P。"读作：如果并非可能 P，则并非 P。于是，"止且入井，止入井也""止且出门，止出门也"和"寿且夭，寿夭也"成立。墨家有关时间模态逻辑的推论，是科学合理的。

《小取》用古汉语工具，概括这一类型推论式的元逻辑公式为"不是而然"。其模型解释为：前一命题否定，后一命题肯定。从其所举例来看，其元逻辑公式可转换为如下符号表达式：A ≠ B，并且 CA = CB。如："将要入井"不等于"入井"；阻止"将要入井"等于阻止"入井"。"将要出门"不等于"出门"；阻止"将要出门"却等于阻止"出门"。

如果是这样的话，那么我们说，将要夭折不等于夭折；阻止将要夭折，等于阻止夭折（采取措施，使将要夭折人有寿,却真把夭折人转变为长寿)。儒家主张有命论,不等于真有命存在;墨家非难儒家执有命,等于非命(墨家反对儒家坚持有命,等于否定命存在),也应该是没有困难的。

后者和前者是属于同类,世人赞成前者,而不自以为不对,墨家人主张后者,却要反对,没有其他原因:这就是所说的内心胶结,对外封闭,听不进不同意见,以及心里没有留下一点空隙,胶结而解不开。见表3:

表3 或然命题

序号	原文	解释
1	且入井,非入井也;止且入井,止入井也	将要入井,不等于入井;阻止将要入井,等于阻止入井
2	且出门,非出门也;止且出门,止出门也	将要出门,不等于出门;阻止将要出门,等于阻止出门
3	且夭,非夭也;寿且夭,寿夭也	将要夭折,不等于夭折;阻止将要夭折,等于阻止夭折

十五、必然命题

《经下》第132条说:"无说而惧,说在弗必。"《经说下》解释说:"子在军,不必其死生。闻战,亦不必其死生。前也不惧,今也惧。"如下推论不成立:"所有军人都必死,所以,所有军人都死,所以并非有军人不死。"如下推论成立:"有军人不死,所以,并非所有军人都死,所以，并非所有军人都必死。"

墨家用这种负必然命题及其推论，对参加防御战争的军人父母做工作，希望他们不要为参军和参战的儿子担心恐惧，认为这种担心恐惧是没有根据的。《小取》说："以说出故。""说"即有根据的推论。这是因不具有全称性而得出负必然命题的例子。

必然命题的否定（负必然命题），叫作"不必""非必"或"弗必"。对一类事物而言，如果不具有全称的意义或全时间性的意义，那就不能说是"必"，就是"不必""非必"或"弗必"。

必然命题带有必然模态词"必"。《墨经》指出，必然命题的论域，如果涉及一类事物，则带有全称性和全时间性（贯穿于过去、现在和将来三个时态）。《经上》第52条说："必，不已也。"《经说上》解释说："谓一执者也。若弟兄。一然者，一不然者，必不必也，是非必也。"

当必然命题涉及一类事物时，"必然"蕴含着"尽然"（所有个体都是如此，即全称）。如果是"一然者，一不然者"（有是这样的，有不是这样的），即"不尽然"，那就一定不是"必然"，而是"非必然"。下列两个公式成立：第一，所有S必然是P→所有S是P→并非有S不是P。第二，有S不是P→并非所有S是P→并非所有S必然是P。

"必然"除了具有"尽然"即全称性以外，还具有全时间性，即作为一种永不停止的趋势而贯穿于过去、现在和将来三种时态。"不已"，即不停止。"一执"，即维持一种趋势，永不改变。

　　如说"有弟必有兄"，这对所有场合，都是如此（全称性），并且对任何时刻，都是如此（全时间性）。《经说上》第88条说："二必异。"（只要是两个事物，必然相异）《经说下》第164条说："行者必先近而后远。"即走路的人，必然是先近后远。又说："民行修必以久。"即人走一定长度的路，必然要用时间。这些都是对任何场合和时间都适用的必然命题。

　　同样，如不具有全时间性，就会得出负必然命题。已知过去和现在"凡人都有死"，假如将来有一天，可以研究出一种办法，使自己不死，那么"凡人必有死"这种必然性，也就可以推翻。根据科学原理，可以断言，将来任何时刻，也不会做到长生不老。所以"凡人必有死"，是既有全称性又有全时间性的正确必然命题。

十六、祈使模态

　　祈使句模态，《墨经》区分为主观或然模态和客观必然模态两种。《经上》第78条说："使：谓；故。"《经说上》解释说："令、谓，谓也，不必成。湿，故也，必待所为之成也。"

"使"有两种含义。一种含义是指使，即甲用一个祈使句命令或指谓乙去干某件事，仅仅由于这种主观指使，乙"不必成"，即不必然成功。如甲命令乙："你必须把丙杀死！"这种祈使句中的"必"实际上只表达甲主观上的杀人意图，并不构成乙杀死丙的充分条件。即尽管甲有这种主观上的杀人意图，乙也可能由于主观或客观原因，而没有把丙杀死。所以，不能仅仅用甲的这一祈使句，给乙定杀人罪。

第二种含义是原因，相当于充分条件，即如果 P 必然 Q。如天下雨，必然使地湿。所以说："湿，故也，必待所为之成也。"祈使句的主观或然模态，是"不必成"，即为负必然命题"不必"。

在模态命题的等值关系中，"不必然 P"等值于"可能不 P"。如"乙不必然杀死丙"等值于"乙可能没有杀死丙"。客观必然模态是"必成"，即如果 P 必然 Q。如果天下雨，则地必然湿。祈使句主观或然模态和客观必然模态有原则区别，墨家对这种区别有明确认识，说明在现代逻辑中作为一个重要分支而存在的模态逻辑，在《墨经》中已经初见端倪。

十七、全称特称

在墨家的语境中,"尽""俱"表全称命题,"或""有"表特称命题。墨家通过一些实例,列举几种直言命题(性质命题),正确理解它们之间的等值关系。《经上》第43条说:"尽,莫不然也。"

《经说上》举例说:"俱止、动。""尽""俱"是全称量词。在一个论域中,没有不是如此的(并非有S不是P),等值于全都如此(所有S是P)。例如就一个整体而言,所有部分都停止,或所有部分都运动。

《小取》说:"或也者,不尽也。""或"是特称量词。它的定义是"不尽",即不是全部。《经说上》第75条举例说,针对同一动物,甲说:"这是牛。"乙说:"这不是牛。"这两个命题的真值,是"不俱当,必或不当"。

"不俱当"(即"不尽当",并非所有都恰当),等值于"或不当"(有的不恰当)。《经说上》第98条说:"以人之有不黑者也,止黑人。"即用"有人不是黑的",驳倒"所有人是黑的"。一般来说,用"有S不是P",可以驳倒"所有S是P"。即下式成立:SOP → ¬SAP。读作:有S不是P,所以,并非所有S是P。

《经说上》说:"尺与尺俱不尽,端与端俱尽,尺与端或尽或不尽。"这是《经上》第68条"撄,相得也"的几个例子，意即两根直线相交，二者都不完全重合（全称否定命题）。两个点相交，二者都完全重合（全称肯定命题）。一直线与一点相交，从点这一方面说是完全重合，从直线这一方面说是不完全重合。"或尽或不尽"即有的是完全重合（特称肯定命题），而有的不是完全重合（特称否定命题）。

十八、假言命题

《鲁问》载墨子与彭轻生子辩论的故事："彭轻生子曰：'往者可知，来者不可知。'子墨子曰：'借设尔亲在百里之外，则遇难焉，期以一日也，及之则生，不及则死。今有固车良马于此，又有驽马四隅之轮于此，使子择焉，子将何乘？'对曰：'乘良马固车可以速至。'子墨子曰：'焉在不知来？'"

即彭轻生子说："过去的事情可以知道，未来的事情不能知道。"墨子说："假如你的父母在百里以外，遇到危难，只容一天的时间，你能赶到，他们就能活，不能赶到，他们就会死。现在有坚固的车和好的马，也有劣马和四方轮子的车，让你选择，你将乘哪一种？"彭轻生子回答说："用坚固的车和好的马，可以迅速赶到。"墨子说："既然这样，怎么能说不能知道未来呢？"

这是从假设的前提出发进行推论，批评彭轻生子"未来不可预知"（来者不可知）的论点，证明墨子"未来可预知"（来者可知）的论点。"借"，指凭借、假借、假设、假使、假定。"假"可以指虚假，即跟事实相反，也就是"是非"的"非"，就是错误；也可以指假设，即虚拟的联系、条理、道理。论证是讲道理，《大取》说："辞以理长。"从正确的假设出发，可以进行演绎推理，引出正确结论。

"假"是古代逻辑术语，相当于假言命题、假说。《小取》说："假者，今不然也。"假设是假定、设想，并非表示当前的事实。从假设的前提或条件出发，引出一定的结论或结果，断定前提和结论或条件和结果的关系，是假言推论或命题。

引出一定的结论或结果的前件，称为原因、理由、根据，古代逻辑术语叫"故"。"故"，从事物、存在和本体方面说，叫原因；从思维、表达和逻辑上说，叫理由、根据。《经上》说："故，所得而后成也。"《经说上》解释说："小故：有之不必然，无之必不然。体也，若尺有端。大故：有之必然，无之必不然。若见之成见也。"

"故"即原因的存在，能导致一定的结果。"小故"（原因中的部分要素，即必要条件）的定义是：有它不一定有某一结果，没有它一定没有某一结果。"小故"是形成某一结果的部分原因，如端（点）是形成尺（线）的小故（必要条件）。"大故"（形成某一结果的原因，相当于充分必要条件）的定义是：有它一定有某一结果，没有它一定没有某一结果。如"见物"的原因（条件）具备，则"见物"就变为事实。

"小故"，是"无之必不然""非彼必不有"（《经说上》84 条），即没有前件，一定没有后件（没有 P，一定没有 Q）。这里，"之"和"彼"代表前件，"然"和"有"代表后件。其公式是：¬P→¬Q。读作：非 P 则非 Q。

"有之不必然"，相当于非充分条件，即有前件，不一定有后件（有 P，不一定有 Q）。其公式是：P∧¬Q。读作：P 并且非 Q。墨家把"小故"叫"体因"，即部分原因。

《经说上》举例说："若（尺）有端"。尺是直线，端是点。即有点，不一定有直线；没有点，一定没有直线。"小故"即必要条件假言命题，在现代汉语中常用联结词，是"只有，才"。见表 4：

表 4　必要条件假言命题

名称	小故、原因的部分要素、必要条件、体因	
定义	有之不必然	无之必不然 非彼必不有
解释	有前件不一定有后件 有 P 不一定有 Q 并非如果 P 则 Q ≡ P 并且非 Q ¬(P→Q) ≡ P∧¬Q	没有前件一定没有后件 没有 P 一定没有 Q 非 P 则非 Q ¬P→¬Q
举例	并非如果有点则有线≡有点并且没有线	没有点则没有线

"大故",是"有之必然,无之必不然"。即有前件,一定有后件;没有前件,一定没有后件。或者说,有 P,一定有 Q;没有 P,一定没有 Q。它是所有必要条件的集合,可以叫充分且必要条件,简称充要条件。相对于必要且非充分条件被叫作"体因",可以把"大故"这种充分且必要条件叫作"兼因"。

在《墨经》中,"体"是与"兼"相对的范畴。有健全视力、一定光线、被看对象以及对象同眼睛间的一定距离等必要条件的集合,可构成"见物"的充分且必要条件。"大故"即充分必要条件假言命题,在现代汉语中的联结词是"当且仅当",等于"如果,那么"和"只有,才"二者的合并。见表 5:

表 5 充分条件假言命题

名称	大故、原因、充分必要条件、兼因	
定义	有之必然	无之必不然
解释	有前件一定有后件	没有前件一定没有后件
	有 P 一定有 Q	没有 P 一定没有 Q
	如果 P 则 Q	如果非 P 则非 Q
	P→Q	¬P→¬Q
举例	见物条件齐备,见物结果产生	见物条件不齐备,见物结果不产生

十九、评价范畴

这里说的"评价范畴",是《墨经》专为讨论语言、思维和对象关系设定的。我们说的"语言、思维和对象",《墨经》的用词叫"言、意、实",解释为语言、意义和实际。

《墨经》为讨论语言、思维和对象的关系,特设"信"和"当"两个评价范畴。墨家对"信""当"两范畴,有详细讨论、精确规定,都为先秦诸子百家认可接收,变为中国逻辑学通用范畴。

墨家倡导"言合于意","以辞抒意","循所闻而得其意","执所言而意得见"。《经上》第14条说:"信,言合于意也。"《经说上》解释说:"不以其言之当也。使人视城得金。""信",是说出的"言",合乎心里的"意"。信不以言论的恰当(符合实际)为必要条件。有时,言论虽与思想不符合(即不信),但却偶然跟事实符合(即当)。如某人故意骗别人说:"城门内藏有金!"别人去一看,果然得到金。这是言论不信,但却偶然恰当的事例。

"当",即恰当,也说真实、正确、是、对,即言论思想符合实际。言合于意,意合于实,则言合于实,言就既信且当。言合于意,意不合于实,则言不合于实,言就信而不当。所以说"信,不以其言之当也"。

意合于实，言不合于意，比如说诳，则言不合于实，言就既不信，又不当。意不合于实，言不合于意，则通常言不合于实，言就不当，又不"信"。但有时言虽不合于意，却偶然合于实。如甲骗乙说："城门内藏有金！"乙去一看，果然有金，实际上甲并不知道（没有"意"），只是信口胡说，以便欺骗捉弄乙。这是言不"信"而当的特例。《墨经》对"信"的定义、说明和举例，十分精到准确。

墨家讨论"言、意、实"（语言、思维和对象）三者关系和评价范畴，属于逻辑哲学的学术领域。其定义、辨析和举例，颇具经典意涵。语句符合思维（言合于意），怎么想就怎么说，心口如一，就叫作"信"（信实）。思维符合对象（意合于实。实：实际、实体），就叫作"当"（恰当、真实、正确、是、对）。

对"信"（信实）的要求，只是语句符合思维（言合于意），怎么想就怎么说，心口如一，并不要求"言当"，即思维、语句符合对象（意、言合于实）。所以说："信，不以其言之当也。"

墨家论述"信""当"的范畴，与同时代诸子百家，如荀子、韩非和吕不韦等的论述，若合符节，融通一致。先秦诸子百家认可和接收墨家对"信""当"二范畴的讨论和规定，它们变成中国逻辑学的通用范畴。见表6：

表6 评价范畴

序号	实意言关系	评价范畴
1	言合于意,意合于实,言合于实	言信而当
2	言合于意,意不合于实,言不合于实	言信而不当
3	意合于实,言不合于意,言不合于实	言不信且不当
4	意不合于实,言不合于意,在通常情况下言不合于实	言不信且不当
5	言不合于意,言偶然合于实。例:使人视城得金	言不信而偶然当

"信"和"当"有不同的定义和标准。"信"的定义,是"言合于意",即口里说的"言"(语句)符合心里想的"意"(判断),怎么想就怎么说,心口如一,语言和思维一致。"信"是语言准确表达思维,这是发挥语言表意功能、交际功能的目的和标准。

《淮南子·说山训》说:"得万人之兵,不如闻一言之当。""当"的定义是"意合于实",即心里想的"意"(判断)符合客观存在的"实"(实际),事实是什么就怎么想,思维和实际一致。"当"是判断和语句符合实际,这是认识的目的和标准。"当""是""正""真"的含义一致,指语言和思维符合事实。"信"不以语句的"当"为必要条件。

《小取》说"以辞抒意",即用语句、命题抒发、表达意义、判断。"辞"即言,是语言、语句、命题。唐欧阳询《艺文类聚·人部·言语》说:"《释名》曰:'言,宣也,宣彼此之意也。语,叙也,叙己所欲说述也。'《说文》曰:'直言曰言,论议曰语。'""抒",指抒发、表达。《楚辞·九章》说:"发愤以抒情。""意",即意义。

《荀子·正名》说:"天官之意物。"古注:"意,从心、从音。意不可见,因言以会意也。""意"字由"心"和"音"合成,"意"为"心音"。"意"即思维、意义,是"心里的声音",常说"言为心声",即语言是心里发出的声音,使用语言,可以表达心中的意义。

王充《论衡·书解》说:"出口为言。"扬雄《法言·问神》说:"言,心声也。"宋俞琰《周易集说》卷二十三说:"在心为志(意)。出口为言。言,心声也。"清龚自珍说:"言为心声。"

《经上》第90至93条说:"闻,耳之聪也。循所闻而得其意,心之察也。言,口之利也。执所言而意得见,心之辩也。"这是"循闻察意""执言辩意"的方法。言是语句,由说者用"利口"说出,听者用"聪耳"听到。"意"是心智的判断,借助说出的语句,可以察知、辨别语句所表达的判断。

语句的说出,凭借人健全的发音器官。语句的接受,通过人健全的听觉器官。把握语句中的判断,要依靠心智思维的辩察分析作用。墨家论"言、意、实"关系及其评价范畴，是墨家逻辑哲学思想的重要成果，为当时和以后诸子百家所接纳传承，对今人仍有启发借鉴意义。

二十、论证说服

狭义的推理，指归纳、演绎和类比三种形式。这里使用推理的广义，即推理论证，简称推论，相当于墨家和荀子逻辑著作中的术语"说"和"辩"，其中既包括狭义推理的归纳、演绎和类比三种形式，也包括论证，即证明和反驳。

证明是"立"：建立论题。反驳是"破"：破斥论题。这是用来论证论题、以理服人、说服人的艺术，是逻辑学的主要部门，墨辩有特别丰富的理论。墨辩是春秋战国诸子百家争鸣辩论技巧方术的总结，从辩论中来，回到辩论去。由于辩论极盛，提供了丰富素材，促进了墨辩产生。

墨辩是辩论学说。《小取》开头"夫辩者"，指辩论学说，相当于古希腊辩论术 dialectic，即辩论的技巧方术。墨辩是先秦诸子百家争鸣式的辩论和古圣先贤朴素的科学认识思维表达方式的总结，是全人类共同的知识遗产，是对全人类普遍有效的逻辑工具。

《小取》开宗明义地给出了辩学的功能和结构定义："夫辩者，将以明是非之分，审治乱之纪，明同异之处，察名实之理，处利害，决嫌疑，焉摹略万物之然，论求群言之比。（功能定义）以名举实，以辞抒意，以说出故。（结构定义）"即辩是用来辨别真理和谬误，搞清治乱的规律，明确同异的所在，审查名实的道理，衡量处置利害的矛盾关系，分辨真相和假象的疑难，从而是认识世界的本来面目，汲取众人言论的精华。

在中国文化轴心时代——春秋战国时期，诸子百家争鸣辩论，推动朴素科学认识前进，墨家在道儒名法杂诸家的推动刺激下，在广义《墨经》六篇中，总结先秦诸子的争鸣辩论以及朴素科学认识的形式、规律和方法，构成了中国的逻辑学体系，其原型架构、范本蓝图是《小取》。

《小取》是中国逻辑学专论，是中国逻辑学的简明纲要，是墨家教育"谈辩"一科的教学大纲。"辩"是中国逻辑学的原称。自晋代鲁胜把《墨经》改称为《墨辩》和《辩经》，"墨辩"术语便流传至今，兼指《墨辩》书名和"墨辩"学说名。今语"墨辩"意同"墨家逻辑学"。

《小取》概括"辩"的认知功能，突出"辩"是正确的思维方法，是探求真理的工具，标明了"辩"在墨家逻辑学体系中的地位。"辩"是墨家逻辑学中标示学科名称的一级范畴。名、辞、说等分论，隶属于"辩"，是标示思维论辩形式各部分的次级范畴。

"以名举实，以辞抒意，以说出故"三个排比句，是辩学的结构定义，确认概念论、命题论和推理论是墨家逻辑学的基本内容，是概括人类理性思维认识的基本形式，是人类语言表达的工具手段。

在西方，辩论术（dialectic）曾长期兼作逻辑学的统称，一直到近现代，才正式叫逻辑学（logic）。19世纪末到20世纪初，中国把西方逻辑学翻译为"名学"（严复《穆勒名学》《名学浅说》），"辩学"（王国维《辨学》，"辩""辨"通用）。研究中国逻辑史的专书，名为《先秦名学史》（胡适）、《先秦辩学史》（郭湛波）。后经章士钊等学者极力提倡，逐渐统称为"逻辑学"。我在1987年出版《中国逻辑史》（中国人民大学出版社）。1993年出版《中国逻辑学》（台湾水牛出版社），二十年来在台湾不断重印，被作为教材。

《小取》开篇，用"辩"概括思维论辩的理论学说，梁启超《墨子学案》商务印书馆1921年版第92页解释："西语的逻辑，墨家叫做'辩'。"这是把墨家辩学跟西方逻辑架桥接轨了。1954年至1955年沈有鼎在《光明日报》上连载他的《〈墨辩〉的逻辑学》，中国社会科学出版社1980年出版该书时，改题为《墨经的逻辑学》。

1982年9月8日，沈有鼎通过倪鼎夫寄给我他亲笔书写的自传稿解释说，他这一修改的理由是："由于'辩'字的一个意义是'逻辑学'，为了避免咬文嚼字的老先生把书名理解为'墨家逻辑学的逻辑学'。"

古希腊有亚氏逻辑，古印度有因明正理，古中国有墨家辩学、荀子名学、名家名学。近现代称墨家逻辑学为"辩学"，19世纪末20世纪初把初译进来的西方逻辑学叫"辩学"，把"辩"看作学科名，渊源于《小取》。

墨家在百家争鸣的辩论中，有独到的论证说服技艺并加以杰出的运用。"止"是包含归纳、演绎的综合性类推。"譬、侔、援、推"，是譬喻、比词、援引、归谬等几种特殊类推。类推是包含演绎、归纳、类比多种推理形式的综合推论。精研为争鸣辩论服务的论证说服技艺，是墨家辩学的特色。

《墨经》总结论证说服的技艺，是为在争鸣辩论中占据优势。墨家把推理论证统称为"说"。"说"的本意是说明解说。《经上》第73条说："说，所以明也。"在中国逻辑学中，"说"是专门术语，指广义的推论，包括推理、证明和反驳。辩论中求胜的方法，是摆事实，讲道理，以理服人。

《非儒》说："仁人以其取舍是非之理相告，无故从有故也，弗知从有知也，无辞必服，见善必迁。"即讲究仁义的人，用赞成或不赞成的是非道理，互相告诉。没有根据，服从有根据。没有知识，服从有知识。在辩论中被反驳，无话可讲，一定要服从对方。对方比自己好，一定学习仿效。在辩论中，寻求真理，纠正谬误，是理性智慧的表现。从善如流，是伦理道德的表现。求真的智慧学、认识论，跟向善的伦理学、道德观，并行不悖，共同作用于辩论实践。

《公输》载墨子游说公输般，设计说："北方有人侮辱我，请你帮我把他杀掉。"公输般说："我讲仁义从来不杀人。"墨子说，你造云梯，准备打宋国，杀许多老百姓，说"讲仁义不杀一个人"，却杀许多人，叫"不知类"，即不知事物类别性质，自相矛盾。于是"公输般服"，楚王说："善哉！"墨子巧妙地运用论证技艺，成功说服公输般和楚王，完成了"止楚攻宋"的伟大壮举，传为千古佳话。墨子巧用归谬法，是中国总结运用归谬法的始祖。

《小取》说："以说出故。""说"的实质，是揭示"辞"（推理的结论、论证的论题）成立的理由根据。《经下》和《经说下》表达的结构，是"以说出故"形式的运用。《经下》先列出论题，然后用"说在某某"的形式，简明标出论题之所以成立的理由（事实、道理），《经说下》展开解说。整篇《经下》和《经说下》，由论题、论据和论证组成，是表达"说知"（推论之知）的典范。

二十一、演绎推论

根据由论据推出论题的推理形式，可分为演绎、归纳和类比论证方式。演绎推论是由一般性前提，推出特殊性结论。这种推论的特点，是用讲道理的方法进行论证，以达到说服的目的。

《经下》第170条说："闻所不知若所知，则两知之，说在告。"《经说下》解释说："在外者，所知也。在室者，所不知也。[①] 或曰：'在室者之色若是其色。'是所不知若所知也。犹白若黑也，孰胜？是若其色也，若白者必白。今也知其色之若白也，故知其白也。夫名（用广义：概念推论）以所明正所不知，不以所不知疑所明。若以尺度所不知长。外，亲知也。室中，说知（推论之知）也。"

即听到别人说自己所不知道的东西与所知道的东西一样，则不知和知两方面就都知道了，论证的理由在于，这是以别人告诉的知识作为中间环节而推论出来的知识。在室外的东西是自己所知道的，在室内的东西是自己所不知道的，有人告诉说："在室内的东西的颜色与在室外的东西的颜色是一样的。"这就是所不知道的东西与所知道的东西一样。

"若"（像）字的意思就是一样，假如一个思想混乱的人说："白若黑。"那究竟是"像白"，还是"像黑"呢？

---

① 明正统十年（1445）《道藏》本脱漏"所知也。在室者"6字，据梁启超《墨经校释》校补。本书《墨经》原文校勘，据孙中原撰《墨子今注今译》（商务印书馆2009年版）《墨经》部分，以及孙中原著《墨经趣谈》（商务印书馆2021年版）。全书仿此。

所谓"这个颜色像那个颜色",如果像白,那就必然是白。现在知道了它的颜色像白,所以就推论出来一定是白的。

所谓概念和推论,是以已经明白的知识为标准,衡量还不知道的东西,而不能以还不知道的东西为根据,怀疑已经明白的东西。这就像用尺子(已知其长度为一尺)量度还不知道的东西的长度。在上例中,室外的东西是亲知,室内的东西是推论出来的知识。见表7:

表7 推论事例

推论内容	推论形式
(亲知)室外之物颜色是白的	所有 M 是 P(MAP)
(闻知)室内之物颜色是室外之物颜色	所有 S 是 M(SAM)
(说知)室内之物颜色是白的	所有 S 是 P(SAP)

从中抽引出推理形式,用汉字"所有"和"是"表示逻辑常项(量项和联项),用英文字母 S、M、P 表示逻辑变项。或进一步把用汉字"所有"和"是"表示的逻辑常项(量项和联项),代换为英文字母 A(表全称肯定)。

这种推论形式的实质,是亚里士多德三段论推理的演绎推论。但墨家只是列举具体推论事例,用古汉语自然语言进行理论说明,没有如西方那样,使用人工语言符号,代表逻辑常项(上式中 A 表全称肯定)和变项(上式中

S、M、P 分别代表小项"室内之物颜色",中项"室外之物颜色"和大项"白的"),从而概括出推论的一般形式。

墨家也曾用古汉语特殊词汇和特殊构词构句方法,表示逻辑变项和逻辑常项。《经说下》第 101 条说:"以此其然也,说是其然也。"用我们现在熟悉的表达方式加以翻译,即:"根据'所有 M 是 P',推论出'所有 S 是 P'。""此其然",理解为"一类事物全体都是如此"。

《经说上》第 99 条说:"彼举然者,以为此其然也",即当对方列举一些如此这般的正面事例,推论出"一类事物全体都是如此"(所有 M 是 P)时,要"举不然者而问之",即列举"有 M 不是 P"加以反驳。"说":推论。"是":这个。由"此其然"到"是其然"的推论过程,是由一般到特殊和个别的演绎推论。

这是墨家对演绎推论第一层次的元语言、元逻辑研究。我们上述的分析,是对墨家逻辑的第二次元研究。《墨经》用古汉语表达的逻辑知识,不易为熟悉西方逻辑的现代人读懂。弘扬《墨经》逻辑精华,必须用现代科学和语言,进行解释发挥和转型,这是现代学者第二层次元研究的操作和使命。

二十二、归纳推论

归纳推论是由特殊性前提,推出一般性结论。这种推论的特点，是用摆事实的方法进行论证，以达到说服目的。《经下》第151条说："擢虑不疑，说在有无。"《经说下》解释说："疑无谓也。臧也今死，而春也得之，之死也可。"

《说文解字》说："擢，引也。""擢"即从个别事例中，抽出一般规律的思考，这相当于典型分析式的归纳推论。抽出的一般规律，是否令人坚信不疑，关键就在于这事例中，是否确实存在此种必然联系。《经说上》第84条说："必也者可勿疑。"即必然性是事物不能不如此的趋势，怀疑是没有根据的。如在当时条件下，臧得某种病死了，而春感染了这病，则她也会死的结论就可以做出。

典型分析式的归纳推论，可以用"S是P，其类在S_1"的形式来表示。《大取》说："凡兴利，除害也，其类在漏雍。"即凡兴办对人民有利的事，必然包含着除害的因素，如筑堤防、兴修水利，即包含革除水患、堵河水之溃漏。

"S是P"为一般命题，"其类在某某"是列举出其所由以引出的典型事例。所谓"类"，是代表本质或一般情况的个别事例，即典型。"S是P，其类在S_1"的表达式，跟因明中的"所有制造出来的东西都是非永恒的，如瓶""凡有烟处必有火，如厨房"相似。

《大取》的"S是P，其类在S_1"，到《经下》则一律被规范化为"S是P，说在S_1"之类的形式。"S是P"代表一般定律，S_1代表这一定律所由以抽出的典型事例。其中"说在"字样，意味着一般定律的事实证明、事实证据。

《经下》第 129 条说："倚者不可正，说在梯。"即斜面的特点，是与地面不垂直，典型事例是车梯（带轮子的梯子，可搬运重物或登梯爬高）。《墨经》这类表达，展示其科学思想的产生，揭示出一般规律的概括，肇端于对典型事例的观察分析。在认识个别事例必然联系的基础上，可以正确地引出一般知识。这是典型分析式的归纳推理。《墨经》普遍应用典型分析式的归纳推理。

二十三、类比推论

类比推论是由特殊性前提，推出特殊性结论。这种推论的特点，用以小证大、以易喻难、以具体比抽象的方法进行论证，达到说服目的。这种推论方式的优点，是形象生动，感染力强，有较强的说服力。

《大取》说："不为己之可学也，其类在猎走。"即忘我为天下的精神，是可以学到的，犹如竞走是可以学到的一样。这是列举相似事例，作为论据，以证明一般论点，属于类比推理。《大取》列举的推论例题，多是广义类比推理。类比推理的性质，近于归纳，是简单、初步的归纳推理。

二十四、止式类推

《经上》第 99 条说:"止,因以别道。"《经说上》说:"彼举然者,以为此其然也,则举不然者而问之。若'圣人有非而不非'。"《经下》第 101 条说:"止,类以行之,说在同。"《经说下》说:"彼以此其然也,说是其然也。我以此其不然也,疑是其然也。"《经上》第 98 条说:"法异则观其宜。"《经说上》说:"取此择彼,问故观宜。以人之有黑者、有不黑者也,止黑人,与以有爱于人、有不爱于人,止爱人,是孰宜?"

《经上》说:"止,因以别道。"《经说上》说:"彼举然者,以为此其然也,则举不然者而问之,若圣人有非而不非。"止式论证,用来区别限制一般道理。对方列举部分正面事例,推出不正确的全称命题,我列举反例问难,如反驳"所有圣人见人有非不指斥其非"。见表 8 和表 9:

表 8　反例反驳

枚举归纳,仓促概括	彼举然者,以为此其然	圣人有非而不非	$M_1, M_2, M_3 \cdots P$,∴所有 M 是 P
	对方列举部分正面事例,推出不正确全称命题	所有圣人见人有非不指斥其非	
用反例反驳全称命题	举不然者而问	有圣人有非而非	有 M 不是 P,∴并非所有 M 是 P
	举反例问难	有圣人见人有非指斥其非	

表9　由反驳大前提，推翻结论

从错误大前提推论	彼以此其然，说是其然 对方根据仓促归纳不正确全称命题，演绎推论个别结论	所有人黑， 甲是人， 所以甲黑	所有 M 是 P， M_1 是 M， ∴ M_1 是 P
由反驳大前提，推翻结论	我以此其不然，疑是其然 我用反例概括，怀疑对方个别结论	并非所有人黑 所以甲黑可疑	并非所有 M 是 P， ∴ M_1 是 P 可疑

"止"是用反面事例，驳斥全称命题的推论。"止"在物理学意义上指"停止"（stop），在逻辑学意义上指反驳（refute，止住、不许他那样说）。"因以"：用来。"别"：区别、限制。"道"：一般性道理，全称命题。

对方列举一些正面事例（"彼举然者"），想当然地推出不正确的全称命题（"以为此其然也"：轻率概括），这时我列举反面事例加以反驳（"则举不然者而问之"）。如儒家列举若干个别事例，得出"所有圣人都不批评别人错误"（"圣人有非而不非"），我就列举反面事例（如墨子是圣人，并且墨子批评别人错误，所以有圣人批评别人错误），进而推出"并非所有圣人都不批评别人错误"。

"止"的规则，是同类相推（"类以行之"）。因为我所举反例，必须跟对方命题确属同类，这样才能针锋相对，驳倒对方。如对方列举若干正面事例，说甲是黑的，乙是黑的，而甲、乙是人，所以所有人都是黑的。我则举出反例说，丙是白的，丁是白的，而丙、丁是人，所以有人是白的（即有人不是黑的），进而推出"并非所有人都是黑的"。这里，拿"有人不是黑的"作为"止"式推论的前提（论据，即"故"），反驳"所有人都是黑的"合适（"宜"）、有效。因为这前提和被反驳的论题，都是关于同类事物。

不同类不能相推（"异类不比"）。如墨家主张"兼爱"，即一切人应该爱一切人。这是墨家最高的道德理想，并不是立刻要在现实生活中一个不漏地爱每一个人。有的人（如侵略者、强盗等"暴人"）就不能被爱，而应该讨厌（恶），为了正当防卫，可以诛杀。所以不能用"现实有人不被人爱"（有不爱于人），作"止"式推论的前提（论据，即"故"），反驳"一切人应该爱一切人"的最高理想。如果这样来构造"止"式推论，就不合适，无效。

用"有人不是黑的"来反驳"所有人是黑的"，跟用"有人不被人爱"（现实）来反驳"一切人应该爱一切人"（理想），这两个"止"式推论的形式不同（"法异"），所以就有一个合适（宜），一个不合适，即一个"中效"（有效），一个"不中效"（非有效）的不同。从推论规则和思维规律来看，前一个"止"符合同类相推的规则和同一律，后一个"止"则不符合。

《墨经》关于"止"式推论的规定，跟西方逻辑所讲的道理一致。《经说下》所谓"彼以此其然也，说是其然也。我以此其不然也，疑是其然也"的说法，跟西方逻辑合拍。"彼以此其然也，说是其然也"，是指对方根据其已归纳出的全称命题，演绎推论出个别结论（是其然），我则用反例的概括（"此其不然"），来怀疑对方的个别结论。

如对方推论说："因为所有人是黑的，而张某是人，所以，张某是黑的。"我则用"并非所有人是黑的"（即有人不是黑的），怀疑"张某是黑的。"。"疑"字用得准确。因为当演绎推理的大前提不真时，结论并非必然假，而是可能假，可能真。"疑"道出对方推论的或然性，非必然性和可疑性，即对方的推论非有效。

当时阴阳五行家，用简单枚举归纳推理，从日常观察中列举若干正面事例，得出"火克金、金克木、木克土、土克水、水克火"等"五行常胜"的形而上学公式。《墨经》列举反例，证明可以有"金克火"等相反情况，归纳出"五行无常胜"的辩证公式，具体分析一种元素之所以能克胜另一种元素，不是由某种先验公式决定，而是由于它在某种具体情况下占据优势。

《经说下》第144条说："火铄金，火多也；金靡炭，金多也。"即在某种情况下，火之所以能销烁金属，是由于火占优势。在另一种情况下，金属之所以能压灭火，是由于金属占优势。一切以环境和条件为转移,"若识麋与鱼之数惟所利",即犹如某山麋鹿多,某渊鱼鳖盛,是由于环境条件有利。

《论语·里仁》载,孔子主张"以礼让为国"。《学而》载子贡说:"夫子温良恭俭让以得之。"人生处世,必要的礼让是对的。但若把这一点夸大,说"所有事情都是要让的",墨家认为"不可"。

如宴请宾客,喝酒可以让,但酤酒(买酒)让人,却于理不合,所以《经下》第137条说:"无不让也,不可,说在酤。"《经说下》说:"让者酒,未让酤也,不可让也,若酤于城门与于臧也(如果要到城门内买酒,则指派家中仆人去,不能让宾客去)。"

"止"式推论结合归纳和演绎两种方法,用反例驳斥对方全称命题的方式,相当于西方逻辑中以 I 命题真,证 E 命题假,或以 O 命题真,证 A 命题假的对当关系直接推论。这是有力的论证工具,墨家在百家争鸣中用"止"式推论驳斥论敌,证明自己学说,取得很大成功。

二十五、譬喻类推

《小取》对"譬"的定义:"譬也者,举他物而以明之也。"即列举另一事物,说明这一事物。这相当于类比推论。《小取》定义"譬"式推论的联结词:"是犹谓也者，同也。""吾岂谓也者，异也。""是犹谓"（或"譬""若"），是论证两个事物的相同相似，意味着譬式推论的建立。"吾岂谓"（或"不若"），是论证两个事物的不同，意味着对譬式推论的反驳。

"譬"兼有修辞学上的譬喻（比喻）和逻辑上的类比两种功能。诸子百家都极善于用"譬"说话。刘向《说苑·善说》载魏惠王的相，著名辩者惠施"善譬"的故事。有人为魏王设计策，叫惠施讨论问题不用譬喻。

惠施回答时，偏偏用一个譬喻，说明不用譬喻就不能说话，并对譬喻下定义："夫说者固以其所知，喻其所不知，而使人知之。"即说话的人，本来就应该用已经知道的，来譬喻还不知道的，而使人知道。

魏王不得不答应以后惠施仍然可以用譬喻说话，这典型地表现了辩者善用譬式推论辩论的技巧。孟子、庄子、尹文子、公孙龙子、荀子、韩非子和吕不韦等诸子百家，都擅长使用譬式推论。开譬喻风气之先的，是战国初期墨子。

墨子言必有譬。《非攻下》载墨子说："今天下之诸侯，多攻伐并兼，则是有誉义之名，而不察其实也，此譬犹盲者之与人，同命白黑之名，而不能分其物也。""此譬犹"（"譬犹"）、"是犹"，是譬喻推论的联结词。

这些议论可分两部分：从修辞学上说，有本体和喻体；从推理上说，有前提和结论；从论证上说，有论据和论题。这些譬式推论，收到举此明彼、以浅喻深、以易喻难、由已知到未知的论证表达作用。这是属于"是犹谓"式譬式推论的建立。

"吾岂谓"式譬式推论反驳的事例：有一次墨子讲了许多"兼爱"的好处，论敌"天下之士君子"说："您的兼爱说好是好，就是实行不了，譬若挈泰山越河济（黄河、济水）实行不了。"墨子说："您这是譬喻不当（"是非其譬也"），兼爱说古代的圣王曾经实行过，而挈泰山越河济，却从来没有人实行过。"

墨子可以说："吾谓兼爱之说能行，吾岂谓挈泰山越河济之说能行乎？"通过"吾岂谓"式的反驳，将对方譬喻中前提与结论（或论据与论题、喻体与本体）两者之间的不同揭示出来，证明对方的譬喻不伦不类，驳倒对方。

《墨经》擅长说理（讲道理），也常以"若""犹"等联结词，连带譬喻。其中少量为修辞学上的比喻，更多的除比喻的修辞意义外，还兼有类比推论的意义。《经说下》第177条批评论敌告子一派"仁内义外"的论点："其谓'仁，内也。义，外也'，举爱与所利也，是狂举也，若左目出，右目入。""若左目出，右目入"，是修辞学上的比喻。《经说下》第171条说："夫名以所明正所不知，不以所不知疑所明，若以尺度所不知长。""若以尺度所不知长",是修辞学上的比喻,也是逻辑学上的类比。

《墨经》中许多以"若""犹"所联结的事项,已丧失比喻或类比的意义,而只是一般命题(定义、定律)的典型事例。典型事例同一般命题之间的关系,是归纳的关系,即从个别事例中引出一般命题。

《经说上》第1条原因概念以"若见之成见"为例。《墨经》有重事实、重归纳的科学精神,是墨子譬喻(类比)思想的发展,由"举他物以明之"的譬式推论,扩展为"举事明理"的归纳推理。

二十六、比辞类推

《小取》说:"侔也者,比辞而俱行也。"孙诒让注:"侔,齐等也,谓辞义齐等,比而同之。"《庄子·大宗师》注:"侔者,等也,同也。""亦从也。"从"侔"的本义和"比辞而俱行"的定义看来,"侔"是比词类推。《小取》所提供的据以为推的语言表达式,有"是而然""是而不然""不是而然""一周而一不周"和"一是而一非"五种,列举大量同类事例,作为推论示范。

1. "是而然"(前提肯定,结论也肯定)的比辞类推:"白马,马也;乘白马,乘马也。骊马,马也;乘骊马,乘马也。获,人也;爱获,爱人也。臧,人也;爱臧,爱人也。此乃是而然者也。"即白马是马,乘白马是乘马。

骊马是马，乘骊马是乘马。获是人，爱获是爱人。臧是人，爱臧是爱人。这是属于"是而然"的情况。

"是而然"的"侔"，是在肯定前提主、谓项前，各加一个表示关系的动词，从而得到一个肯定的结论。其公式是：A＝B，并且CA＝CB。如：黑马是马；乘黑马是乘马。又如：获是人；爱获是爱人。这是由一般到个别的演绎推理，推理形式有必然性。前提中肯定黑马是马，结论中必然可以肯定乘黑马是乘马。前提中肯定获是人，结论中必然可以肯定爱获是爱人。

传说公孙龙乘白马过关，向守关人诡辩说，因为他乘的是白马，所以乘的不是马，意思不是说"白马"和"马"两个概念不同，而是说"白马"这个特殊类，不具有"马"这个一般类的实质和性质，这自然是谬论。

2. "是而不然"（前提肯定，结论否定）的比辞类推："获之亲，人也；获事其亲，非事人也。其弟（指妹妹），美人也；爱弟，非爱美人也。车，木也；乘车，非乘木也。船，木也；入船，非入木也。盗，人也；多盗，非多人也；无盗，非无人也。奚以明之？恶多盗，非恶多人也；欲无盗，非欲无人也。世相与共是之。若若是，则虽'盗，人也；爱盗，非爱人也；不爱盗，非不爱人也；杀盗，非杀人也'，无难矣。此与彼同类，世有彼而不自非也，墨者有此而非之，无他故焉，所谓'内胶外闭'，与'心无空乎内，胶而不解'也。此乃是而不然者也。"

即获的父母是人，获事奉她的父母不能说是"事奉人"（指作别人的奴仆）。她的妹妹是美人，她爱妹妹不能说是"爱美人"（指爱美色）。车是木头做的，乘车不能说是"乘木头"（指乘一根未加工的木头）。船是木头做的，入船不能说是"入木"（指进入木头）。

强盗是人，但某地强盗多，不能简单地说"某地人多"；某地没有强盗，也不能简单地说"某地没有人"。怎么知道这一点呢？讨厌某地强盗多，并不是讨厌某地人多；想让某地没有强盗，并不是想让某地没有人。

世上的人都赞成这一些说法。如果是这样的话，那么我们说"强盗是人，爱强盗却不能说是'爱人'，不爱强盗不能说是'不爱人'，杀强盗也不能简单地说是'杀人'（指杀好人犯杀人罪）"，就也应该是没有困难的。

后者和前者是属于同类，世人赞成前者而不自以为不对，墨家的人主张后者却要加以反对，没有其他的原因：这就是所说的"内心胶结，对外封闭，听不进不同意见"，与"心里边没有留下一点空隙，胶结而解不开"的缘故。这是属于"是而不然"的情况。

"是而不然"的"侔"，是在肯定前提主、谓项前，各加同样的词项后，构成的结论却是否定的。这是由于在前提主、谓项前，各加同样词项后，组成的新词项，转化为不同的意义，发生了"行而异，转而诡，远而失，流而离本"的问题。

如车是木，乘车不能说是乘木（乘未加工的原木）。船是木，入船不能说是入木（进棺材）。获的父母是人，获事奉父母，不能说是"事人"（做别人的奴仆）。获的妹妹是美人，获爱妹妹，不能说是"爱美人"（好色）。爱妹妹与爱美人是两种不同的感情。

公式：A = B，并且 CA ≠ CB。如：盗是人。多盗不是多人。无盗不是无人。恶多盗（讨厌强盗多）不是"恶多人"（讨厌人多）。欲无盗（采取措施想让没有强盗）不是"欲无人"（想让没有人）。爱盗不是"爱人"（爱好人）。不爱盗不是"不爱人"（不爱好人）。杀盗（正当防卫，杀十恶不赦的强盗）不是"杀人"（杀好人，犯杀人罪）。

墨家"杀盗非杀人"的命题，是在特定意义上说的。在正当防卫的条件下，杀十恶不赦的强盗，不是通常意义下的"杀人"（杀好人，犯杀人罪）。这是通过大量同类事例，合理类推的结论。这是墨家用心总结"是而不然"的"侔"式推论的政治用意。

在生理意义上，杀强盗是杀了作为强盗的人，不能说是杀了人之外的其他动物。在这种意义上，荀子批评墨家"杀盗非杀人"是"惑于用名以乱名"（用杀强盗这种特殊的人，来搞乱杀一般人的概念）的错误，有一定道理。荀子只从生理意义上批评墨家"杀盗非杀人"的辩论是诡辩，不谈墨家议论中政治伦理的特殊含义，是从一个极端反对另一个极端，没有反映全面真理。

3."不是而然"（前提否定，结论肯定）的比辞类推："读书，非书也；好读书，好书也。斗鸡，非鸡也；好斗鸡，好鸡也。且入井，非入井也；止且入井，止入井也。且出门，非出门也；止且出门，止出门也。若若是：'且夭，非夭也；寿且夭，寿夭也。"有命"，非"命"也；非"执有命"，"非命"也。'无难矣。此与彼同类，世有彼而不自非也，墨者有此而非之，无他故焉：所谓'内胶外闭'，与'心无空乎内，胶而不解'也。此乃不是而然者也。"

即"读书"不等于"书"，"好读书"却等于"好书"。"斗鸡"不等于"鸡"，"好斗鸡"却等于"好鸡"。"将要入井"不等于"入井"，阻止"将要入井"却等于阻止"入井"。"将要出门"不等于"出门"，阻止"将要出门"却等于阻止"出门"。

如果是这样的话，那么我们说"'将要夭折'不等于'夭折'，阻止'将要夭折'却等于阻止'夭折'（即采取措施使"将要夭折"的人有寿，却是真的把"夭折"的人转变为长寿），儒家主张'有命'论，不等于真的有'命'这东西存在，墨家'非执有命'，却等于'非命'

（即墨家反对儒家坚持有命的论点，却等于实实在在地否定"命"的存在）"，就应该是没有困难的。

后者和前者是属于同类，世人赞成前者而不自以为不对，墨家的人主张后者却要加以反对，没有其他的原因：这就是所说的"内心胶结，对外封闭，听不进不同意见"，与"心里边没有留下一点空隙，胶结而解不开"的缘故。这是属于"不是而然"的情况。

"不是而然"的"侔"，是在一个词组中，减去一个成分不成立，而在增加一个成分的情况下，再减去这个成分却成立。其前提是否定的，结论是肯定的，所以叫"不是而然"。

公式：$A \neq B$，并且 $CA = CB$。如："读书"不是"书"，"好读书"是"好书"。"斗鸡"不是"鸡"，"好斗鸡"是"好鸡"。"将要入井"不是"入井"，阻止"将要入井"是阻止"入井"。"将要出门"不是"出门"，阻止"将要出门"是阻止"出门"。"将要夭折"不是"夭折"，阻止"将要夭折"是阻止"夭折"。"有命"不是"命"，"非执有命"是"非命"。

最后一例的意思是，儒家宣扬"有命"论，不等于真的有"命"存在。墨家反对儒家坚持"有命"论，则是确实否定"命"的存在（《墨子》有《非命》一篇，论证"非命"，即否定命的存在的命题）。

墨家用大量日常生活中的事例，类比说明当时百家争鸣中的争论问题，论证自己学说，驳斥论敌言论。墨家总结"不是而然"的"侔"，其政治用意是反对儒家的宿命论，解决当时学派争论的问题。百家争鸣促进中国古代逻辑的诞生，反过来，中国古代逻辑的诞生又促进百家争鸣中提出的问题的解决。

4."一周而一不周"（一种说法周遍，一种说法不周遍）的比辞类推："爱人，待周爱人而后为爱人；不爱人，不待周不爱人。失周爱，因为不爱人矣。乘马，不待周乘马，然后为乘马也。有乘于马，因为乘马矣。逮至不乘马，待周不乘马，而后为不乘马。此一周而一不周者也。"

即说"爱人"，必须周遍地爱所有的人才可以说是"爱人"；说"不爱人"，不依赖于周遍地不爱所有的人。没有做到周遍地爱所有的人，因此就可以说是"不爱人"。说"乘马"，不依赖于周遍地乘过所有的马，才算是"乘马"。

至少乘过一匹马，就可以说是"乘马"。但是说到"不乘马"，依赖于周遍地不乘所有的马，然后才可以说是"不乘马"。这是属于"一周而一不周"的情况。

"一周而一不周"，是分析一个语言构造 AB，有时 A（动作或关系）周遍于 B 的各个分子，有时则不然。墨家列举以下四个例子：第一，"爱人"一词"周"，即"爱"

要求周遍所有的人,即必须"爱"所有的人,连一个人也不遗漏。这是阐述墨家最终的政治伦理理想的标准,与有些人(如强盗)不可爱的现实状况无关。

第二,"不爱人"一词"不周",即"不爱人"不要求周遍地不爱所有的人,才算是"不爱人"。只要不爱任意一个人,就算是"不爱人"。

第三,"乘马"一词"不周",即"乘马"不要求周遍地乘了所有的马,才算是"乘马"。只要乘了任意一匹马,就算是"乘马"。

第四,"不乘马"一词"周",即"不乘马"要求不乘任何一匹马,才算是"不乘马"。例子三和四里的"周",就"乘马"和"不乘马"这种日常生活中的情况而言,约略地相当形式逻辑所说的"周延"。

按照形式逻辑的规则,在"我是乘马的"这句话中,"乘马的"一词不周延,只要乘了一匹马,就可以说"我是乘马的"。而在"我不是乘马的"这句话中,"乘马的"一词周延,即必须周遍地不乘所有的马,才可以说"我不是乘马的"。

例子一和二里的"周",就"爱人"和"不爱人"这种涉及墨家特殊政治伦理理想的情况而言,不相当于形式逻辑所说的"周延"。按照形式逻辑的规则,在"我是爱人的"这句话中,"爱人的"一词不周延,只要爱一个人，就可以说"我是爱人的"。而在"我不是爱人的"这句话中，"爱人的"一词周延，即必须周遍地不爱所有的人，才可以说"我不是爱人的"。而这正好与墨家的说法相反。

这种矛盾情况，从逻辑的最新发展来看，可以有一种解释，即逻辑有不同的分支、不同的领域。通常形式逻辑所讲的领域，是事实、现实、真值的领域。而墨家说的"爱人要求周遍"和"不爱人不要求周遍"，说的是政治伦理理想、道德义务（简称"道义"）的领域，与事实、现实、真值的领域无关。

5."一是而一非"（一种说法成立，一种说法不成立）的比辞类推："居于国，则为居国；有一宅于国，而不为有国。桃之实，桃也；棘之实，非棘也。问人之病，问人也；恶人之病，非恶人也。人之鬼，非人也；兄之鬼，兄也。祭人之鬼，非祭人也；祭兄之鬼，乃祭兄也。之马之目眇，则为'之马眇'；之马之目大，而不谓'之马大'。之牛之毛黄，则谓'之牛黄'；之牛之毛众，而不谓'之牛众'。一马，马也。二马，马也。'马四足'者，一马而四足也，非两马而四足也。一马，马也。二马，马也。'马或白'者，二马而或白也，非一马而或白。此乃'一是而一非'者也。"

即居住在某一国内，可以简称为"居国"；有一住宅在某一国内，却不能简称为"有国"。桃树的果实称为"桃"，棘树的果实却不称为"棘"（称为枣）。探问别人的疾病可以简称为"探问人"，讨厌别人的疾病却不能简称为"讨厌人"。人的鬼魂不等于人，兄的鬼魂在某些特殊情况下可以权且代表兄。祭人的鬼魂不等于祭人，祭兄的鬼魂可以权且说是祭兄。

这个马的眼睛瞎，可以简称为"这马瞎"；这个马的眼睛大，却不能简称为"这马大"。这个牛的毛黄，可以简称为"这牛黄"；这个牛的毛众（指牛毛长得茂密），却不能简称为"这牛众"（牛众是指牛的个数多）。

一匹马是马，两匹马是马，说"马四足"，是指一匹马四足，不是指两匹马四足；但是说"马或白"（指有的马是白的），却是在至少有两匹马的情况下才可以这样说，而在只有一匹马的情况下就不能这样说。这是属于"一是而一非"的情况。

"一是而一非"，是说有两个语句结构 f(x) 和 g(x)，当用 A 代入其中的 x 时，二者等值。当用 B 代入其中的 x 时，二者不等值。即：$f(A) = g(A); f(B) \neq g(B)$。如"居于国"，可以简称为"居国"（居住在一个国家里）。而"有一宅于国"，却不能简称为"有国"（领有一个国家）。桃树的果实叫"桃"，棘（酸枣）树的果实却不叫"棘"。"问人之病"是"问人"，"恶人之病"却不是"恶人"（讨厌人）。这个马的眼睛瞎，可以叫"这马瞎"。这个马的眼睛大，却不能叫"这马大"。这个牛的毛黄，可以叫"这牛黄"。这个牛的毛众（浓密），却不能叫"这牛众"（个数多）。"马四足"中的马，指一匹马。"马或白"（有马白）中的马，指两匹以上。见表10：

表10　比辞类推

侔式推论	公式
是而然	$A = B, CA = CB$
是而不然	$A = B, CA \neq CB$
不是而然	$A \neq B, CA = CB$
一周而一不周	AB一语，有时A遍及B各分子，有时则否
一是而一非	$F(A) = g(A), f(B) \neq g(B)$

《小取》要求注意事物和语言的复杂性、多样性，推论要准确地使用概念和判断，不然会出现谬误与诡辩。墨家逻辑是百家争鸣的武器和辩论的工具。《小取》用较多篇幅讨论谬误问题，表现墨家逻辑的应用性、实践性和批判性。

二十七、援例类推

《小取》定义说："援也者，曰：'子然，我奚独不可以然也？'""援"是援引对方主张，作为类比推论的前提，以引申出自己同样的主张，叫援例类推。如在上文"是而不然"和"不是而然"两种比词类推中，墨家都说了这样的话："此与彼同类，世有彼而不自非也，墨者有此而非之。"这是援例类推的运用。

就"是而不然"的比词类推说，有下列两种主张。第一，"彼"：盗，人也；爱盗，非爱人也。第二，"此"：盗，人也；杀盗，非杀人也。这里"此与彼同类"，对方赞同"彼"，却不赞同"此"，这不符合"以类取"和"有诸己不非诸人"的原则。

所以可以援引对方的主张"爱盗非爱人"作前提（论据），来类比论证自己同类的主张"杀盗非杀人"。因为"爱人"中的"人"是指"盗"之外的人，"杀人"中的"人"也指"盗"之外的人，根据"以类取"和"有诸己不非诸人"的原则（即同一律、矛盾律），对方就不应该反对我这样推论，并且应该接受我的结论。

同样，就"是而不然"的侔式推论说，有下列两种主张。第一，"彼"：且入井，非入井也；止且入井，止入井也。第二，"此"：且夭，非夭也；寿且夭，寿夭也。你若赞成"彼"，我就可以援引你所赞成的"彼"，来类比论证我所赞成的"此"。因为这也是根据"此与彼同类"。你可以赞成"彼"，我为什么不可以赞成"此"呢？这就是"援"的定义中所说的:"你可以那样,我为什么偏偏不能那样呢?"

"援"是以同一律、矛盾律为根据的很有用的辩论方式。它也曾经为当时其他学派的思想家所广泛采用。公孙龙子在辩论中,对援例类推运用娴熟。宗奉孔子的儒者孔穿(孔子六世孙)受众人委托,专程到赵国跟公孙龙子辩论,公孙龙子援引孔子赞同的"楚人异于人"的命题,类比论证自己"白马异于马"的命题,驳得孔穿"无以应"。这就是由于公孙龙子巧妙运用援例类推进行辩论的结果。

二十八、归谬类推

"推"是归谬式类比推理,简称"归谬类推",墨子在论辩中常用。墨子总结出"不知类""知小不知大""明小不明大"等惯用语,表示对方议论中的自相矛盾。用希尔伯特、塔尔斯基的术语说,"不知类""知小不知大""明小不明大"等用词,属于元研究、元语言。《墨经》做了进一步总结。《小取》说:"此与彼同类,世有彼而不自非也,墨者有此而非之。"这是揭示对方自相矛盾,运用归谬式类比推理。

《小取》给出归谬式类比推理的定义:"推也者,以其所不取之,同于其所取者,予之也。"对方赞成"彼"

命题，不赞成"此"命题，我则向对方证明"此与彼同类"，如果对方仍不赞成"此"命题，则陷于自相矛盾，从而用逻辑的力量，迫使对方赞成"此"命题。

其规则是："以类取，以类予"和"有诸己不非诸人，无诸己不求诸人"。体现的是逻辑的同一律、矛盾律。中外逻辑本质相同。这种论辩方式，是归谬法和类比推理的结合，含有演绎和归纳的成分，有必然性和很强的说服力，生动形象，富有感染力，是百家争鸣的得力工具，行之有效，为各家各派所喜用常用。

墨家辩学是当时百家争鸣、辩论的工具。古汉语表达尚简，量词和联项常省略，不利于分析命题和推理的形式结构，对用于论证说服的类推方式，研究甚详。类推是包含演绎、归纳和类比多种推理形式、没有明确分化的综合推论。精研为争鸣辩论服务的论证说服技艺，是墨家辩学的特色。诗以咏之：墨子归谬称鼻祖，中国类推内容丰。止式推论真有用，简单枚举反例攻。譬侔援推称经典，中外逻辑可贯通。论证说服多技巧，争鸣辩论百家用！

标志中国传统推论整体性质的一级范畴，有"推"（广义）、"推类"、"类推"、"推理"和"推故"等。标志中国传统推论个别方式的二级范畴，有"止"、"譬"、"侔"、"援"和"推"（狭义）等。

"推"（广义）、"推类"、"类推"、"推理"和"推故"，是标志中国传统推论整体性质的一级范畴。《墨经》有泛指推论意义的"推"范畴。《经下》第117条说："察诸其所然、未然者，说在于是推之。"①《经说下》举例解释说："'尧善治'，自今察诸古也。自古察之今，则尧不能治也。"即审察任一事物之所以如此，以及之所以不如此的原因，可以从"尧善治"这一命题适于古而不适于今的事例，类推而知。

"尧善治"这一命题的得出，是从今天的情况出发，考察古代的情况。"尧善治"命题的意义，指"尧善于治理古代"。假如从古代的情况出发，考察今天的情况，就不能说"尧善治"，应该说："尧不能治。"

认为"尧善治古，不善治今"，蕴含了历史发展的观念，意味着"尧善治"的命题有具体性和相对性。《墨经》认为"以已为然""过而以已为然"是错误推论。"已然"是"过去如此"，如"过去尧善治"。"然"是"现在如此"，如"现在尧善治"。由前者不能必然推出后者。

《大取》说："昔者之虑也，非今日之虑也。"历史是发展的，对历史的思考论断，有具体性和相对性。"于是

---

① 原文"察"旧作"在"。《尔雅·释诂》："在，察也。""所然"是"所以然"的略语，即"任一物之所以 P"的原因。"所未然"是"所以不然"略语的变形，即"任一物之所以不 P"的原因。

推之"的"是",作指示代词,即这、这个、这样。这里,"是"指代《经说》"尧善治"命题"适于古,不适于今"的典型案例。杨树达《词诠》中"是"的第三义项说:"指示代名词,此也。"①

"于是推之"一语,先秦至宋代典籍没有出现,明清出现八次,意同《墨经》。"于是推之"后发展为"以此类推"和"依此类推"。"以此类推"用例,先秦至唐代典籍没有出现,宋至清代出现 42 次。"依此类推"用例,先秦至元代典籍没有出现,明清出现 3 次。"以此类推"与"依此类推"义同。"以",即用、按照。"依",即依照、按照。

宋周煇《清波杂志》卷八说:"宣和间(1119—1125),宗室围炉次,索炭,既至,诃斥左右云:'炭色红,今黑,非是。'盖常供熟火也,以此类推之,岂识世事艰难?"即北宋末年,皇帝家族的人,围炉烤火,命令取炭,炭拿来,却被训斥说:"炭是红色的,现在拿来是黑的,不是炭。"因为平时供给熟火(有人先把炭火点着),所以认为炭是红色的,误认黑的不是炭。以此类推,皇帝家族的人,怎么认识世事艰难?

这是由个别案例推论一般情况的归纳推论。从《墨

---

① 杨树达:《词诠》,中华书局 1954 年版,第 224 页。

经》和《四库全书》出现"于是推之""以此类推"和"依此类推"46次的语境和案例分析,其推论性质,是从一个典型案例出发,推论一般情况,即由个别推知一般,是属于典型案例分析式的科学归纳推论。

"于是推之"(以此类推、依此类推),可用于由个别推知个别的类比推论。如:"尧善治"是今天说的话,反映的实际内容是处于古代的情况,所以它有具体性和相对性。于是推之(以此类推、依此类推):"尧之义"(尧是仁义的)是今天说的话,反映的实际内容是处于古代的情况,所以它也有具体性和相对性。

《墨经》有"推类"范畴。《经下》第102条说:"推类之难,说在之大小。……物尽、同名、二与斗、爱、食与招、白与视、丽与暴、夫与屦。"《经说下》举例解释说:"谓四足,兽与?并鸟与?物尽与?大小也。此然是必然,则俱为麋:同名。俱斗不俱二:二与斗也。包肝肺子:爱也。掘茅:食与招也。白马多白,视马不多视:白与视也。为丽不必丽,为暴必暴:丽与暴也。为非以人,是不为非,若为夫勇,不为夫;为屦以买衣,为屦:夫与屦也。"

即类推存在困难和导致谬误的可能,论证这一点,可以列举"大小、物尽、同名、二与斗、爱、食与招、白与视、丽与暴、夫与屦"等事例。如说到"四足",能否断定是"兽"呢，还是"两鸟并立"呢？甚至于说"万物尽是如此"呢？这就牵涉到"四足"概念范围大小的问题。

如果见到"甲四足是麋"和"乙四足是麋"，就说"所有四足都是麋"，而"丙是四足"，就说"丙是麋"，甚至于说"万物尽是（俱是）麋"，这样把"麋"变成万物的共同名称，岂不荒谬？

"甲与乙斗殴"可以说"甲与乙俱（都）在斗殴"，但"甲与乙二人"，不能说"甲与乙俱是二人"，只能说"甲与乙俱是一人"。"肝肺"的本义是内脏器官，又可引申指对儿子的爱怜之情（心肝）。

看见一个人"挖掘茅草"，不能断定他是用来"吃"，还是用来"招神祭祀"。说"白马"，指马身上白的地方多，但说"视马"，并不需要多看上几眼。人为地打扮美丽，结果不一定是美丽，但人为地残暴，结果一定是残暴。因别人的原因，被迫犯错误，不等于主观上想犯错误，就像表现武夫之勇，不等于做丈夫；做鞋子以用来交换衣服，却是做鞋子。

《墨经》使用"推类"概念，列举大量用例，说明"推类"容易发生谬误。本条"此然是必然"，是《经说上》第99条"彼举然者，以为此其然也"和《经说下》第101条"彼以此其然也，说是其然也"的略语。见表11：

表 11　此然是必然

略语	此然是必然	
推论	简单枚举归纳推论	演绎推论
展开	彼举然者，以为此其然也	彼以此其然也，说是其然也
实例	甲四足者是麋，乙四足者是麋，故凡四足者都是麋 / M_1 是 P，M_2 是 P，……所有 M 是 P	凡四足者都是麋，丙是四足者，故丙是麋 / 所有 M 是 P，[所有 S 是 M]，∴所有 S 是 P
谬误	仓促概括	虚假论证

本条"俱为麋"，是用归谬法，说明犯仓促概括和虚假论证的谬误，会把万物都说成麋。"俱"是全称量词。"俱斗"，甲与乙斗，可以说甲与乙"俱斗"，二人合起来才能斗殴。"不俱二"，甲与乙二，不能说甲与乙"俱二"，只能说甲与乙"俱一"，因为尽管甲与乙合起来是二，但分开说都还是一。

这涉及概念的集合与非集合意义。"俱一"是《墨经》惯用语和基本概念，见《经下》"俱一与二"和"说在俱一、惟是"，《经说下》"俱一，若牛、马四足"。"肝肺"，本义指内脏器官，引申指对儿子的爱怜之情，如说儿子是"心肝"宝贝。"食与招"，茅草可食，可用于招神祭祀。《周礼》说："旁招以茅。"郑注："招四方之所望祭者。"

本条《墨经》列举大小、物尽、同名、二与斗、爱、食与招、白与视、丽与暴、夫与屦九个实例，论述类推存在困难和导致谬误的可能,可知其"推类"范畴,是泛指推论意义,是类比、归纳、演绎各种推论形式原始、初步、简单和朴素的结合,没有把三种推论形式明确区划开来,分门别类研究。

在《墨经》之后,历代有许多学者讨论"推类"。东汉王充《论衡·实知篇》说:"凡圣人见祸福也,亦揆端推类,原始见终,从间巷论朝堂,由昭昭察冥冥。""揆端"即度量事物的端绪,"推类"即类推。又说:"妇人之知,尚能推类以见方来,况圣人君子,才高智明者乎!"认为推类有根据以往、预见未来的认识作用。

魏嵇康《嵇中散集》卷五说:"推类辨物,当先求之自然之理。"认为"推类"应先求理,说明推类和推理的联系。宋朱熹《四书或问》卷二说,"可以推类而通其余矣","万物各具一理,而万理同出一原,此所以可推而无不通也"。"推类而通",即推理而通。陈襄《至诚尽人物之性赋》说:"推类而知类。"赵顺孙《大学纂疏》说:"推类以尽其余。"张栻《论语解》卷四说:"若不以三隅反,则是未能因吾言而推类。"

明朱朝瑛《读诗略记》卷三说:"有伦有类可推也,有脊有理可循也。""则推类而极之,循理而穷之。"即认为推类和循理相联系。清卢文弨《抱经堂文集》卷十说:"可以推类,而自求之矣。"秦蕙田《五礼通考》卷八十五说："推类而求，寻其脉络，析其条理。"也认为推类和析理相联系。

"推类"，后世许多学者变通地说成"类推"。宋苏辙《栾城集》卷四十一说："举此一事，则其余可以类推矣。"陈经《尚书详解》卷二十四说："其他可以类推，故不尽言也。"明《阳明先生集要·理学编》卷三说："其余数端，皆可类推。"归有光《震川先生集》卷二十说："古书亡，不能尽见，可类推也。"

清方苞《望溪先生集外文》卷五说："凡事可以类推。"卢文弨《抱经堂文集》卷二十一说："吾所言十之一二而已，然可类推也。"戴震《戴东原集》卷三说："智者依类推之。"卷九说："余皆可类推。"

傅以渐、曹本荣《易经通注》卷七说："举此则彼可类推。"朱彝尊《经义考》卷二六九说"自象而推理"，"可以类推而通者也"，认为推理和类推相通，推理、类推和推类概念一致。

"推理"概念，是中国先哲原创。"推理"术语《四库全书》出现近300次。西汉刘安《淮南子》卷十五说："推理而行。"宋章如愚《群书考索别集》卷二十二说："推理论之。"南宋程大昌《考古编》卷四说："推理以辨。"元苏天爵《滋溪文稿》卷二十七说："用心推理。"明朱载堉《乐律全书》卷二十一说："推理而论。"

许多学者肯定推理有必然性、可信度和认知作用。宋林罒（jié）《毛诗讲义》卷五说："推理之必然。"欧阳修《诗本义》卷七说："说有可据，而推理为得，从之可矣。"清方苞《望溪先生全集》卷六说："循数推理，而知其必然。"

"推类""类推""推理"的概念，衍生出"推故"概念。宋朱熹《朱子语类》卷二十七说："若学者则须推故明道。"道即理，《大取》以"道"喻"理"。"推故明道"，即推故明理。明胡广等《性理大全书》卷四十八说："天下之物，必有所以然之故，与其所当然之则，所谓理也。"即事物的"所以然之故"，与其所当然的法则，即所谓"理"概念一致贯通。

《荀子·正名》说："推类而不悖，听则合文，辩则尽故。""文"即理。唐杨倞"听则合文"注："谓听他人之说，则取其合文理者。"推类要"合理"（合乎道理，条理），要"尽故"（穷尽理由、论据），一语道出"推类""推理"和"推故"的联系。

《经说上》有例说："湿，故也，必待所为之成也。"即"地湿"必有其"所以然之故"，一定要等待这"所以然之故"起作用才能构成"地湿"的结果。借此素材，可构成推论："如果天下雨，则地湿。现在天下雨，故地湿。"

这里，第一，因"天下雨"是"地湿"的"所以然之故（原因、理由、根据）"，所以是"推故"。第二，因"天下雨"（天上云层水分下降到地面）与"地湿"（地面沾水而含水多）同类，所以是"推类"。第三，因"如果天下雨，则地湿"是正确推理的大前提，其前后件关系，符合"有之必然"的因果联系、充分条件之"理"，所以是"推理"。

"推故"与"推理""推类"三范畴，与《大取》"辞以故生，以理长，以类行"三原理恰相对应，是后者的衍生和运用。"辞以故生"，即"推故"。"辞以理长"，即"推理"。"辞以类行"，即"推类"。

"故、理、类"三者相联，"推故""推理"和"推类"三者互通。"故、理、类"三范畴的必然联系，决定"推故""推理"和"推类"三术语的互通一致。其中深层的逻辑哲学意涵，值得仔细玩味、说明和发挥。见表12：

表12 推类、类推和推理　单位：次

相关术语	《四库全书》出现次数	《四部丛刊》出现次数
推类	509	18
类推	1372	26
推理	299	54
合计	2180	98

从《四库全书》和《四部丛刊》"推类""类推"和"推理"两千多次用例可知，其内涵一致互通。《墨经》原创的"推类"范畴，即"类推"，狭义指类比推论，广义指推论，是类比、归纳和演绎的朴素结合。

日本《新汉和辞典》"类"字部，有"类推"和"类比"词条，其释文用互训法，互文见义："类推：根据不同事物的相似点，作出推测。类比推理。""类比：比较，对照，类比推理，类推。""类推"义等同"类比"①。

英文名词 Analogy，即类似、相似、比拟、类推、类推法。形容词 Analogic，即相似的、比拟的、类推的。抽象名词 Analogism，即类比推理、类比法。"类推"是"类比推理"的省称。

推（狭义），指归谬类推。《小取》说："推也者，以其所不取之，同于其所取者，予之也。"即我提出一个论证，证明对方所不赞成的论点，跟对方所赞成的论点是同类，把这个论证给予对方，如果对方把不赞成改为赞成，对方就被我说服。如果对方仍坚持不赞成，就陷于自相矛盾、荒谬和悖理。

墨子和诸子百家归谬类推用例极多，如批评鲁班"义不杀少而杀众，不可谓知类"；批评王公大人杀牛羊，制

---

① 诸桥辙次：《新汉和辞典》，日本大修馆书店1966年版，第922页。

衣裳，治疲马，张危弓等小事，知道尚贤使能，而治国大事，却不知尚贤使能。根据强调重点的不同，"推"简称为"归谬类推"，即归谬式类比推论，或简称为"归谬类比"，或称类比式归谬推论，简称为"类比归谬"。

"推"是归谬法（演绎推论）与类比推论的结合。其中归谬法，是从对方论点推出荒谬，驳倒对方，是讲道理，是以同一律、矛盾律为根据的演绎推论。其中类比推论是列举类似案例，进行比较论证、摆事实的初步归纳。

中国传统推论的特质，是类比、归纳和演绎不同形式的综合论证与朴素结合。由于类比推论，可视为以个别事例为论据的简单归纳，归入归纳一类，所以，中国传统推论的特质可简单概括为归纳和演绎的综合论证与朴素结合。

"止"是最明显的归纳和演绎朴素结合的综合论证。譬、侔、援、推（狭义），是各有特点的类比论证，是以类比推论为主，辅之以分析和讲道理的演绎成分。强调运用规则"以类取，以类予"和"有诸己不非诸人，无诸己不求诸人"。相当于遵守同一律和矛盾律，是其中分析和讲道理的演绎成分。

强调防止谬误。"夫物有以同，而不率遂同。辞之侔也，有所至而正。其然也，有所以然也；其然也同，其所以然不必同。其取之也，有所以取之；其取之也同，其所以取之不必同。是故辟、侔、援、推之辞，行而异，转而诡，远而失，流而离本，则不可不审也，不可常用也。故言多方、殊类、异故，则不可偏观也。"

这是其中分析和讲道理的演绎成分。这些分析和讲道理的演绎成分，是最大限度发挥譬、侔、援、推（狭义）论证效能的可靠保证。见表13：

表13 传统推论

层级	推论范畴	推论特质
一级	推广义、推类、类推、推理、推故	类比归纳演绎综合论证
二级	止	归纳演绎综合论证
二级	譬	譬喻类推，演绎成分（以类取）
二级	侔	比辞类推，演绎成分（以类取）
二级	援	援例类推，演绎成分（以类取）
二级	推狭义	归谬类推，演绎成分（以类予）

中国逻辑传统，在没有跟西方逻辑交流渗透的情况下，没有把类比、归纳和演绎的不同推论形式明确区划开来，分门别类研究。中国逻辑传统，从先秦至清，没有超越用古汉语表达的古代素朴形态，没有蜕变为近现代科学体系，落后于发达完善的西方逻辑。西方逻辑在人类知识系统中，拥有基础性和工具性的地位，是全人类的思维工具和世界性的同一逻辑。

"工欲善其事，必先利其器。"在当今全球化、世界一体化的新时代，中华民族实现伟大复兴、图谋和平发展的正确的逻辑策略，是磨制锐利的思维工具，汲取西方逻辑先进成就，借鉴西方逻辑观点方法，对中国传统逻辑进行现代式元研究，给予创造性新诠释，建立有中国特色、跟国际接轨、融合西方逻辑和中国逻辑传统的现代转型的创新体系。诗以咏之：立辞三物类故理，推类推故和推理。推类主体称类比，归纳演绎不分离。古今中外期融通，西方逻辑待汲取。中华民族谋发展，思维工具争锐利！

二十九、归谬方法

古希腊哲学家像中国古代诸子百家一样，都极善运用归谬法。古希腊辩论术（Dialectic，一译辩证法）的本意，就是归谬法。辩论术（辩证法），在西方逻辑史上，从古代到近代，长期兼作逻辑学的总称。

明末西方传教士葡萄牙人傅汎际（P. F. Furtado，1587—1653）和李之藻合译首部西方逻辑著作《名理探》，书名原文即包含辩论术（辩证法）一词。在中西逻辑产生和发展前期，归谬法在辩论术和逻辑学中居于核心地位。

归谬法，是从对方论点出发，引出荒谬（包含逻辑矛盾，或同已知事实和真理矛盾），从而驳倒对方论点的方法。其公式是：$(P \rightarrow (Q \wedge \neg Q)) \rightarrow \neg P$。读为：如果 P

(对方论点),那么 Q 并且非 Q(矛盾),那么非 P(否定对方论点)。用古汉语表达的中国名辩,没有使用这样的公式,但也有自身独特的表达方式。

墨子在辩论中常用归谬法,用生动浅显的比喻,来比方对方的矛盾、悖理和荒谬。墨子在战国初期广泛运用归谬法之后,经由战国中期孟子、惠施、庄子和尹文子等人的沿用提倡,在战国末期完全普及,为诸子百家所常用,成为争鸣辩论的最有效工具。这就为《小取》给归谬法下定义、定规则,准备了充分的条件。这种归谬法影响极其深远,对今人的思维表达,也大有助益。见表14:

表14 归谬方法

类型	名称	定义规则	别称
墨辩	推	定义:以其所不取之,同于其所取者,予之也 规则:以类取,以类予。有诸己不非诸人,无诸己不求诸人	明小不明大,知小不知大,不知类
逻辑	辩论术(Dialectic)	定义:揭露对方矛盾,以战胜对方的方术 规则:对立陈述不能同真;$\neg(Q \wedge \neg Q)$	辩证法、归谬法、归于不可能

归谬法运用:"明小不明大"。《尚贤》《鲁问》和《非攻上》等篇,有应用归谬法的第一种形式,即批评辩论对方"明小不明大""知小不知大"。《尚贤中》说:"何则?

皆以明小物，而不明大物也。"

《尚贤下》说："而今天下之士君子，居处言语皆尚贤，逮至其临众发政而治民，莫知尚贤而使能，我以此知天下之士君子，明于小而不明于大也。何以知其然乎？今王公大人有一牛羊之财不能杀，必索良宰。有一衣裳之财不能制，必索良工。""逮至其国家则不然，王公大人骨肉之亲，无故富贵，面目美好者，则举之，则王公大人之亲其国家也，不若亲其一危弓、疲马、衣裳、牛羊之财与？我以此知天下之士君子，皆明于小而不明于大也。此譬犹喑者而使为行人，聋者而使为乐师（这就像叫哑巴当外交官，派叫聋子当乐团指挥）。"

以上墨子对归谬法的运用，素材是揭露王公大人在任用人才问题上的自相矛盾。墨子对归谬法的理论总结，则是给辩论对方的逻辑谬误起一个有理论意义的名称："明小不明大"或"知小不知大"。"明小不明大"或"知小不知大"的意思，是形容对方议论的自相矛盾、荒谬和悖理。

《鲁问》载墨子对鲁阳文君说："世俗之君子，皆知小物，而不知大物。今有人于此，窃一犬一彘则谓之不仁。窃一国一都，则以为义。譬犹小视白谓之曰，大视白则谓之黑。是故世俗之君子，知小物而不知大物者，此若言之谓也。"这里在批评对方"知小不知大"的同时又比喻说"譬犹小视白谓之曰，大视白则谓之黑"，也是在形容对方的自相矛盾、荒谬和悖理。

《小取》对归谬法的定义和规则，依现代逻辑研究方法论的术语说，叫作元逻辑、元语言，而《尚贤》对归谬法的运用，叫作对象逻辑（应用逻辑）、对象语言，相当于逻辑理论和逻辑应用、逻辑总结和逻辑素材的分别。见表15：

表15 《小取》《尚贤》逻辑

对《小取》《尚贤》逻辑分析	《小取》《尚贤》逻辑表述
《小取》元逻辑	推也者，以其所不取之，同于其所取者，予之也 以类取，以类予。有诸己不非诸人，无诸己不求诸人
《尚贤》对象逻辑：其所取（Q）	居处言语知尚贤：牛羊不能杀索良宰；衣裳不能制索良工；疲马不能治索良医；危弓不能张索良工
《尚贤》对象逻辑：其所不取（¬Q）	治国不知尚贤：不智慧者治国，喑使为行人，聋者使为乐师
结论（Q∧¬Q）	自相矛盾，荒谬悖理

《非攻上》对归谬法的运用。《非攻上》的原文是："今有一人，入人园圃，窃其桃李，众闻则非之，上为政者得则罚之。此何也？以亏人自利也。至攘人犬豕鸡豚者，其不义，又甚入人园圃窃桃李。是何故也？以亏人愈多，其不仁滋甚，罪益厚。至入人栏厩，取人马牛者，其

不仁义，又甚攘人犬豕鸡豚。此何故也？以其亏人愈多。苟亏人愈多，其不仁滋甚，罪益厚。"

又说："今有人于此，少见黑曰黑，多见黑曰白，则必以此人为不知白黑之辩矣；少尝苦曰苦，多尝苦曰甘，则必以此人为不知甘苦之辩矣。今小为非，则知而非之。大为非攻国，则不知非，从而誉之，谓之义，此可谓知义与不义之辩乎？是以知天下之君子也，辩义与不义之乱也。"

对应于《小取》归谬法"推"的元逻辑表述，《非攻上》是对象逻辑的资料素材的应用。前者为理论、概括、抽象。后者为应用、实践、材料。见表16：

表16 《非攻上》归谬法

其所取	其所不取
小为非知而非之	大为非攻国不知非
少见黑曰黑	多见黑曰白
少尝苦曰苦	多尝苦曰甘
Q	¬Q
（Q∧¬Q），自相矛盾、荒谬和悖理	

归谬法运用："不知类"。墨子运用归谬法的第二种形式，是指出辩论对方"不知类"。《公输》载鲁班为楚国造云梯，准备攻打宋国，墨子见鲁班说："北方有人侮辱我，想请您帮我把他杀掉。"

鲁班说："吾义固不杀人。"即我讲仁义，从来不杀人。墨子说："义不杀少而杀众，不可谓知类。"讲仁义不杀少，更应不杀众。"杀少"和"杀众"同属"不仁义"一类。"义不杀少而杀众"，违反同一律和矛盾律，"不知类"即荒谬悖理。

归谬法运用：悖概念。墨子运用归谬法的第三种形式，是指出辩论对方"悖"。"悖"是元语言的语义概念，意即自相矛盾、荒谬和悖理。《耕柱》载墨子说："世俗之君子，贫而谓之富则怒，无义而谓之有义则喜。岂不悖哉！"即贫穷说"富有"就愤怒，无义说"有义"却喜欢，这是自相矛盾、荒谬悖理。

《贵义》载墨子说："世之君子，使之为一犬一彘之宰，不能则辞之；使为一国之相，不能而为之。岂不悖哉！"即屠宰猪狗不会就推辞；做宰相不会却不推辞。这是自相矛盾、荒谬悖理。"不知类"和"悖"是墨子对归谬法的元逻辑概括，《公输》《耕柱》和《贵义》载墨子的辩论说辞，是应用归谬法的对象逻辑素材。见表17：

表17 "不知类""悖"

元逻辑	不知类	悖	
对象逻辑	义不杀少而杀众	贫而谓之富则怒，无义而谓之有义则喜	使之为一犬一彘之宰，不能则辞之；使为一国之相，不能而为之

归谬法运用：概念命题矛盾。墨子运用归谬法的第四种形式，是指出辩论对方论点中有概念和命题的矛盾。《非儒》说儒家主张"君子必服古言然后仁"。墨家的反驳是："所谓古之言服者，皆尝新矣。而古人言之服之，则非君子也。然则必服非君子之服，言非君子之言，而后仁乎？"即儒家论点包含概念和命题的自相矛盾。从概念说，古人穿古服，说古言，在当时都曾经是新的，按照儒家的逻辑，古人就都成了非君子。从命题说，儒家的主张就成为：一定要穿非君子的服装，说非君子的语言，才成为君子，符合仁义标准。这是自相矛盾、荒谬和悖理。

《非儒》说，儒家主张"君子循而不作"。《论语·述而》载孔子说："述而不作，信而好古。""循"即"述"。儒家认为君子只遵循古人，叙述传承，而不创作创新。墨家的反驳是："古者羿作弓，伃作甲，奚仲作车，巧垂作舟，然则今之鲍函、车匠，皆君子也，而羿、伃、奚仲、巧垂，皆小人邪？且其所循，人必或作之。然其所循，皆小人道也。"即古代羿、伃、奚仲和巧垂，发明弓箭、铠甲、车子和舟船，现在的制皮、造车的工匠，因为传承古代工匠的技术，没有创造，就都成了君子，而古代羿、伃、奚仲和巧垂等发明家，却都成了小人。并且现代工匠所遵循传承的技术，一定要先有人创作出来，按照儒家的逻辑，这些创造者都成了小人，现代工匠所遵循传承的，也都成了小人的道理。这是自相矛盾、荒谬悖理。墨子运用归谬法的第四种形式，指出辩论对方概念和命题的矛盾。见表18：

表18 概念命题矛盾

儒者	墨者
君子必服古言然后仁	所谓古之言服者，皆尝新矣。而古人言之服之，则非君子也。然则必服非君子之服，言非君子之言，而后仁乎？
君子循而不作	古者羿作弓，伃作甲，奚仲作车，巧垂作舟，然则今之鞄函、车匠，皆君子也，而羿、伃、奚仲、巧垂，皆小人邪？且其所循，人必或作之。然其所循，皆小人道也

归谬法运用：比喻自相矛盾。墨子运用归谬法的第五种形式，是创造性地使用各种比喻，具体、形象、生动地形容论敌自相矛盾的荒谬悖理。

1. 命人包而去其冠。《公孟》载儒者公孟子说："贫富寿夭，龂然在天，不可损益。"又说："君子必学。"这是既否认人的主观能动作用，又承认人的主观能动作用，自相矛盾。墨子反驳说："教人学而执有命，是犹命人葆而去冠也。"即教人学习，又坚持命定论，就像既叫人戴帽子包裹头发，又叫人把包裹头发的帽子去掉，荒谬悖理。

2. 无客而学客礼。无客而学客礼，无鱼而为鱼罟。

《公孟》载儒者公孟子说:"无鬼神。"又说:"君子必学祭祀。"墨子说:"执无鬼而学祭礼,是犹无客而学客礼,无鱼而为鱼罟也。"即是说既认为鬼神不存在,又主张君子一定要学习祭祀鬼神的礼节,就像无客却学客礼,无鱼却做渔网,自相矛盾。

3. 禁耕求获。《节葬下》载墨子说,统治者厚葬,财富埋地下,长久服丧。"以此求富,此譬犹禁耕而求获也。"用禁耕求获,比喻厚葬久丧与求富的矛盾。

4. 负剑求寿。《节葬下》载墨子说,统治者以长久服丧,败男女之交,求得人口众多,就像"负剑求寿",荒谬悖理。

5. 掩目祝视。《耕柱》载鲁国贵族季孙绍与孟伯常治政,两人互不信任,闹矛盾,不从建立信任入手,解决矛盾,却到丛林神祠祷告说:"愿神灵保佑我们和好!"这就像遮住眼睛,祷告神灵说"保佑我什么都看得见",荒谬悖理。

6. 少见黑曰黑。少见黑曰黑,多见黑曰白。少尝苦曰苦,多尝苦曰甘。《非攻上》批评天下君子,把小偷抢叫"不义",却把大偷抢(攻伐掠夺)叫"义",就像"少见黑曰黑,多见黑曰白……少尝苦曰苦,多尝苦曰甘",荒谬悖理。墨子的比喻与韩非的"矛盾之说"一样,异曲同工,有启发逻辑思维、避免矛盾谬误的功效。

见表19：

表19　比喻自相矛盾

序号	本体	喻体
1	教人学而执有命	犹命人葆去冠
2	执无鬼而学祭礼	犹无客学客礼，无鱼为鱼罟
3	以厚葬久丧求富	譬犹禁耕求获
4	以久丧求众	譬犹负剑求寿
5	互不信任祷告神灵保佑和好	譬犹掩目祝视
6	小偷抢叫不义，大偷抢攻国叫义	少见黑曰黑，多见黑曰白；少尝苦曰苦，多尝苦曰甘

《小取》两次批评论敌说："此与彼同类，世有彼而不自非也，墨者有此而非之，无他故焉：所谓内胶外闭，与心无空乎内，胶而不解也。"A_1与A_2两种议论同类，世人赞成A_1，不以为非，墨者赞成A_2，却以为非，构成矛盾、荒谬和悖理。见表20：

表20　《小取》归谬法

概括：荒谬程度	内胶外闭，与心无空乎内，胶而不解
对象：自相矛盾	此与彼同类，世有彼而不自非也，墨者有此而非之

墨子的辩术、应用逻辑和对象逻辑，包含中国古代

元逻辑的理论因素，是墨辩逻辑质变过程的量变积累和局部质变，如提出"明小不明大""知小不知大""不知类""悖"概念等。

《墨经》用古汉语作为元语言工具，对墨子辩术的应用逻辑、对象逻辑进行元研究，概括系统理论，建构辩学的元逻辑。其对归谬法的概括，舍弃当时争鸣辩论的具体内容，呈现用古汉语表达的纯理论形态。

"推"是墨家对归谬法的命名。墨家"推"的概念，比现代"推理"或"推论"概念的外延小。现代"推理"或"推论"概念的外延，包括演绎、归纳和类比等形式。墨家"推"的概念，除分析对方论点概念命题的矛盾（纯演绎推理）外，在多数情况下是归谬法（演绎法）与类比推理的结合。根据强调重点不同，可称为归谬式类比推理（简称"归谬类比"），或类比式归谬推理（简称"类比归谬"）。

语义悖论：言尽悖。《经下》说："以言为尽悖，悖，说在其言。"即"一切言论是虚假的"自相矛盾，论证的理由在于"一切言论是虚假的"本身是言论。《经说下》说："悖，不可也。之人之言可，是不悖，则是有可也。之人之言不可，以当必不当。"即虚假就是不成立。如果这个人这个言论成立，就是有并不虚假的言论，有成立的言论。如果这个人这个言论不成立，认为它恰当必然不恰当。

《墨经》指出论证的关键是"说在其言",即"一切言论是虚假的"中"言论""虚假"的概念,涉及自身,自我相关。这是对悖论成因的深刻理解,用归谬法巧妙揭示论敌议论中的逻辑矛盾。

玄奘译印度陈那《因明正理门论》论自语相违似宗(自相矛盾的错误论题)的举例,是"一切言皆是妄",与"言尽悖"论同。亚里士多德在《形而上学》中说:"说一切为假的人就使自己也成为虚假的。"(1012b15-20)"从一切断语都是假的这一主张,也会得出,这话本身也不是真的。"(1063b30-34)

古希腊有"说谎者"悖论。克里特岛人爱庇门德说:"所有克里特岛人说的话都是谎话。"如果这句话真,由于它也是克里特岛人说的话,则这句话本身也是谎话,即假。如果这句话假,能推出其矛盾命题"有克里特岛人说的话不是谎话",不能推出这句话真。

这是一种不典型的语义悖论,后把"说谎者"悖论表述为"我说的这句话假",是典型的语义悖论:由真推假,由假推真。《墨经》批评的"言尽悖"论,同爱庇门德的"说谎者"悖论相似。悖论是自相矛盾的恒假命题。语义悖论是涉及语言的意义、断定和真假等概念的悖论。见表21:

表 21　语义悖论

传统	语义悖论
墨辩	言尽悖
因明	一切言皆妄
逻辑	一切命题是假的；所有克里特岛人说的话都是谎话；我正在说的这句话是假的

晋鲁胜《墨辩注序》说："孟子非墨子，其辩言正辞则与墨同。"孟子与墨子学术观点不同，攻击墨子兼爱是"无父"，是"禽兽"，但在辩论方式上，孟子熟练运用墨子首创的归谬法。逻辑本来并不是某个学派的私有财产，而是超越学派的人类普遍思维工具。

《孟子·告子上》说："今有无名之指，屈而不信，非疾痛害事也，如有能伸之者，则不远秦楚之路，为指之不若人也。指不若人，则知恶之，心不若人，则不知恶，此之谓不知类也。"即有人无名指弯曲不直，就到处医治，即使走到秦国、楚国都不嫌远。无名指不如别人，知道厌恶，心性道德不如别人，却不知道厌恶，这叫"不知类。""不知类"，是墨子应用归谬法的代名词、惯用语，曾用来说服鲁班，止楚攻宋，被孟子继承，发扬光大。

《孟子·梁惠王上》说："吾力足以举百钧，而不足以举一羽；明足以察秋毫之末，而不见舆薪。"即我的气力能举起三千斤的重量，却拿不起一根羽毛。我的眼睛明亮，足以看清秋天鸟兽新生毫毛的末端，却看不见一车柴。孟子的归谬说词，用"明察秋毫，不见舆薪"的比喻，成为众所周知的成语，普遍效法的思维表达范例。

《庄子·胠箧》说："窃钩者诛，窃国者为诸侯。"即窃一腰带钩，要杀头；窃一国，却做诸侯。司马迁《史记·游侠列传》更简化为："窃钩者诛，窃国者侯。"这是极简明的运用归谬法的范例。

《公孙龙子·迹府》载，公孙龙反驳孔子六世孙孔穿说："夫是仲尼异'楚人'于所谓'人'，而非龙异'白马'于所谓'马'，悖。"即孔子把"楚人"和"人"区别开来，却非难公孙龙把"白马"和"马"区别开来，自相矛盾。这是归谬法的运用。

《吕氏春秋·听言》说："今人曰：'某氏多货，其室培湿，守狗死，其势可穴也。'则必非之矣。曰：'某国饥，其城郭卑，其守具寡，可袭而篡之。'则不非之：乃不知类矣。"即现在有人说，某氏富有，屋后墙潮湿，守门狗死，可以挖洞偷他。这一定会遭到非议，但假如说，某国遭遇饥荒，城墙低矮，守城器具少，可以偷袭而篡夺之。则不被非议。这是归谬法的运用。

《淮南子·泰族训》说："夫指之拘也，莫不事伸也；心之塞也，莫知务通也：不明于类也。"即手指弯曲，都会设法伸直，但心思堵塞不通，却不知道设法打通，这是

"不明于类"，即"不知类"的错误，是归谬法的运用。

《论衡·祭意篇》说："知祭地无神，犹谓诸祀有鬼：不知类也。"以墨子的"不知类"为说，揭露论敌自相矛盾，这是归谬法的运用。可见，墨家所运用和总结的归谬法，通过诸子百家的普遍运用，深深地渗透于后人的思维方式和表达习惯。

加拿大人朗宁1893年生于湖北襄樊，父母是美籍传教士。朗宁喝中国奶妈的乳汁长大，不料他30岁回加拿大竞选省议员时，反对派的人竟诽谤他说："你是喝中国人的奶长大的，你身上一定有中国血统。"朗宁针锋相对地反驳他们说："据权威人士透露，你们是喝牛奶长大的，你们身上一定有牛的血统。"[1] 这说明归谬法的运用，极富论证性和说服力，是重要的辩论工具。

三十、彼止于彼

逻辑基本规律，西方逻辑叫同一律、矛盾律、排中律和充足理由律，是任何正确思维和表达都必须遵守的规律。中国逻辑学对于同一律、矛盾律、排中律和充足理由律，有特殊表达方式。

《墨经》以古汉语为元语言工具，对同一律作出元理

---

[1] 参见《北京晚报》1984年8月11日。

论概括，说"彼止于彼"，相当于"A是A"。实例是"牛是牛"。《经说下》第169条概括"正名"（即矫正语词概念）的规律是："正名者：彼彼此此可：彼彼止于彼，此此止于此。彼此不可彼且此也。彼此亦可：彼此止于彼此。若是而彼此也，则彼亦且此此也。"①

即"正名"（矫正概念）的规律，有三种情况。第一，"彼彼此此可"：那个"彼"之名，要确定地指称"彼"之实；这个"此"之名，要确定地指称"此"之实。第二，"彼此不可"："彼此"的集合概念，不能仅单独地指称"彼"之实或"此"之实。第三，"彼此亦可"："彼此"的集合概念，要确定地指称"彼此"的集合体。如果"是"与"彼此"的不同概念可以混同，那么"彼"与"此此"的不同概念也可以混同，这当然是不对的。《墨经》以"正名"为标题，用古汉语指示代词给出同一律的公式。

---

① 据梁启超、高亨、沈有鼎校。孙诒让对《墨经》校勘的成就，是清末的水平。我辈在孙氏一百多年后，今日的校勘论述水平是孙氏完全无法企及的。这是现代研究中，极其普遍与合理的现象。我们不仅在古籍整理、文字训诂上，不输于孙诒让一代学人，而且对现代科学专业知识、现代世界先进科学方法论的把握，是孙诒让完全无法达到的。《墨经》文字校勘，不可动辄拿孙诒让来对比苛责，这不是学术的前进，是学术的倒退。本书引《墨经》原文校勘，据孙中原撰《墨子今注今译》（商务印书馆2009年版）《墨经》部分，以及孙中原著《墨经趣谈》（商务印书馆2021年版）。全书仿此。

见表 22：

表 22　同一律

同一律公式	符号	实例
彼止于彼	A = A	牛是牛
此止于此	B = B	马是马
彼此止于彼此	AB = AB	牛马是牛马

《墨经》用古汉语指示代词"彼""此"和"彼此"，充当元语言的逻辑变项，指代任意概念，把它替换为元语言的英文字母 A、B 和 AB，意思不变。以古汉语词"止于"作元语言的逻辑常项，意思是专指、等同，将其替换为数学符号"="，意思不变。

《墨经》对同一律的元逻辑概括，可以替换为如下表达式：A = A。B = B。AB = AB。《经说下》第 168 条所举的实例是，"牛不非牛，马不非马"，即"牛是牛"，"马是马"。同理可以说"牛马不非牛马"，即"牛马是牛马"。可以替换为如下表达式：牛＝牛。马＝马。牛马＝牛马。

同一律的规定是，在同一思维过程中，每一思想（概念或命题）与自身同一，保持一贯性、一致性、确定性。其公式是：A 是 A，或 A = A。A 指任一概念或命题，如

"美女是美女","丑女是丑女",不能混同。"玉石之璞是玉石之璞","鼠肉之璞是鼠肉之璞",不能混同。

《墨经》把"彼止于彼"等类似同一律的规定,叫"正名",即矫正语词概念的规律。"正名"是孔子提出的要求正确运用语言的口号,战国诸子百家长期争辩。《经说下》第169条用古汉语的元语言工具,把"正名"的元逻辑规律概括为"彼止于彼","此止于此","彼此止于彼此",相当于用自然语言说"彼是彼,此是此,彼此是彼此"和用数学语言说"彼=彼,此=此,彼此=彼此"。

《经说下》第169条说"彼此不可彼且此也",可以替换为如下表达式:AB ≠ A,AB ≠ B。如:牛马≠牛,牛马≠马。《经说下》说"若是而彼此也,则彼亦且此此也",可以替换为如下表达式:若C = AB,则A = BB。如:若羊=牛马,则牛=马马。这是用归谬法论证同一律的正确性。见表23:

表23　同一律归谬论证

《墨经》表达	彼此不可彼且此也	若是而彼此也,则彼亦且此此也
逻辑表达	AB ≠ A,并且 AB ≠ B	若 C = AB,则 A = BB
实例	牛马≠牛,并且牛马≠马	若羊=牛马,则牛=马马

战国后期名家代表公孙龙有类似概括。《公孙龙

子·名实论》说:"以其所正,正其所不正。不以其所不正,疑其所正。其正者,正其所实也。正其所实者,正其名也。其名正,则唯乎其彼此焉。谓彼而彼不唯乎彼,则彼谓不行。谓此而此不唯乎此,则此谓不行。其以当,不当也。不当而当,乱也。故彼彼当乎彼,则唯乎彼,其谓行彼。此此当乎此,则唯乎此,其谓行此。其以当,而当也。以当而当,正也。故彼彼止于彼,此此止于此,可。彼此而彼且此,此彼而此且彼,不可。"

即以"正"为标准,纠正不合标准。不以不合标准,怀疑合标准。"正名"是矫正名实关系。名正确,彼此的名就确定指谓彼此的对象。说"彼"的名,不专指彼的对象,"彼"的称谓就行不通。说"此"的名,不专指此的对象,"此"的称谓就行不通。如果认为这样恰当,就不恰当。不恰当而认为恰当,是混乱。

"彼"的名,要恰当指谓彼的实,专指彼的实,"彼"的称谓就行得通。"此"的名,要恰当指谓此的实,专指此的实,"此"的称谓就行得通。如果认为这样恰当,就恰当。以恰当为恰当,是正确。

"彼"的名,专指"彼"的实;"此"的名,专指"此"的实,这是成立的。如果"彼此"的名(集合概念),单独指称"彼"的名(元素概念),单独地指称"此"的名(元素概念)。"此彼"的名(集合概念),单独指称"此"的名（元素概念），单独地指称"彼"的名（元素概念），这是不成立的。

《公孙龙子·名实论》和《墨经》对同一律规定一致。二者都肯定："彼止于彼"，"此止于此"，"彼此止于彼此。"符号表示：A＝A，B＝B，AB＝AB。例子表示：牛＝牛，马＝马，牛马＝牛马。

《公孙龙子·名实论》说："彼此而彼且此……不可。"意即《墨经》说："彼此不可彼且此也。"符号表示：AB≠A，AB≠B。例子表示：牛马≠牛，牛马≠马。这说明《墨经》对同一律概括的正确性、合理性和普遍性，同一律是超学派的共同思维工具，是全人类的共同思维工具。

《荀子·正名》总结儒家名学的规范样式，提出"制名之枢要"（即制名用名的基本要点）是："同则同之，异则异之。""知异实者之异名也，故使异实者莫不异名也，不可乱也。犹使同实者莫不同名也。"

即相同事物，给相同名称。不同事物，给不同名称。知道不同事物，应有不同名称，所以要使所有不同事物，都有不同名称，不能混乱。就像相同事物，要有相同名称。"同则同""异则异"的用名原则，要求保持语言符号指谓对象的确定性，是同一律的意涵。见表24：

表 24　龙墨荀同一律

龙墨同一律	彼止于彼，此止于此，彼此止于彼此
荀子同一律	同则同，异则异：同实同名，异实异名
解释	语言符号指谓对象的确定性
逻辑	A＝A，B＝B，AB＝AB
实例	牛＝牛，马＝马，牛马＝牛马

《大取》谈到"迁"（即转移论题、偷换概念）的逻辑错误。如公孙龙子说，由于白马中不包含黄马、黑马，可见白马异于马。既然白马异于马，可见白马非马。这是把"异于"（有不同，有差别）偷换为"非"（不是、全异、完全不同）。

"非"的意思除了包含"异于"之外，还包含"不是、全异、完全不同"等意思。这是玩弄偷换概念的把戏。而把"白马异于马"变成"白马非马"，则是偷换论题。这种错误，是由于违反同一律而造成的。

三十一、谓而固是

"谓而固是"，即称谓有固定所指。《经下》第 104 条说："谓而固是也，说在因。"《经说下》举例解释说："有之实也，而后谓之。无之实也，则无谓也。不若假。举'美'谓是，则是固'美'也，谓也。则是'非美'，无谓，则假也。"

即称谓有固定所指，称谓以对象为转移。有这样的对象，才这样称谓。没有这样的对象，就不这样称谓。这不像说假话。列举"美"的名称，称谓这种状况，是因为这种状况本来"美"，这叫真实称谓。这种状况本来"不美"，不能用"美"称谓，如果这样，则是虚假的称谓。

《经说上》第81条说："所以谓，名也。"即用来称谓的，是名。名即语词概念。《广韵》说："谓，言也。""言"即辞，指语句、命题。《广雅》说："谓，说也。""说"，指解说、推论。广义地理解，中国古代逻辑概括的思维表达形式"名辞说"，都是"谓"，我把"谓"翻译为称谓、陈述。"固"，即固定、同一。"是"，指这个，是用古汉语指示代词充当变项，指代任一对象。

"谓而固是"的名词、术语和表达方式，要求保持语词含义即概念的确定性，是逻辑语义学同一律的一种表达。无独有偶。令人感到奇妙的是，《墨经》总结同一律的提法"谓而固是"，所举例子"美"和"非美"，正好与名家学派著作《尹文子》（汉代注释家高诱叫《名书》）所载齐国黄公"以美为非美"的故事暗合。

《尹文子》说："齐有黄公者，好谦卑，有二女，皆国色，以其美也，常谦辞毁之，以为'丑恶'。'丑恶'之名远布，年过而一国无聘者。卫有鳏夫，时冒娶之，果国色，然后曰：'黄公好谦，故毁其子，妹必美。'于是争礼之，亦国色也。国色，实也。'丑恶'，名也。此违名而得实矣。"

即齐国黄公，有个毛病，过分谦卑。谦卑本是长处，过分谦卑，反成为缺点。黄公有两个女儿，都是全国最漂亮的，可称国色。但正因为黄公两个女儿长得美，黄公就经常用过分谦卑的言辞诋毁女儿，说两个女儿长得"丑恶"，是丑八怪。

两个女儿长得"丑恶"的坏名声，四处远扬，于是过了适于结婚的年龄，遍齐国都没人敢娶。卫国有位"老而无妻"的鳏夫，冒着妻子长得"丑恶"的坏名声，壮着胆子，把黄公的大女儿贸然娶到家里，做自己的妻子，一看竟然是国色。

于是这位捡到便宜的卫国新郎官，就悄悄地跟别人咬耳朵说："我老丈人黄公有过分谦卑的毛病，所以逢人就故意诋毁自己女儿，说女儿长得'丑恶'，丑八怪，所以我想俺的小姨子（黄公二女儿）一定也长得很美！"

这话很快就传开了，于是人们都争着娶黄公的小女儿，果然也是倾国倾城的国色大美人。"国色"是反映实际情况的真实名称，"丑恶"是故意歪曲实际情况的虚假名称。这是违反"丑恶"的虚假名称，却得到"国色"的真正实际。

齐国黄公偷换概念，以"美"为"丑"，为"非美"，违反《墨经》"谓而固是"的逻辑语义学同一律。《墨经》讲逻辑语义学同一律的条文,以"美"和"非美"为例,恰恰跟齐国黄公"以美为非美"的故事用词相同,寓意相通,由此可以窥见中国逻辑学产生、发展的奇妙机理,从具体的思维艺术,升华概括为抽象的逻辑知识。

广义的逻辑学,对应于符号学的三个领域:第一,语义学,研究符号与对象的关系,是语言意义指谓作用的理论;第二,语用学,研究符号与使用者的关系,是语言实际应用的理论;第三,语法学,研究符号与符号的关系,是语言逻辑结构的理论。

中国逻辑学,是广义的逻辑,是符号学意义上的语义逻辑。古圣先贤热烈讨论名实关系,是广义的逻辑语义学的论争。中国逻辑学,沿语义学方向发展,用名实关系、语言符号跟对象的关系的形式表现出来。

中国逻辑的语义学方向,由中国语言的结构决定。中国语言以名(语词概念)为中心,用汉字固定概念,关注语言符号指谓对象的关系,必然沿语义学,而不是语形学(语法学,纯形式符号逻辑)的方向发展。

狭义逻辑是亚里士多德开创的语法学方向。亚里士多德使用以主项为中心的希腊语,探索主谓式命题构成的三段论,走上以三段论为中心的形式逻辑。中国逻辑是有语义内容的实质逻辑,是广义的语言逻辑、辩论逻辑、论证说服逻辑。名家著作《尹文子》载齐国黄公"以美为非美"的故事,《墨经》"谓而固是"的理论总结,都是围绕名实关系,从语义学角度,体现逻辑同一律的要求。

三十二、通意后对

"通意后对",即弄通对方意思再回答。《经下》第141条说:"通意后对,说在不知其孰谓也。"《经说下》举例解释说:"问者曰:'子知"羁"乎?'应之曰:'"羁"何谓也?'彼曰:'羁,旅。'则知之。若不问'"羁"何谓?'径应以'弗知',则过。"

即弄通对方意思再回答,论证的理由在于,不通意就不知道对方究竟说什么。如对方问:"你知道'羁'吗?"我应该先回:"你说的'羁'是什么意思?"对方进一步说:"我说的'羁',是旅居在外的意思。"即暂时羁留他乡。这样我就知道了。如果不问"你说的'羁'是什么意思?"就直接回答说"不知道",这是交流不充分的过错。

一词多义,是常见的现象。"羁"是多义词。第一指"马笼头"。《说文解字》:"羁,马络头也。从网、从马、从革。""羁"又指将马笼头套在马头上,引申为拘束、束缚。司马迁《报任安书》说:"仆少负不羁之才。"成语有"放荡不羁"。"羁縻"指拘留、束缚。第二指寄居在外。《史记·陈杞世家》说:"羁旅之臣,幸得免负担。"或指寄居在外的人。《左传·昭公七年》说:"单献公弃亲用羁。"这里用"羁"作为典型案例分析,能够代表语言交流交际中的一般情况。

因一词多义,导致语言交流障碍的典型事例,还有"周郑异璞"的故事。《尹文子》说:"郑人谓玉未理者为'璞',周人谓鼠未腊者为'璞'。周人怀'璞'谓郑贾曰:'欲买璞乎?'郑贾曰:'欲之!'出其'璞'视之,乃鼠也,因谢不取。"

即郑国人把未加工的玉石叫作"璞",周国人把未腊制的老鼠肉叫作"璞"。在市场上,周国人怀揣新鲜老鼠肉,问郑国商人说:"想买璞吗?"郑国商人以为周国人说的"璞"是玉石,立即说:"想买!"

周国人掏出怀揣的新鲜老鼠肉,递给郑国商人说:"给你!"郑国商人不想买老鼠肉,但已经承诺要买周国人的"璞",又单方撕毁协议,只好向周国人道歉说:"对不起,我只想买玉石的'璞',不想买老鼠肉的'璞'。"

他们双方对于什么是"璞"的定义和看法不同,最后卖方拿出来的东西和买方所想的不同,所以买方就失诺了。这是对语词概念理解不一致造成的误会。《战国策·秦策三》说,郑国人误会的原因,是"眩于名,不知其实",即受名称字面迷惑,不知名所指的对象。

周、郑两国,相距百里,方言有别,郑国人指"璞"

为玉石，周国人指"璞"为老鼠肉。一词多义的现象，司空见惯。语言交际中的有效沟通，应明确对话各方言词的所指，保持概念的确定性，避免含混不清，以促进成功有效的交际。

后来"鼠璞"变为有特定含义的专门词语。用例统计，《四库全书》67次，《四部丛刊》5次。宋代戴埴以该词为书名。《四库全书总目》卷一百一十八说"《鼠璞》二卷"，"是书皆考证经史疑义，及名物典故之异同，持论多为精审"，"率皆确实有据，足裨后学。其曰《鼠璞》者，盖取周人、宋（郑）人同名异物之义"。

《四库全书简明目录》卷十三说："《鼠璞》一卷，宋戴埴撰。《文献通考》列之小说家。然其辨正经传，考订名物训诂，颇有可采，实非小说家言。曰《鼠璞》者，取《战国策》以鼠为璞之意也。"

针对"以鼠为璞"之类的误会，为解决语言交际中概念混淆的问题，《墨经》提出"通意后对"的原则。《墨经》对"通意后对"交际原则的解释，涉及语言的多义性。事物存在和社会生活的复杂多样性，决定语言的复杂多义性。

在对话、辩论中如果不先"通意"，会出现"答非所问"的现象，妨碍成功有效的交流，导致无谓的纷争。当时常见用语言的多义性玩弄诡辩的现象，《墨经》提出

"通意后对"的原则,予以矫正。《墨经》提出的"通意后对"原则,是同一律在语言交际中的应用,是"谓而固是"之外的又一次概括。

刘向《别录》载邹衍(约前305—约前240)说:"辩者别殊类使不相害,序异端使不相乱,抒意通指,明其所谓,使人与知焉,不务相迷也。"诡辩家"引人声使不得及其意"的诡辩现象,有害"大道",是"缴言纷争"的根源。邹衍这一番话,从思维规律的角度揭示辩论的实质,是针对公孙龙"白马非马"的诡辩而发,也有一般反诡辩的意义。

三十三、矛盾规律

《墨经》以古汉语为元语言工具,对矛盾律做出元理论概括,在对"辩"的定义中,透露对矛盾律的发现。《经上》说:"辩,争彼也。"《经说上》举例解释说:"或谓之牛,谓之非牛,是争彼也,是不俱当,不俱当,必或不当。"

即"辩"(辩论)就是"争彼"。"彼"本是指示代词,意即"那""那个",跟"此""是"(这、这个)相对。这里借用来作为逻辑变项,指代任一事物、词项或命题。把"彼"当作一个空壳、空位使用,相当于英文字母x,可以代入(装进去)任一事物、词项或命题。可做两种解释。

第一种解释,是"一元谓词逻辑"的解释。《经上》说"辩"(辩论)是"争彼",是争论一对矛盾命题的是非。《经说上》举例,可翻译为:对任一个体 x 而言,有人说"x 是牛",有人说"x 不是牛"(x 非牛),这就是"争彼",即争论一对矛盾命题的是非。

"或"指"有人"。"之"是代词,意为此、彼、其、他、它等。"之"为《墨经》常用的另一个逻辑变项符号,与"彼、此、是、其、夫、然、有"等充当逻辑变项的作用同样,可指代任一事物、词项或命题。"之牛"意为"x 是牛","之非牛"意为"x 不是牛"(x 非牛)。

如果一个人既肯定"x 是牛",又肯定"x 不是牛",怎么样呢?《经说上》下定义说:"是争彼也,是不俱当,不俱当,必或不当。"即争论一对矛盾命题的是非,矛盾命题不能同真,必有一假,即《墨经》说的"不俱当,必或不当",是关于矛盾律的规定。

矛盾律的表达,可有许多种。第一种,《墨经》的说法是"不俱当,必或不当",即矛盾命题不能同真,必有一假。这是自然语言的表达。第二种是对任一个体 x 而言,不能同时既断定"x 是牛",又断定"x 不是牛"。这是一元谓词逻辑的表达。

第三种,令"x 是牛"为命题"P","x 不是牛"为命题

"¬P"（读为"非P"），可把矛盾律表示为："¬（P∧¬P）。"读为：并非"P并且非P"。这是命题逻辑的表达。

这是《墨经》用元语言的语法概念和语义概念，对矛盾律的理论概括。语法概念：否定词"不"，全称量词"俱"，特称量词"或"，模态词、必然推出关系"必"。语义概念："当""不当"，相当于真假。矛盾命题"不俱当"的符号表示：¬（P∧¬P）。读作：并非"P"和"非P"同真。

这是用全人类共同的逻辑工具和现代科学语言，对《墨经》矛盾律进行第二层次的元理论分析和元语言表述。墨家对矛盾律做出的理论概括，指出像"这个动物是牛"和"这个动物不是牛"两个矛盾命题的真假值规律，是"不俱当，必或不当"，即不能同真，必有一假。

《墨经》用"这个动物是牛"和"这个动物不是牛"两个命题"不俱当，必或不当"的方式表示矛盾律，跟亚里士多德逻辑本质一致。亚氏认为，矛盾律是"一切原理中最确实的原理"，"一切原理中最无可争议的原理"，是"不证自明"的"真理"。

亚氏表述矛盾律："对立的陈述不能同时为真"，或"相反论断不能同时为真"。[①]《墨经》举例"这个动物是牛"

---

① 参见苗力田主编：《亚里士多德全集》第7卷，中国人民大学出版社1993年版，第106、251页。

和"这个动物不是牛",就是亚里士多德说的"对立的陈述"和"相反论断"。《墨经》概括矛盾命题的真价值规律是"不俱当",就是亚里士多德说的"不能同时为真"。

不同的是,《墨经》通过实例分析,把矛盾律理解为两个矛盾命题、判断或语句的关系。亚氏除了有时理解为两个"互相矛盾陈述"或"互相反对的陈述"的关系,即思维、认识、表达的规律之外,在更多场合,则主要是或首先是把矛盾律理解为事物的规律,即本体论、存在论规律。① 这容易导致把逻辑规律与世界观的规律混为一谈。《墨经》的表达,不会出现这种误解。见表25:

表 25　矛盾律

《墨经》矛盾律公式	不俱当,必或不当
自然语言解释	矛盾命题不能同真,必有一假
亚里士多德表述	对立的陈述不能同时为真
谓词逻辑解释	并非"x 是牛"和"x 不是牛"同真
命题逻辑解释	¬(P∧¬P)(读为:并非"P 并且非 P"同真)
实例	并非"这个动物是牛"和"这个动物不是牛"同真
逻辑错误	自相矛盾

---

① 亚里士多德说:"既然矛盾的陈述不能同时对同一事物为真,显然对立物不能同时依存于同一事物。"

矛盾命题"x是牛"和"x不是牛"（="x是非牛"）的谓项"牛"和"非牛"，是其邻近属概念"动物"下属的一对矛盾概念，它们内涵不同，外延互相排斥，一动物x"是牛"，就不能又"是非牛"，"是非牛"，就不能又"是牛"。矛盾命题"x是牛"和"x是非牛"（="x不是牛"）的真值规律，必然是不能同真。

矛盾律也适用于反对命题，反对命题的真值规律也是不能同真，同时肯定一对反对命题，也违反矛盾律。《经说下》第136条说："或谓之牛，其或谓之马也，俱无胜。"反对命题"x是牛"和"x是马"的谓项"牛"和"马"，是其邻近属概念"动物"下属的一对反对概念，它们内涵不同，外延互相排斥，一动物x"是牛"，就不能同时又"是马"；"是马"，就不能同时又"是牛"。反对命题"x是牛"和"x是马"的真值规律，必然是不能同真。

不同的是，矛盾命题是必有一假，反对命题是至少有一假，也可以同假。"俱无胜"指可以同假，如事实上动物x是狗，则说"x是牛"和"x是马"同假。矛盾律也适用于反对命题的另外一个理由，是从反对命题中也可引申出矛盾命题，如说"x是马"，等于说"x不是牛"，跟"x是牛"构成矛盾。说"x是牛"等于说"x不是马"，跟"x是马"构成矛盾。见表26：

表 26　自相矛盾　　　　　　　单位：次

术语	《四库全书》出现次数	《四部丛刊》出现次数	合计
自相矛盾	597	59	656
矛盾	2136	259	2395
合计	2733	318	3051

《四库全书》《四部丛刊》范围以外，从现实语言统计，用例数据更多，以加速度增长。"自相矛盾"和"矛盾"在语言应用中，实际上起着逻辑矛盾律对思维表达的规范作用。中国哲人有用典型案例代表一般观点的方法论特色。"自相矛盾"是具体典型事例，代表的是一般性概括，发挥规律和公式的作用。

三十四、或是或非

"或是或非"，展开说，即"或谓之是，或谓之非"，是《墨经》对排中律的概括。用现在的话解释，即对任一个体 x 而言，或者说"x 是 y"，或者说"x 非 y"（等于说"x 不是 y"）。如果既肯定"x 是 y"又肯定"x 非 y"，这是"自相矛盾"，是违反矛盾律。如果既否定"x 是 y"，又否定"x 非 y"，这是"矛盾两不可"，是违反排中律。

下面解释"或谓之是，或谓之非"这句话在《墨经》中出现的整个语境，即上下文。《经下》第 136 条说："谓辩无胜，必不当，说在辩。"《经说下》举例解释说："所谓非同也，则异也。同则或谓之狗，其或谓之犬也。异则或谓之牛，其或谓之马也。俱无胜。是不辩也。辩也者，或谓之是，或谓之非，当者胜也。"

即辩论必须是双方针对同一主项 x，一方说 x 是 y，另一方说 x 不是 y，其中正确的一方是胜利的一方，不正确的一方是失败的一方。如果争论的论题都不成立，"俱无胜"，这不叫辩论。

如甲说"x 是牛"，乙说"x 是马"，这是关于同一主项的反对命题之争。"牛"和"马"是同一概念"动物"下属的一对反对概念，二者没有穷尽"动物"概念的全部外延，在反对概念"牛"和"马"之外，还有其他许多中间的可能，如羊、狗等。

《经上》第 75 条说："辩，争彼也。"《经说上》举例解释说："或谓之牛，或谓之非牛，是争彼也。是不俱当。不俱当，必或不当。"即辩论的一方说"x 是牛"，另一方说"x 非牛"，这种争论是关于同一对象"一是一非"的矛盾命题之争，这才是辩论。

《墨经》指出，矛盾命题的真值规律，分为两个方面。第一，矛盾命题不能同真，必有一假，即《墨经》说"不俱当，必或不当"，这是关于矛盾律的规定。第二，矛盾命题不能同假，必有一真，即《墨经》说"谓辩无胜，必不当","俱无胜，是不辩也。辩也者，或谓之是，或谓之非，当者胜也"，这是关于排中律的规定。矛盾律、排中律，一正一反，对立互补，一体两面，互相推导。

排中律的表达，可有许多种。第一种，《墨经》的说法是"或是或非"，展开说，即"或谓之是，或谓之非"。第二种，是我刚才的解释，即对任一个体 x 而言，或者说"x 是 y"，或者说"x 非 y"。这是一元谓词逻辑的解释。

第三种，令"x 是 y"为命题"P"，"x 不是 y"为命题"¬P"（读为"非 P"），则把排中律表示为：$P \vee \neg P$。读为：P 或非 P。这是命题逻辑的解释。第四种，矛盾命题不能同假，必有一真，这是自然语言的解释。见表27：

表27 排中律

《墨经》排中律公式	或是或非
自然语言解释	矛盾命题不能同假，必有一真
谓词逻辑解释	x 是 y，或 x 不是 y
命题逻辑解释	$P \vee \neg P$（读为：P 或非 P）
实例	这个动物是牛，或不是牛
逻辑错误	矛盾两不可

三十五、排中说明

排中律的规定，是"矛盾命题不能同假，必有一真"。如这是桌子，这不是桌子，这是一对矛盾命题，不能同假，必有一真。这叫二值逻辑。二值逻辑只有真假两种可能性。或者这是桌子，或者这不是桌子，只有这两个选项，没有别的选项，不存在第三个选项，穷尽一个论域内的全部真理（真值）。如果有第三个选项，"真"的范围就扩大了。

讨论问题，应该有一个确定的论域，即讨论的范围。我们来讨论"动物"的论域。在山上看到远处来了一个"动物"。一个人说是"牛"，则其真值就在"牛"的范围里。一个人说"不是牛"，等值于"非牛"，则其真值就在"非牛"的范围里。

可以把"动物"概念看作一个整个的圆，包括"牛"和"非牛"（不是牛）两部分，这是对上位概念"动物"论域的二分法，分为"牛"和"非牛"，全部可能性、真理、真值都穷尽。"牛"和"非牛"的外延之和，等于其论域"动物"。

"牛"和"非牛"不相容。就一个动物个体而言，要么是"牛"，要么不是牛（等值于"非牛"），必然在论域"动物"范围内，这个论域把所有的"真"都列举穷尽，除了"牛"和"非牛"，没有第三种可能性。排中律的"排中"，指排除第三种可能。或者是"牛"是真的，或者不是牛（"非牛"）是真的。

"真"，就是一种断定，或叫"真值"，是从数学上借用的概念。"值"就在"牛"和"非牛"这两个当中。是"牛"真，是"非牛"就假。是"非牛"真，是"牛"就假。真只存在于这两种可能性中，这就是"排中"。公式为：$P \vee \neg P$。读作：P 或非 P。

违反排中规律的逻辑错误叫"矛盾两不可"，即在两个矛盾命题中都不断定，意思就是从唐朝宰相苏味道故事衍生的成语"模棱两可"。"模棱两可"表面上两个矛盾命题都同时断定，实际意思是两个都不断定。

《墨经》解释排中律，批判庄子的"辩无胜"，即"辩论无胜负可言"。在矛盾命题中都不表态，违反排中律。对于这个动物是牛和这个动物不是牛，认为二者都不对，就是"辩无胜"。即认为争论辩论中，两种矛盾见解都没有真理、真值可言。

《墨经》说，认为两个矛盾命题争论"俱无胜"，"必不当"，指矛盾命题的争论没有胜利，没有真理可言，必然不恰当。"说在辩"，即论证的理由在于，要清楚"辩论"本身，辩论的本质是什么。辩论的本质，是辩论矛盾命题哪个为真。不能两个都真。如果两个都为真，是自相矛盾，违反矛盾律。也不能两个都不真。认为两个都不真，回避矛盾命题的明确断定，违反排中律。

《墨经》批评"辩无胜"，是批判违反排中律的见解。"辩也者，或谓之是，或谓之非，当者胜也"，是说辩论的结果，必然在矛盾命题当中，要么是，要么非，只有是非两种可能。以一个动物的个体来说，要么是"牛"，要么不是牛（"非牛"），没有第三种可能。

排中律，是排除对同一个主项"肯定"和"否定"之外的中间可能。辩论动物个体 x 的两个命题：x 是牛，x 不是牛。x 是辩论的主体、主项，对它做出两个矛盾的断定，为"是"或者"非"（不是）。

断定的谓项就是"牛"和"非牛"。只有这两种可能性，穷尽了全部可能，没有第三种可能，这就是二值逻辑。二值就是真假两种可能。二值逻辑划定了真理存在的范围，真命题就存在于矛盾命题当中，这是对排中律的另一个解释。

就简单直言命题而言，排中律的"排中"，即排除对同一主项肯定和否定之外的任何中间可能。亚里士多德说：在两个互相矛盾的谓项之间，没有第三者，我们必须或者肯定或者否定某个主项有某个谓项。[①] 如"或谓之牛，

---

① 参见苗力田主编：《亚里士多德全集》第 7 卷，中国人民大学出版社 1993 年版，第 106 页。

或谓之非牛",关于同一主项的矛盾命题,不能同时都否定,必须肯定其中之一。

排中律不适用于反对命题,因为反对命题可以同假,允许对二者都否定,不肯定其中之一。排中律只适用于矛盾命题,因为矛盾命题不能同时都否定,必须肯定其中之一。排中律从要求思维的明确性方面,保证思维的确定性。

对矛盾命题 P 和非 P,不能同时都否定,必须肯定其中之一。在只有真和假的二值逻辑系统中,排中律无条件成立。排中律的作用,是保证在二值逻辑系统中,划定真命题所存在的范围。

就简单直言命题而言,真命题存在于对同一主项"肯定"和"否定"同一谓项的矛盾命题中。根据排中律,对同一主项"肯定"和"否定"同一谓项的两个矛盾命题,不能同假,必有一真。不能二者都否定,必须肯定其中之一。排中律划定真命题存在的范围,就在矛盾命题中。

如前所述,违反排中律的逻辑错误,是"矛盾两不可",即认为命题 P"不可",矛盾命题非 P"亦不可"。对矛盾命题 P 和非 P 都否定,而不肯定其中之一。其形式是:¬P ∧ ¬¬P。读为:非 P,并且非非 P。

如《墨经》中有一段辩论说:"'牛马非牛也'未可,'牛马牛也'未可。(以上为引辩论对方语)则或可或不可。

而曰'牛马非牛也'未可,'牛马牛也'未可亦不可。"①这是墨家否定违反排中律的逻辑错误"矛盾两不可"。

墨家认为,"牛马"是一集合概念,集合不等于元素,所以"牛马非牛"的命题是正确的。"牛马牛也"的命题,把集合与元素等同,是不正确的。而对方对"牛马非牛也"和"牛马牛也"一对矛盾命题,都说"未可",都否定,不肯定其中之一,违反排中律,犯"矛盾命题模棱两不可"的逻辑错误。

同一律保证思维的确定性。x"是牛",就"是牛",是确定性。矛盾律保证思维的一贯性。一会儿说"x是牛",一会儿又说"x不是牛",思维没有保持一贯性,自相矛盾。排中律保证思维的明确性。要么"x是牛",要么"x不是牛",其中必有一个是真的,这就是明确性。明确确定"真"存在于矛盾命题里的一个,矛盾命题里的一个必然为"真"。不能两个都是假的,要明确断定矛盾命题中一个是真的。

同一律保证思维确定性,是从正面说。矛盾律保证思维一贯性,是从反面说。而排中律与矛盾律,也为一正一

---

① 原文辗转抄写脱漏,据上下文义,即语境决定、约束准确语义的原理,增补"'牛马非牛也'未可"。校勘据孙中原撰《墨子今注今译》《墨经》部分,以及孙中原著《墨经趣谈》。全书仿此。

反。矛盾律从正面说，肯定牛和非牛是"自相矛盾"。排中律从反面说，否定牛和非牛是"矛盾两不可"。从正面肯定两个矛盾命题，违反矛盾律，是自相矛盾；从反面否定两个矛盾命题，就是对矛盾命题里的两方都反对，违反排中律，是不明确断定矛盾命题的一个。

《明史》卷二百三十五说："今言者不论是非，被言者不论邪正，模棱两可。"明高攀龙《高子遗书》卷十一说："是曰是，非曰非，不为模棱也。"即说话要论是非，如果不论是非，不论邪正，就是模棱两可，就是违反排中律。是就是是，非就是非，在是与非当中，不能模棱两可，这也是在说排中律。

就一动物个体 x 来说，"是牛"就"是牛"，"非牛"就"非牛"，这是同一律。而"模棱"（模棱两可），是对"是非"二者都否定，就一动物个体 x 来说，说"是牛"否定，说"非牛"也否定，就是"矛盾两不可"，违反排中律的规定。

同一律、矛盾律和排中律三者是一致的，是同一件事情的不同方面，是在同一事件中以不同的角度来看。在"牛"与"非牛"这对矛盾命题中，同一律是说，牛就是牛。矛盾律是说，牛是牛，就不能又是"非牛"，不能两个都肯定。排中律是说，或者是牛，或者不是牛，只有这两种可能性，不能两个都否定，必须断定一个。

三十六、充足理由

《大取》说:"语经:语经也,三物必具,然后足以生。夫辞以故生,以理长,以类行者也。立辞而不明于其所生,妄也。今人非道无所行,虽有强股肱,而不明于道,其困也,可立而待也。夫辞以类行者也。立辞而不明于其类,则必困矣。"

"语经",即思维表达的基本规律。孙诒让说:"语经者,言语之常经也。"即语经是语言表达的恒常规律。"辞以故生,以理长,以类行",三者必备,结论、论题才能必然推出,这相当于西方传统逻辑的充足理由律,是推论的基本规律。

1. 辞以故生。"辞以故生",即一个结论或论题(辞),凭借充足理由而产生。建立一个结论或论题,如果不明确充分理由,叫作虚妄。

作为充分条件的"故",具有必然推出一个结论或论题的性质。《经说上》第78条说:"湿,故也,必待所为之成也。"如说:"因为天下雨了,所以地湿了。""天下雨"的原因和条件,可以必然推出"地湿"的结果。

作为充分必要条件的"故"(兼因),具有"有之必然,无之必不然"的必然性。如说:"由于不具备见物的各种条件,所以不能见物。"而作为必要条件的"故"(体因），就"无之必不然"，或"非彼必不有"说，也具有必然性。如"只有对象在眼前，才能看见它"，可以改说为："因为对象没有在眼前，所以我不能看见它。"这是把必要条件的表达式，改写为充分条件的表达式，其必然性很显然。

分析事物的条件和因果关系，列出一个结论或论题之所以成立的充足理由，是推理论证的任务。如果能做到这一点，一个结论或论题的成立，就具有必然性，毋庸置疑。所以《经说上》第84条说，"非彼必不有"，"必也者可勿疑"。

《经说上》第98条说："取此择彼，问故观宜。"这是指给一个结论或论题提供充足理由。提供充分的理由，使之能够推出一个结论或论题，则推论成立。提供的理由，不能必然推出一个结论或论题，则推论不成立。

如说："因为有人不是黑的，所以，并非所有人是黑的。"这个推论成立。因为"有人不是黑的"，是一个符合事实的特称否定命题（O命题）。根据命题对当关系的规律，O命题与A命题（全称肯定命题）是矛盾关系，O命题真，则A命题假。"有人不是黑的"真，则"所有人是黑的"假。

又如说："因为听到战斗的消息，所以我的儿子一定死。"这个推论不成立。因为从"发生战斗"的前提，不能必然推出"所有参加战斗者都死"的结论。所以《经下》说这是"无说而惧，说在弗必"，即没有经过充分论证而恐惧，是没有道理的，论证的理由在于，其结论没有必然性。

2. 辞以理长。"辞以理长"，即结论得出过程顺理成章，推理形式正确。推论过程不顺理成章，会犯"推不出"的逻辑错误。形式有效，即推论形式正确，推论过程符合已经证明为真的形式、法式、方法、方式。

《大取》用"道"（人走的路）来比喻"理"，说："今人非道无所行，虽有强股肱，而不明于道，其困也，可立而待也。"即人走路，不知道在哪里，途经哪里可以达到目的地，那么即使腿脚强劲，也无济于事，要立刻遭到困难。今人以"道理"连用，表示条理、规律之意。

《墨经》中，道理、方法、法则、效法等词，可以互相解释。《大取》以"故、理、类"三范畴相提并论，《小取》以"故、方、类"三概念相提并论，说明"理"（道理）与"方"（方法）可以互相替换。《经上》第71条说："法，所若而然也。"

法则是遵循着它，就可以得到一个预期结果的东西。如用"圆，一中同长也"的法则，用"规写交"（用圆规画闭曲线）的方式，可以画出标准的圆形。《小取》说："效者，为之法也。所效者，所以为之法也。故中效则是也，不中效则非也。此效也。"

"效"就是提供标准的法式、形式、方法、方式，以作为效法、模仿的对象。这种效法、模仿，即通常所谓"套公式"。在数学计算和逻辑推演中，"套公式"是正常的、基本的操作。正确"套公式"，就是进行正确的演绎推理。

《经说下》第168条所说"彼止于彼""此止于此"和"彼此止于彼此"，就是一组公式，它们表示任意的元素概念和集合概念的同一律。套用这组公式于具体场合，如"牛""马"和"牛马"，就得到"牛止于牛""马止于马""牛马止于牛马"（即牛是牛，马是马，牛马是牛马）的正确结果。把这个"套公式"的过程，用推理形式表达出来，即：

元素概念和集合概念都是分别等于自身的。
牛、马和牛马是元素概念和集合概念。
所以，牛、马和牛马都是分别等于自身的。

这一推论符合《经说下》第101条所说的"以此其然也，说是其然也"，即从一般前提演绎出个别结论，相当于"所有M是P，所有S是M，所以，所有S是P"的推理形式。所以符合《大取》说的"辞以理长"，符合

《小取》说的"中效",即形式有效。

如果据以套用的公式本身有错误,那么所得的结果就是可疑的。这时"套公式"的过程,即演绎推理的形式,就是非有效(不中效)的。如《大取》说:"知是室之有盗也,不尽恶是室也。知其一人之盗,不尽(恶)是二人。虽其一人之盗,苟不知其所在,尽恶其非也。"

以"这个房子里的人"为论域,做以下推理:"有人是可憎恶的强盗,所以,所有人是可憎恶的强盗。"这显然是非有效的。因为可以说"体,分于兼也",不能倒过来说"兼,分于体也",即可以说"部分从整体分出",不能倒过来说"整体从部分分出"。

《经下》第157条说:"荆之大,其沈浅也,说在有。"《经说下》解释说:"沈,荆之有也。则沈浅非荆浅也。若易五之一。"相比较而言,楚国大,为楚国所领有的沈县小。若从"沈县小"的前提,推出"楚国小"的结论,是非有效的。因为其所遵循的道理、方法、法式,是从对部分的断定,推出对全体的断定,所以是不能成立的。这就像用一元钱,去交换五元钱一样,是荒谬、悖理的。

《大取》谈到"强"(牵强论证,强词夺理)的逻辑错误。如公孙龙子说,见物需要依靠眼睛和光线,而光线并不是见物的器官,所以眼睛也不是见物的器官,于是由此推出"目不见"的论题。这是推不出来而强推,不合乎

"辞以理长"的推论原则,即不合乎充足理由律,推论形式非有效。

3. 辞以类行。"辞以类行",即结论得出过程符合事物类别关系。推论过程不符合事物类别关系,也会犯"推不出"的逻辑错误。类是由事物性质所决定的同和异的界限与范围。《经说上》第 87 条说:"有以同,类同也。"第 88 条说:"不有同,不类也。"

墨家所谓"辞以类行",即指同类才能相推的规则。墨家认为建立结论或论题,如果混淆事物类别,会立即遭到困难("立辞而不明于其类,则必困矣")。《小取》提出"以类取,以类予",即寻找例证进行证明、反驳,要符合事物同异的类别。

据《非攻上》《天志下》和《鲁问》载,墨子用盗窃行为的不义类比大国掠夺小国行为的不义,因为这两种行为同类,有共同点,都是不劳而获(不以其劳获其实,以非其所有而取),应该受到谴责。

当时的好攻伐之君,用"昔者禹征有苗,汤伐桀,武王伐纣,此皆立为圣王"的事例,为自己的攻伐掠夺行为辩护,墨子认为这是混淆事物类别,不符合同类相推的规则,所以批评对方说:"子未察吾言之类,未明其故也,彼非所谓攻,谓诛(诛讨)也。"

关于譬式推论,墨家认为用来类比的他物,必须跟被比的此物有较大程度的相似性，否则为不伦不类。如《兼爱下》记载，当时"天下之士君子"批评墨子说："您的兼爱论好是好，就是实行不了。实行兼爱，就像挈泰山越河济一样难。"

墨子反驳说："是非其譬也。夫挈泰山而越河济，可谓毕强有力矣，自古及今未有能之者也。况乎兼相爱、交相利，则与此异，古者圣王行之。"即指出对方譬喻不当，违反同类相推的规律。

墨家规定"异类不比"的原则。《经下》第107条说："异类不比，说在量。"《经说下》解释说："木与夜孰长？智与粟孰多？爵、亲、行、价四者孰贵？"如果把本质不同的事物，硬要根据某种表面的相似而进行类比，就像提出这样的问题：木头和夜间哪一个更长？智慧和粮食哪一个更多？爵位、亲属、德行、价格哪一个更贵？这些问题显然是荒谬的。

《小取》论譬、侔、援、推的谬误说："夫物有以同，而不率遂同。辞之侔也，有所至而正。其然也，有所以然也。其然也同，其所以然不必同。其取之也，有所以取之。其取之也同，其所以取之不必同。是故譬、侔、援、推之辞，行而异，转而诡，远而失，流而离本，则不可不审也，不可常用也。故言多方、殊类、异故，则不可偏观也。"

即事物有相同之处，并不因此就完全相同。词句的类似比较（侔），在一定范围内是正确的。事物的现象或结果，有其所以形成的原因。其现象或结果相同，其所以形成的原因不一定相同。赞成某一论点，有其所以赞成的理由。双方都赞成某一论点，他们所以赞成的理由不一定相同。

所以，譬、侔、援、推的词句，无类比附会混淆差异，辗转列举会发生诡辩，生拉硬扯会失去本义，牵强推论会离开根据，于是就不能不慎重，也不能到处搬用。所以对言论多方面的道理、特殊的类别和不同的缘故，不能片面观察。

有一次，楚王带随从去云梦泽打猎，丢失名贵的弓，左右的人要替他寻找。楚王说："不要找了，楚人丢了弓，楚人拾到了，还找什么呢？"孔子听到说："楚王仁义的胸怀还不够大，应该说人丢了弓，人拾到了，为什么一定要说楚人呢？"

公孙龙子在跟孔子六世孙孔穿辩论时，从字面上抓住孔子曾说过"楚人异于人"的话作为根据，类比论证自己"白马异于马"的论点，把孔穿驳得无言以对。其实，照《小取》的说法，这正是："其然也同，其所以然不必同。……其取之也同，其所以取之不必同。"

孔子取"楚人异于人"的论点，是说"人"的外延比"楚人"大，应该放眼于"人"，不应该只是胸怀"楚人"。公孙龙子取"白马异于马"的论点，是为了将其偷换为"白马非马"的诡辩论题。而孔子并没有论证"楚人非人"的企图。公孙龙子在"援"和"推"的论式中，违反同类相推的规则，犯了异类相推的逻辑错误。

在"止"式推论中，《墨经》规定了"类以行之"的规则，这是同类相推规则在"止"式推论中的应用。《墨经》主张，在推理中分清类的界限和范围，并且要举出正确的根据来论证类的区别，否则即为"狂举"（胡乱列举）。

《经下》第102条说："推类之难，说在之大小。……物尽、同名。"《经说下》解释说："谓四足，兽与？并鸟与？物尽与？大小也。此然是必然，则俱为麋：同名。"明确类的界限和范围，是保证推论有效性的关键。而类关系的混淆，则导致推论的谬误。

如仅仅根据"四足"的性质或类，还不能立即断定是"兽"。因为两鸟并立，也是"四足"。一说"四足"，就立即说是"兽"，这也是"兽"，那也是"兽"，天下动物都成了"兽"，甚至都成了"麋"（麋鹿，又称四不像，中国特产动物，《墨经》中常以麋为例），或者万事万物都用一个"麋"称呼，"麋"成了"达名"，岂非荒谬？《墨经》用归谬法，说明在推论中掌握类与性质关系的复杂繁难，以及谬误和诡辩产生的根源。

《经下》第167条说："狂举不可以知异，说在有不可。"《经说下》解释说"牛与马虽异，以牛有齿、马有尾，说牛之非马也，不可。是俱有，不偏有，偏无有。曰'牛与马不类'，用牛有角、马无角，以是为类之不同也。若不举牛有角、马无角，以是为类之不同也，是狂举也，犹牛有齿、马有尾。"

《经下》第177条说："仁义之为内外也，悖，说在牾颜。"《经说下》解释说："仁，爱也。义，利也。爱利，此也。所爱所利，彼也。爱、利不相为内外，所爱、所利亦不相为外内。其谓'仁，内也。义，外也。'举爱与所利也，是狂举也。若左目出、右目入。"

在分析事物类的关系时，应该找到事物的特有属性或本质属性，即这一类事物都有（偏有）、别一类事物都没有的性质（偏无有），而不能胡乱地列举足以混淆事物类别的性质。要把牛和马区别开来，说牛是有角类，马是无角类，因为牛确实都有角，而马都无角，这能够表明牛类、马类的不同。以"牛有牙齿"和"马有尾巴"为根据，论证牛与马不同类，是"狂举"（乱举）。因为牙齿和尾巴，是牛和马共有（"俱有"），不是一有一无（"偏有，偏无有"）。

告子立一个论题："仁是主观的，义是客观的。"这是狂举、悖谬。仁、义都既有主观一面，又有客观一面。告子是乱举仁的主观一面和义的客观一面，加以比较，分出

"内外",这是逻辑混乱,犹如说"左眼睛管输出形象,右眼睛管输入形象"一样荒谬。

遵守"辞以故生,以理长,以类行"的推论基本规律,即充足理由律,结论、论题才能必然推出。从"儿子在军队上"和"听到战斗的消息",推不出"儿子必死"。从"室外之物的颜色是白的"和"室内之物的颜色是室外之物的颜色",可必然推出"室内之物的颜色是白的"。

第二节 方法哲学

《墨经》论认知方法的范畴和原理,概括全人类认知客观世界最一般的方法,有最普遍的适用价值。自觉运用这些方法,是获取正确认知的必要手段。

一、同异交得

"同异交得":辩证原理。《经上》说:"同异交得仿有无。"《经说上》解释说:"同异交得。于富家良知,有无也。比度,多少也。蛇蚓旋圆,去就也。鸟折用桐,坚柔也。剑犹甲,死生也。处室子母,长少也。两色交胜,白黑也。中央,旁也。论行、行行、学实,是非也。鸡宿,成未也。兄、弟,俱适也。身处志往,存亡也。霍,为姓故也。价宜,贵贱也。超城,运止也。"

"同异交得",即同一性和差异性互相渗透,同时把握,是辩证法基本原理对立统一规律的别名。为阐发"同异交得"原理的意涵,这里特意列举15个典型事例。一个人有富家,无良知,或无富家,有良知,是"有"和"无"集于同一人之身。一数与不同的数相比,既多且少。蛇、蚯蚓旋转,既去(离开)且就(接近)。鸟筑窝折用的梧桐树枝,既坚且柔。

用剑杀死敌人,同时保存自己生命,剑这种杀伤性武器,有如铠甲一样的防御作用。一个未出嫁女儿的母亲,既长(对于她的女儿来说)且少(对于她的母亲来说)。一物颜色比甲物淡,又比乙物浓,既白且黑。一圆的中心可以是另一圆的周边,既是"中央"又是"旁"。言论与行动、行动与行动、学问与实践,既有是又有非。

母鸡孵雏的某一时刻,幼雏既成又未成。兄弟三人中的老二,说是兄或弟都合适。一人身体处在这里,心志跑往别处去,既存且亡。霍本指鹤,因霍兼做人姓氏,使"霍"字有歧义。买卖双方商议的适宜价格,对卖方来说是够贵,对买方来说是够贱,贵贱集于同一价格。以超越城墙为目标的竞技,既有运动,又有停止,运动和静止两种性质,集于一人。

恩格斯说:"第一次把自然界、社会和思维发展的一般规律以普遍适用的形式表述出来,这始终是具有世界历史意义的勋业。"① "辩证法的规律是从自然界和人类社会的历史发展中抽象出来的。"② 辩证法是自然界、人类社会和思维的最一般规律。

《墨经》把恩格斯概括的辩证法规律，即"对立的相互渗透的规律"，表达为"同异交得"和"两而勿偏"的名言警句。

二、两而勿偏

"两而勿偏"：全面观察。《经说上》说："权者两而勿偏。"《经上》说："见：体、尽。"《经说上》解释说："特者体也，二者尽也。"即区分了部分和整体这两种观察思维境界。《小取》说："言多方、殊类、异故，则不可偏观也。"即言辞有多方面的道理、不同类别的理由，不能片面观察。

列宁说："辩证逻辑则要求我们更进一步。要真正地认识事物，就必须把握、研究它的一切方面、一切联系和'中介'。我们决不会完全地做到这一点，但是，全面性的要求可以使我们防止错误和防止僵化。"③ 两而勿偏全面性，

---

① 恩格斯：《自然辩证法》，人民出版社1971年版，第52页。
② 恩格斯：《自然辩证法》，人民出版社1971年版，第46页。
③ 《列宁选集》第4卷，人民出版社1960年版，第453页。

辩证认知最看重。权衡思考看两面，只看一面谬误生。

三、利害相权

"利害相权"：辩证伦理。《大取》说："断指以存腕。利之中取大，害之中取小也。害之中取小也，非取害也，取利也。其所取者，人之所执也。遇盗人，而断指以免身，利也。其遇盗人，害也。"即在不得已的情况下，宁肯断掉一个指头，也要争取保存手腕。利中取大，害中取小。

"害中取小"，在一定意义上，可说不是"取害"，而是"取利"。所谓"取"，是指人采取。如遇到强盗，被迫断一指，以保全生命。就被迫断一指说是害；就保全生命说是利。

四、敢有不敢

"敢有不敢"：对立统一。《经上》说："勇，志之所以敢也。"《经说上》解释说："以其敢于是也命之，不以其不敢于彼也害之。"勇是意志敢做这事，不因意志不敢做那事，妨害说勇敢。"同异交得"辩证原理一例。

五、能有不能

"能有不能"：对立统一。《经下》说："不能而不害，说在容。"《经说下》解释说:"举重不举针,非力之任也。为握者之奇偶,非智之任也。若耳目。"人有不能,不妨害其有能。举重运动员不善举针绣花,举针绣花不是大力士的专任。数学家善于握筹演算,不善讲演辩论,讲演辩论不是数学智慧的专任。犹如耳管听,不管看,不看不害听。目管看,不管听,不听不害看。

"容",即容貌,指耳目器官。"奇偶",即讲演辩论。"奇",即独白、讲演。"偶",即对谈、辩论。"任",即职任、功能、作用。能有不能,同异交得,对立统一。任一能人,都只是某些部分能,不可能是全能,世上没有全能,这是杰出的全面性思维,体现辩证的认知方法论。

六、久有不久

"久有不久":对立统一。《经说下》说:"是不是,则是且是焉。今是久于是,而不于是,故是不久。是不久,则是而亦久焉。今是不久于是,而久于是,故是久与是不久同说也。"即现在是"是",将来变成"不是",但就现在来说,这个"是"仍然是"是"。

现在这个"是",维持其为"是",已经很久,于是不再是"是",而变成"不是",所以现在这个"是",有其"不久"的一面。虽然如此,但就现在来说,这个"是",仍有其相对长久一面。

现在这个"是",不能长久维持其为"是",又在一定限度内,长久维持这个"是",所以说现在这个"是"是长久的,又说现在这个"是"不是长久的,两种相反说法,同样成立。

"久"与"不久"两种相反性质,统一于同一个"是":"同异交得"、对立统一例。任何事物,都是"久"与"不久"的对立统一。一棵树生长十年,十年后加工为梁,十年是"久",就其变为梁说,是"不久"。《墨经》用古汉语代词作变项符号,把辩证认知方法形式化,表现了高度智慧。"是久与是不久同说"命题,是全面性认知方法的绝妙好例。

七、甘瓜苦蒂

"甘瓜苦蒂":对立统一。《墨子》佚文说:"甘瓜苦蒂,天下物无全美。"《四库全书》收唐马总《意林》卷一、宋陆佃《埤雅》卷十六、宋施宿等《会稽志》卷十八、明徐元太《喻林》卷二十九、清王夫之《诗经稗疏》卷一、清陈大章《诗传名物集览》卷九均引"《墨子》十六卷"语,今存《道藏》本《墨子》此文失落。"甘瓜苦蒂":同异交得,对立统一。

恩格斯说:"一个民族想要站在科学的最高峰,就一刻也不能没有理论思维。"[①] 理论思维是用命题和原理形式，把握事物规律性的思维。理论思维的本质核心，是辩证法和辩证逻辑，以概念辩证本性的研究为前提。墨子"甘瓜苦蒂，天下物无全美"的辩证原理，是正确认识世界美丑是非的指南，中华民族辩证认知的典范。

八、太盛难守

"太盛难守"：物极必反。《亲士》说："今有五锥，此其铦（锋利），铦者必先挫。有五刀，此其错（锋利），错者必先靡，是以甘井近竭，招木近伐，灵龟近灼，神蛇近暴，是故比干之殪其抗也，孟贲之杀其勇也，西施之沉，其美也，吴起之裂，其事也，故彼人者，寡不死其所长，故曰，太盛难守也。"太盛难守：太过兴盛难久守。

这是老子物极必反的辩证哲理和"正言若反"的表达方式。《老子》说："揣而锐之，不可常保。""物壮则老。""多藏必厚亡。""坚强者死之徒。""兵强则灭，木强则折。"《庄子·天下》说，老子"以柔弱谦下为表"，"曰坚则毁矣，锐则挫矣"。

元吴海《闻过斋集·读墨》说："锥刀井木之喻，死

---

① 恩格斯：《自然辩证法》，《马克思恩格斯选集》第3卷，人民出版社1972年版，第467页。

其所长，大盛难守，则老氏之意。"墨道学理，渗透互通，多元交融，是文化发展的必然趋势。

九、取下求上

"取下求上"：辩证智谋。《经说下》说："取下以求上也，说在泽。"《经说下》解释说："高下以善、不善为度，不若山泽。处下善于处上：下所谓上也。"用采取居下位的手段，来求取居上位的目的，论证理由在于以水泽比方。在社会生活中，上下以善不善为标准来度量，不像山泽，以空间高低为标准来度量。说"处下位善于处上位"，是把某种意义上的下说成上。

《墨经》发挥老子辩证认知的原理。《老子》说："江海所以能为百谷王者，以其善下之，故能为百谷王，是以欲上民必以言下之，欲先民必以身后之。""上善若水。""道之在天下，犹川谷之于江海。""上德若谷。"诗以咏之："取下求上"老子意，墨学道学有交集。"上德若谷"老子意，"正言若反"表真理。

英国著名科学史家李约瑟评论说："完全信赖人类理性的墨家，明确地奠定了在亚洲可以成为自然科学的重要基本概念。""更重要的是这样一个广泛的事实，即他们（墨家）勾画出了堪称之为科学方法的一套完整理论。""（墨家）做出重大努力，来建立一种科学逻辑。""后期墨家更多是一种科学逻辑、科学和军事技术。"在"墨经中的科学思想"一节,李约瑟说:"后期墨家在努力建立一种可作为实验科学基础的思想体系。"[①]胡适评论说:《墨经》作者"是以同异原则为基础的一种高度发展的和科学的方法的创始人"[②]。

第三节 认知哲学

用 E 考据,即电子数字化考据方法,统计《墨子》中"知"字使用共 357 次,其中表示意涵"知识,认知,知道,认识"的"知"字出现共 345 次。兹列举《墨经》中与人类认知现象有关的论述,说明《墨经》中涉及认知学说的范畴和原理,有无与伦比的独特创见,有极其珍贵的启示借鉴价值,值得继承,发扬光大。

《墨经》系统论述认知学说的范畴和原理。范畴浓缩命题、原理和论证的意涵,命题、原理和论证展开范畴的意涵。《墨经》论认知学说的范畴和原理,浓缩认知能力、来源、活动、过程、阶段、性质、种类和标准的知识内涵,常称为知识论、认识论、认知理论、认知学说。这部

[①] 李约瑟:《中国科学技术史》第二卷《科学思想史》,第 165—201 页。
[②] 胡适:《先秦名学史》,学林出版社 1983 年版,第 57 页。

分知识，是墨家科学思维发展到高级阶段的标志。

《墨经》明确论述感性和理性两种认知，特别重视"为知"，即自觉实践的知识，这是极其新颖和超越时代的认知科学真理。《墨经》论认知学说的范畴和原理，自成系统，是对人类认知规律最早的理论概括，极富创见。

一、认知能力

"知，材"：认知能力。《经上》说："知，材也。"《经说上》解释说："知也者，所以知也，而不必知。若明。"认知能力是人天生具有的本能。人凭借认知能力认知事物。仅有认知能力，未必能求得知识。如人眼睛明亮，视力健全，未必能看见。这一点意味着认知潜能存在于人身体之中，求知本是人的天性。

马克思形容人类与生俱来的认知器官，是尚未运作和发挥作用的人类"自身的自然中沉睡着的潜力"[1]。亚里士多德《形而上学》开宗明义说："求知是人类的天性。我们乐于使用我们的感觉，就是一个说明。即使并无实用，人们总爱好感觉。而在诸感觉中，尤重视觉。无论我们将有所作为，或竟是无所作为，较之其他感觉，我们都特爱观看。理由是：能使我们认知事物，并显明事物之间许多

---

[1] 《马克思恩格斯全集》第23卷，人民出版社1972年版，第202页。

差别。此于五官之中，以得于视觉者为多。"[1] 赫拉克利特说："眼睛是比耳朵更可靠的见证。"[2] 柏拉图说："在所有感觉器官中，眼睛最像太阳。"[3]

古希腊哲人所论，与《墨经》论认知能力范畴的定义内涵契合。《墨经》论认知学说的诸范畴，都以"用眼睛视物"为例。《墨经》对人类认知活动的理论概括和语言表达，与西哲诸大师的议论相比，奇妙相合，异曲同工。

二、感性认知

"知，接"：感性认知。《经上》说："知，接也。"感性认知，是认知主体接触外界事物所获得的知识。"接"是《墨经》感性认知范畴定义中的关键词，种差、本质属性、特有属性。认知主体不接触外界事物，就不能获得感性认知。

---

[1] 亚里士多德：《形而上学》，吴寿彭译，商务印书馆1959年版，第1页。

[2] 北京大学哲学系外国哲学史教研室编译：《古希腊罗马哲学》，商务印书馆1982年版，第28页；汪子嵩等：《希腊哲学史》第一卷，人民出版社1997年版，第489页。

[3] 苗力田主编：《古希腊哲学》，中国人民大学出版社1989年版，第314页。

《经说上》解释说:"知也者,以其知过物,而能貌之。若见。"感性认知,是认知主体用认知能力接触外界事物,与外界事物相过从、打交道,从而能描摹外物形貌。如眼睛接触外物,看见外物形貌。《墨经》对感性认知范畴的定义和解释,与现今哲学教科书的内容,奇妙相似。可见古今认知哲理相通,《墨经》的理论总结和语言表达,难能可贵。

三、理性认知

"恕,明":理性认知。《经上》说:"恕,明也。"理性认知,把握本质,清楚明白。"明"是《墨经》对人类认知活动范畴定义中的关键词,种差、本质属性、特有属性。《经说上》解释说:"恕也者,以其知论物,而其知之也著。若明。"理性认知,用认知器官,分析整理事物,认知深切著明。如用心观察,看清事物。《经说上》解释用词中的"明",指看明白。

"恕",是《墨经》自创字,结构是"知"下加"心",表示用心思维,清楚认知事物的本质和规律,形成理性认知。"恕",通"知",特指理性认知,清楚明白,知道认识,又叫"明知",即明白知道;"论物"之知,即经分析整理的系统知识。"论",通"伦",意为有伦理,分析整理,使认知有条理。"著":显著,深切著明，透彻明白。理性认知，是比感性认知阶段更为高阶的认知，是人类认知活动所追求的目标。

四、思虑探求

"虑，求"：思虑活动。《经上》说："虑，求也。"《经说上》说："虑也者，以其知有求也，而不必得之。若睨。"思虑是求知的活动和状态。用认识能力求知，未必获得知识。犹如人用眼睛斜视，不一定能看见。"求"是《墨经》对人类思维活动范畴定义中的关键词，种差、本质属性、特有属性。

"求"，即追求、谋求、寻求、索求、探求。求，要用力气，要充分发挥人的主观能动性。《玉篇》说："求，索也。"《孟子·告子上》："求则得之，舍则失之。"人类特有的主观能动性，是认知世界和改造世界，其特点是积极探求。

《非命下》说"殚其思虑之知"，即把殚精竭虑，作为人类智力构成的特征。《尚同中》说："使人之心，助己思虑。""助之思虑者众，则其谋度速得。"即把借助众人之心，帮助自己思考，作为提高谋划效能的途径。

五、认知层级

"知：闻、说、亲；名、实、合、为"：认知层级。《经上》说:"知:闻、说、亲;名、实、合、为。"《经说上》解释:"传受之,闻也。方不彰,说也。身观焉,亲也;所以谓,名也。所谓,实也。名实耦,合也。志行,为也。"知识种类:闻知、说知、亲知。知识形态:名知、实知、合知、为知。

传授得来的知识是闻知,通过耳闻而得知。推论得来的知识是说知,通过间接推论而得知。观察得来的知识是亲知,是亲眼所见。称谓手段是名知,名知就是概念知识。对象知识是实知,指认实体即实知。理论与实际相结合是合知,合知既知其名又知其实。从自觉实践得来的知识是为知,是改造世界的知识。

"为知",是有意识的自觉实践的知识,是认知的最高层级。列宁《哲学笔记》说:"卓越的地方是:黑格尔通过人的实践的、合目的性的活动,接近于作为概念和客体的一致的'观念',接近于作为真理的观念。极其接近于下述这点:人以自己的实践证明自己的观念、概念、知识、科学的客观正确性。"[①]"认识过程,其中包括人的实践和技术","人从主观的观念,经过'实践'(和技术),走向客观真理"。[②]

[①] 列宁:《哲学笔记》,人民出版社1956年版,第203—204页。
[②] 列宁:《哲学笔记》,人民出版社1956年版,第215页。

《墨经》有多条解释发挥"为知"（即有意识自觉实践的认知）的思想意蕴，可以毫不夸张地说，真正接近于黑格尔和列宁的相关表述，这乍看似乎令人十分惊奇，但的确又是铁一般的事实。

在全面系统研究的基础上，确乎可以说，《墨经》作者已经攀登到古代哲学的最高峰。在中外其他哲学家，正从地水火风、金木水火土等具体物质思考世界本源时，《墨经》已在十分成熟地定义论证数十百个认知科学范畴。

著名史家杨向奎惊叹道："一部《墨经》，等于整个希腊。"[1]《墨经》富含中华认知学说信息，是中华认知学说永续研发的起点、进阶发挥的基元，是有开端无终点、有预想待完善的中华认知科学化的蓝图。

六、非命尚力

《小取》架构"非命"推论式："且入井，非入井也；止且入井，止入井也。且出门，非出门也；止且出门，止出门也。若若是：且夭，非夭也；寿且夭，寿夭也。有命，非命也；非执有命，非命也。无难矣。此与彼同类，世有彼而不自非也，墨者有此而非之，无他故焉：所谓内胶外

---

[1] 杨向奎：《墨经数理研究》，山东大学出版社1993年版，第25页；又见《墨子大全》第68册，北京图书馆出版社2004年版，第52页。

闭，与心无空乎内，胶而不解也。此乃不是而然者也。"

即"读书"不等于"书"，"好读书"却等于"好书"。"斗鸡"不等于"鸡"，"好斗鸡"却等于"好鸡"。"将要入井"不等于"入井"，阻止"将要入井"却等于阻止"入井"。"将要出门"不等于"出门"，阻止"将要出门"却等于阻止"出门"。如果是这样的话，那么我们这样说就也应该是没有困难的："'将要夭折'不等于'夭折'，阻止'将要夭折'却等于阻止'夭折'（即采取措施使'将要夭折'的人有寿，却是真的把'夭折'的人转变为长寿）。儒家主张'有命'论，不等于真的有'命'这东西存在；墨家'非执有命'，却等于'非命'（即墨家反对儒家坚持有命的论点，却等于实实在在地否定'命'的存在）。"后者和前者是属于同类，世人赞成前者而不自以为不对，墨家的人主张后者却要加以反对，没有其他的原因：这就是所说的"内心胶结，对外封闭，听不进不同意见"，与"心里边没有留下一点空隙，胶结而解不开"的缘故。这是属于类推"不是而然"（前提否定，结论肯定）的情况。墨家为反对儒家命定论、天命论，用否定副词构成以上"不是而然"型式的类推。

《墨经》把人的疾病死亡看作人力可以认识和有所作为的自然现象，把治病、除掉病根作为人类的基本实践活动和可达到预期目的的例子，不承认命定论。某人因受伤而生病,是"物之所以然"。我亲眼看见,是"所以知之"。我亲口告诉你这件事,是"所以使人知之"。男仆臧得不治之症而死,女仆春也染同样疾病,死而埋葬,我不能用手指指着说,却能用语言表达。

墨家认为,在认识规律的基础上,可以有计划运作,达到预期目的,如工匠认识方圆规律,可据以制作方圆之器。《经下》说:"且然不可止,而不害用功,说在宜。"《经说下》说:"宜,犹是也。且然必然,且已必已。且用功而后然者,必用功而后然。且用功而后已者,必用功而后已。"

即在论述必然性和人力的关系时,认为事物发展过程的一定如此的必然趋势,不妨碍人力做功,关键在于人力运作应该把握分寸,合乎法则。这样做的意图,在于控制事物的发展过程,使之对人的利益增至更大,害处减到最小。如使用桔槔、辘轳、车梯等简单机械,提高操作效益,筑堤拦河,减免洪水肆虐。

《墨经》厘定困扰国人的"命与力"范畴,主张不靠天命靠人力,充分发挥人类主观能动性,积极有为地改造客观世界,增进福祉,见表28:

表28 非命论式

元逻辑公式	不是而然
解释	前一命题否定，后一命题肯定
符号表达式	$A \neq B$，并且 $CA = CB$
原文	且入井，非入井也；止且入井，止入井也
解释	将要入井，不等于事实入井；阻止将要入井，等于阻止事实入井
原文	且出门，非出门也；止且出门，止出门也
解释	将要出门，不等于事实出门；阻止将要出门，等于阻止事实出门
原文	且夭，非夭也；寿且夭，寿夭也
解释	将要夭折，不等于事实夭折；阻止将要夭折，等于阻止事实夭折
原文	有命，非命也；非执有命，非命也
解释	儒家主张命定论，不等于真实有命；墨者非难儒家命定论，等于真实否定命

七、真理标准

"本、原、用"：真理标准。真理检验三标准："本、原、用"，即历史、现实和应用。《非命上》说："有本之者，有原之者，有用之者。于何本之？上本之于古者圣王之事；于何原之？下原察百姓耳目之实；于何用之？发以为刑政，观其中国家百姓人民之利。""本"，即根据历史经验。"原"，即根据现实经验。"用"，即从实际应用，检验言论符合人民利益的程度。

第四节　科技哲学

一、巧传求故

"巧传求故"：探求因果。《墨经》第一条定义原因的范畴："故，所得而后成也。"《经上》说："巧传则求其故。""巧传"，即世代相传手工技巧。巧传求故，是指探求因果联系，它对科学认知具有决定性作用，它说明《墨经》揭示了科学认知形成的机理。古希腊哲人德谟克利特说："宁愿找到一个因果的说明，而不愿获得波斯的王位。"[①]

亚里士多德《形而上学》明确地说："技术家较之经验家更聪明；前者知其原因，后者则不知。凭经验的，知事物之所然而不知其所以然，技术家则兼知其所以然之故"；"大匠师应更受尊敬，他们比之一般工匠知道得更深切，也更聪明"；"我们说他们较聪明，并不是因为他们敏于动作，而是因为他们具有理论，懂得原因"，"而理论部门的知识，比之生产部门，更应是较高的智慧。"[②]《墨经》的科学精神，与希腊古哲酷似。美国科学哲学家罗伯特·瓦尔托夫斯基说："从古到今的能工巧匠中，向来就

[①] 北京大学哲学系外国哲学史教研室编译：《古希腊罗马哲学》，商务印书馆1961年版，第103页。

[②] 亚里士多德：《形而上学》，吴寿彭译，商务印书馆1959年版，第2、3页。

存在着许多不可言传的知识。科学应该承认这些知识,总结它们,提高它们。"①

二、法则取同

"法取同,观巧传":法则规律。《经说上》说:"法取同,观巧传。"即概括手工技巧的规律,形成科学原理。《经上》说:"法同则观其同。"《经下》说:"一法者之相与也尽类,若方之相合也,说在方。"《经说下》解释:"方尽类,俱有法而异,或木或石,不害其方之相合也,尽类犹方也,物俱然。"

即与一共同标准相合,属一类,与标准方形相合,属方形,论证的理由是分析方形的法则。所有方形属一类,都合乎方形的法则,又有不同,或是木质的方,或是石质的方,都不妨害方形边角的相合。一切同类事物,都与方形的道理一样。概而言之,所有事物都是如此。

三、科学检验

"法,所若而然":科学检验。《经上》说:"法,所若而然也。……循,所然也。"《经说上》解释说:"意、规、圆

---

① 罗慧生:《西方科学哲学史纲》,天津人民出版社1988年版,第305—306页。

三也，俱可以为法。然也者，民若法也。"人要遵循法则规律，所产生的结果是对它的检验。这是科学检验范畴的定义。英国著名科学史家李约瑟说："此段语法，全是亚里士多德风味。墨亚两家，分流并峙，亦一特出的类例。"①

四、科技利民

"功，利民"：科技价值。《经上》说："功，利民也。"科技的价值在于利民，突出其应用和实用性质，目标是为民谋利。《墨经》论科技的功效，贯穿为民谋利的功利主义价值观。科技的功效价值、出发点和归宿点，是有利于人民的生产与生活。

《鲁问》说："公输子（鲁班）削竹木以为鹊，成而飞之，三日不下。公输子自以为至巧，子墨子谓公输子曰：'子之为鹊也，不如翟之为车辖（车档），须臾斫三寸之木，而任五十石（六千斤）之重，故所为功，利于人谓之巧，不利于人谓之拙。'"

五、科技智慧

"智与意异"：知识智慧与假说臆测。《大取》说："智

---

① 李约瑟:《中国古代科学思想史》，陈立夫等译，江西人民出版社1990年版，第212页。

与意异。"即区分真切的知识智慧与假说臆测。"智",即知识智慧,是关于事实和必然性的认知,用实然和必然命题表达。"意",即意见、臆测、假说、想象,有或然性、不确定性,用或然命题(可能命题)表达。科学需要假说,但假说不等于科学。假说是对事物尝试性的说明,科学是假说的证实。

第四讲　人文社会科学（中）

第一节　本体哲学

《墨经》论认知对象的范畴和原理，概括了客观世界一般对象最普遍的性质，是人类认知和实践改造的对象。这部分知识，常称为本体论、宇宙观、世界观、自然观、存在论，港台时称形上学（即形而上学、本体论，非方法论意义）。

一、物的范畴

"物，达"：物质范畴。《经说上》说："物，达也，有实必待之名也命之。"又说："知也者，以其知论物。""物"是"达"名，外延最大的名，外延最广的普遍概念，最高的类概念，概括宇宙万事万物的总名，相当于"物质"，概括了存在于主体之外的所有物质、实体、形体、事物、存在。

"物""实""有"（物质、实体、存在）范畴，是物质、实物、事物，它们外延相同，内涵一致，是人类认知和实践改造的对象。《墨经》从世界观、宇宙观、本体论、存在论和形上学高度，回答哲学基本问题，规定"物""实""有"（物质、实体和存在）范畴的内涵和外延。

列宁说："物质是标志客观实在的哲学范畴，这种客观实在是人感觉到的，它不依赖于我们的感觉而存在，为我们的感觉所复写、摄影、反映。"[1]《墨经》物范畴的规定，接近于列宁的物质概念，是当时世界顶级的哲学概括。

同时代的希腊哲学认为，世界本源于水、火等具体物质形态；印度哲学认为，世界本源于地水火风等具体物质形态。相比之下，《墨经》对世界本体，由个别到一般的概括程度，达到了当时世界哲学的最高峰。

《小取》说："摹略万物之然。""其然也，有所以然也。"人类认知的全部目的，是"摹略万物之然"和"所以然"，反映事物的本来面目、本质和规律。这是《小取》对人与世界整体关系哲学基本问题的科学回答。

恩格斯说："唯物主义的自然观不过是对自然界本来面目的朴素的了解，不附加以任何外来的成分，所以它在

---

[1] 《列宁全集》第14卷，人民出版社1957年版，第128页。

希腊哲学家中间从一开始就是不言而喻的东西。"①《小取》对人类认知目的"摹略万物之然"和"所以然"的规定，相当于恩格斯说的"对自然界本来面目的朴素的了解，不附加以任何外来的成分"。《墨经》的科学认知范畴，具有全人类的普适价值。胡适说，《墨经》"完全没有超自然的、甚至迷信的色彩"②。

二、实的范畴

"所谓，实"：实体范畴。《经说上》说："所谓，实也。"《经说下》说："有之实也，而后谓之。无之实也，则无谓。"《大取》说："名，实名，实不必名。"《小取》说："以名举实。"《经上》说："举，拟实。"《经说上》说："告以之名举彼实也。"《小取》说："察名实之理。""实"，即实物、实体、实在，与"物"范畴等值互训，是人类认知和实践改造的对象。诗以咏之：实的范畴即实体，先有实体后称谓。实是认知的对象，实体第一名跟随。

三、有的范畴

"盈，莫不有"：存在范畴。《经上》说："盈，莫不有

---

① 恩格斯：《自然辩证法》，人民出版社1971年版，第177页。
② 胡适：《先秦名学史》，学林出版社1983年版，第57页。

也。"即物质充盈无限宇宙，无处不有，无处不在。无穷世界，到处充盈着无穷的物质。"有"的范畴，即存在，与"无"（非存在）相对，与"物""实"（物质实体）等值互训，是人类认知和实践改造的对象。

《经说下》说："若无马，则有之而后无。"《经下》说："可无也，有之而不可去。"《辞过》说："凡回于天地之间，包于四海之内，天壤之情，阴阳之和，莫不有也。"《明鬼下》说："鬼神者，固无有。""天下之所以察知有与无之道者，必以众之耳目之实知有与亡为仪者也，诚或闻之见之，则必以为有。""何不尝入一乡一里而问之，自古以及今，生民以来者，亦有尝见鬼神之物，闻鬼神之声，则鬼神可谓无乎？若莫闻莫见，则鬼神可谓有乎？"

四、无的范畴

"无不必待有"：非存在范畴。《经下》说："无不必待有，说在所谓。"《经说下》解释说："若无马，则有之而后无。无天陷，则无之而无。""无"不以"有"为必要条件，论证理由在于所说"无"的种类。如说"现在无马"，指先有，后变为无。说"无天塌的事"，指从来都是无。《经说下》说："无之实也，则无谓。"

称谓以实际存在为转移。有才能说是有，无不能说是有。对于有无要严格区分。人不能病态地痴迷于虚无，视虚无为实有，跟虚无纠缠不休。犹如堂吉诃德疯癫时，把风车误认为巨人武士，与风车战斗不休，吃尽苦头。杞人忧天，把"天陷"这个虚无的妄念，误当作实有，吃不下，睡不着，陷于病态，实在是自寻烦恼。

五、动的范畴

"动，或徙"：运动范畴。《经上》说："动，或徙也。"《经说上》解释说："动。偏徙者，户枢蛇蚕。"即运动是物体至少有一部分迁徙，如门转轴自转，蛇蚕蠕动。《经说上》说："尽。俱止、动。"在一个论域中，说"所有的个体都停止"，"所有的个体都运动"。

六、化的范畴

"化，征易"：质变范畴。《经上》说："化，征易也。"变化，指事物发生质变、性质特征的改变。《经上》说："为：存、亡、易、荡、治、化。"《经说上》解释说："为。甲台，存也。病，亡也。买鬻，易也。消尽，荡也。顺长，治也。蛙、鹑，化也。"

即自觉行动的实践：保存、消除、交易、荡平、治理、变化。制甲造台是保存，治病是消除，买卖是交易，消除净尽是荡平，遵循规律生长壮大是治理，蛙鹑养殖是变化。"为"，是自觉行动的实践。《经说上》说："志行，为也。"

又说:"蛙鹑,化也。"《非攻下》举例说:"五谷变化。"

七、时间范畴

"久,弥异时":时间范畴。《经上》说:"久,弥异时也。"《经说上》举例解释说:"久。古今旦暮。""久"(宙)即时间,是概括一切不同时段(古今早晚)的范畴。这是时间范畴内涵和外延的定义。

八、空间范畴

"宇,弥异所":空间范畴。《经上》说:"宇,弥异所也。"《经说上》说:"宇。东西南北。"《经说下》说:"宇徙而有处。""宇"(空间概念)是概括一切不同处所,如东西南北。"所",即处所、空间。这是空间范畴的内涵和外延的定义。"宇久"即"宇宙","久"通"宙"。"宇久"(宇宙)是空间和时间的合成。《淮南子·齐俗训》说:"往古来今谓之宙,四方上下谓之宇。"

九、时空联系

"行修以久":时空联系。《经下》说:"行修以久,说在先后。"《经说下》解释说:"行者必先近而后远。远近,修也。先后,久也。民行修必以久也。"走一定长度路程(空间),需占有一定长度时间,论证理由在于,人走一定长度路程，有先后区别。走路人必然先走近，后走远。远近是空间长度，先后是时间久暂。人走一定长度的路程，必然占有一定长度的时间。

《经下》说："宇徙，说在长宇久。"《经说下》解释说："宇。宇徙而有处，宇南宇北，在旦又在暮，宇徙久。"即物体在空间中的迁徙运动有时间性，论证理由在于，物体的运动，随着空间的转移，同时经历时间的绵延。物体在空间由南往北迁徙运动，时间经历由早到晚的过程。

"宇徙久"，即物体在空间的迁徙，必然经历时间的绵延。时空范畴，对立统一，相互依存。物质、运动、时间和空间范畴，有必然联系。一切物质运动，都必然占有空间，经历时间，时间和空间互相渗透，与物质运动有必然联系。时空是物质运动的存在方式。《墨经》论物质、运动、时间和空间的辩证联系，是当时世界哲学高峰的论点。

十、有限无限

"区不可遍举宇"：有限无限。《经说下》说："区不可遍举宇也。"即局部区域，不能穷举无限宇宙。《经下》说："宇进无近远，说在步。"即宇宙无穷大，物质在宇宙迁徙运动，没有绝对的远近，只有相对的远近，论证理由在于用走路为例。

第二节　历史哲学

一、劳动价值

历史哲学，是论社会历史整体性质和规律的哲学部门，也叫社会历史观、历史发展观。包含劳动价值论、人情人性论，人民、利民、民生和古今等范畴，渗透人民主体意识和以人为本的思想元素。

《非乐上》说："今人固与禽兽麋鹿飞鸟贞虫异者也，今之禽兽麋鹿飞鸟贞虫，因其羽毛，以为衣裘，因其蹄爪，以为裤屦，因其水草，以为饮食，故唯使雄不耕稼树艺，雌亦不纺绩织纴，衣食之财，固已具矣，今人与此异者也：赖其力者生，不赖其力者不生。"

即人类跟禽兽麋鹿飞鸟昆虫不同。禽兽麋鹿飞鸟昆虫，用羽毛作衣裳，用蹄爪作裤屦，用水草作饮食，所以雄不耕田种植，雌不纺纱缝衣，衣食财用已经具备。人类跟动物不同，靠自己力量生产，就能生存。不靠自己力量生产，就不能生存。论证人兽之别在劳动，这是明显的劳动史观，是唯物史观的萌芽。

恩格斯说："动物仅仅利用外部自然界，单纯地以自己的存在来使自然界改变，而人则通过他所作出的改变来使自然界为自己的目的服务，来支配自然界。这便是人同其他动物的最后的本质的区别，而造成这一区别的还是劳动。"[1]

二、人情人性

《辞过》说:"凡回于天地之间,包于四海之内,天壤之情,阴阳之和,莫不有也,虽至圣不能更也。何以知其然?圣人有传:天地也,则曰上下;四时也,则曰阴阳;人情也,则曰男女;禽兽也,则曰牡牝雄雌也,真天壤之情,虽有先王不能更也。"

即所有活动在天地之间、包容于四海之内的事物,天地间的情况,阴阳间的调和,没有一样不是自然就有的,即使是最圣明的人也不能改变。根据什么知道是如此呢?圣人有遗训说:天地,称为上下;四季,称为阴阳;人性,称为男女;禽兽,就称为牝牡雌雄。这确实是天地间的实情,即使古代的先王也不能改变。

三、人民范畴

《尚贤上》说:"人民之众。"《尚同中》说:"众其人民。"《节葬下》说:"人民寡则从事乎众之。"《明鬼下》说:"人民之众兆亿。"《耕柱》说:"众人民。"《经上》

---

[1] 恩格斯:《自然辩证法》,《马克思恩格斯选集》第3卷,人民出版社1972年版,第517页。

说:"君,臣民通约也。"《经说上》说:"君:以若(顺)民者也。"即君为臣民所共通约定,君应以民意为归顺。人民群众是历史的主体、主宰和动力。人民史观,以人为本思想的萌芽。

四、利民范畴

《经上》说:"功,利民也。"即功效范畴的含义,是以符合人民利益为标准。《耕柱》说:"所为贵良宝者,可以利民也。"《节用中》说:"利民谨厚。""诸加费不加于民利者,圣王弗为。"《非命上》说:"发以为刑政,观其中国家百姓人民之利。"言论以符合人民利益的程度,作为真理检验的标准。

五、民生范畴

《尚贤中》说:"民生为甚欲。"即民众生存是最大的欲望。《非乐上》说:"民有三患:饥者不得食,寒者不得衣,劳者不得息。三者民之巨患也。"《非命下》说:"必使饥者得食,寒者得衣,劳者得息。"

《兼爱下》说:"万民饥即食之,寒即衣之,疾病侍养之,死丧葬埋之。""老而无妻子者,有所侍养以终其寿。幼弱孤童之无父母者,有所放依以长其身。"《尚贤下》说:"饥者得食,寒者得衣,乱者得治,此安生生。"即人民希望世代安生,生生不息,永续繁衍。《辞过》说:"(君主)厚作敛于百姓,暴夺民衣食之财。""富贵者奢侈,孤寡者冻馁。"批判统治者奢侈纵欲,维护广大劳动人民温饱生存权,这是劳动人民人权观,简称"劳动人权观"。

六、古今范畴

"自古察之今,则尧不能治":即尧善治古,不善治今。《经下》说:"察诸其所然、未然者,说在于是推之。"《经说下》解释说:"尧善治,自今察诸古也。自古察之今,则尧不能治也。"

即审察某事之所以这样和之所以不这样的原因,可以从"尧善治"的命题适用于古而不适用于今的事例,类推而知。说"尧善治",这是从今天情况出发,考察古代情况。"尧善治"是指善于治理古代。假如从古代情况出发,考察今天情况,就不能说"尧善治"。"尧善治"不是指善于治理现代。肯定历史继承和创新的两面性,认为古今不同、社会异质。这是历史发展观的萌芽。

七、尧义在古

《经下》说:"尧之义也,声于今而处于古,而异时,说在所义二。"《经说下》解释说:"或以名示人,或以实示人。举友富商也,是以名示人也。指是鹤也,是以实示人也。尧之义也，是声也于今，所义之实处于古。"

即说"尧是仁义的"，这是今天所说的话，而这句话所指的实际，是处于古代。古代和现代是不同的时代，论证的理由在于"尧是仁义的"这个命题，涉及语言和实际两个方面。说"尧是仁义的"，这个语句是今天说的，而"尧是仁义的"这个语句所指的实际，是处于古代。

八、昔虑今虑

古今思虑有区别，与时俱进合道理。《大取》说："昔者之虑也，非今日之虑也。"即过去思虑不等于现在思虑。思虑与时俱进，随历史发展而变化，这是充满历史发展观、历史分析法、历史主义、历史感的名言警句。

第三节 经济学

一、强本节用

《辞过》说："民富国治。"《尚贤中》说："官府实则万民富。"司马迁《太史公自序》引司马谈《论六家要旨》说，墨者"强本节用，不可废也"。即发展农业生产，厉行节约，不能偏废。并评价说："要曰强本节用，则人给家足之道也，此墨子之所长，虽百家弗能废也。"李贽《墨子批选》说："勤俭致富，不敢安命。"清曹耀湘《墨子笺》说:"强本以勤,节用则俭,此乃墨氏之大旨。"

二、俭节范畴

1. 俭节提出。"俭节则昌,淫佚则亡":提倡节俭能昌盛,奢侈放纵会衰亡。《辞过》提出"俭节"的范畴和相关命题原理:"凡此五者(指衣食住行男女),圣人之所俭节也,小人之所淫佚也。俭节则昌,淫佚则亡,此五者不可不节。夫妇节而天地和,风雨节而五谷熟,衣服节而肌肤和。"

即衣、食、住、行、男女五方面,圣人注意节俭,小人淫逸放荡。节俭能昌盛,淫逸会灭亡。这五方面不能没有节制。夫妻有节制,阴阳之气自和顺。风雨有节候,五谷自丰熟。穿衣能调节,身体就舒适。

"俭节",即节俭。"俭",指约束、节俭、节省。《说文解字》:"俭,约也。""节",指节制、节约。节俭是中华民族共同的传统美德,奢侈是人所厌恶的恶习。"淫逸",指奢侈放纵。"淫",即过分、纵欲。"逸",指放纵、逸乐。"圣人",指道德水平高尚的人。"小人",指道德品质水平低下的人。

2. 俭节价值。俭节范畴命题原理,有重要理论和应用价值,有先导性和前瞻性的意义。节俭是中华民族的传统美德,中国历来有提倡节俭的传统。墨子把节俭美德,归于圣人主张。把淫逸丑行,归于小人作为。昌盛衰亡,是节俭淫逸结局。"俭节则昌,淫逸则亡"命题,从无数盛衰兴亡的历史事实中总结出来,对国家民族、群体个人,有极其重要的警戒启示作用。

从哲学理论说,"俭节则昌,淫逸则亡"这句名言,贯彻辩证法适度观点。度是质量交错的节点。适度,即适中、合适、适宜、有分寸。"俭节则昌,淫逸则亡"命题,出于《辞过》。"辞过",指排除和反对过分。"辞",指推辞、不要。"过",指过分、过失、过错,特指衣食住行和男女五方面的过分、过失。

"辞过"是篇题。清毕沅《辞过》题解说:"过,谓宫室衣服饮食舟车蓄私五者之过也。"孙诒让说:"二篇(《辞过》《七患》)所论,皆《节用》之余义。"又说:"此篇与《节用》篇文意略同。""辞过"的意思,是避免和排除"宫室、衣服、饮食、舟车、蓄私"(衣食住行男女)五方面"过分"的错误。"过",即超过合理界限,违反辩证法适度原则。

《辞过》篇旨,是倡导夏禹的勤俭节约之道,发扬中华民族的传统美德,要求约束官员过分享乐、奢侈糜烂。勤俭节约,符合天理人情,体现传统美德。衣食住行,适度消费,注意分寸,不要过分,是辩证法合"度"观念。墨子批判矛头,直指"当今之主""暴夺民衣食之财",

导致"国贫民难治"的现实，体现墨学强烈的批判性和浓厚的人民性。

明李贽《墨子批选》评论《辞过》："此正生财之要，节用爱人之大道。简而易操，约而易成者，恨未有以告之。"即认为勤俭节约，是生财爱人的重要原则，简约明白，易于操作，易见成效，亟待宣扬，以促成社会共识，落实到行动。李贽评论《辞过》："此与禹俭奚殊？"墨家效法夏禹的勤俭精神，以夏禹为学术渊源。清曹耀湘《墨子笺》评论《辞过》讲节用道理，批评矛头指向官员奢侈浪费，要求谨慎遵守。

《尚书·大禹谟》载，虞舜赞扬大禹治水"克勤于邦，克俭于家"，传为千古佳话。"克勤克俭"后来成为一句成语，尽人皆知。勤俭治国，勤俭持家，是中华民族传统美德。《荀子·富国》说："墨术诚行，则天下尚俭。"李商隐《咏史》诗云："历览前贤国与家，成由勤俭破由奢。"墨子"俭节则昌，淫逸则亡"的命题，在当前仍具有特别重要的启发借鉴作用，应引起充分重视。

墨子教人勤俭。自己勤劳，不侵占别人利益，还能济人之所急，帮助别人。自己俭省，不损害别人，还能合理使用自然资源。这是传承夏禹的风范，是修养自身、治理人民、与自然和谐相处的根本道理。墨子"俭节则昌，淫逸则亡"的教诲，对当代社会发展，极具现实警戒意义。

改进国计民生，推动社会发展，亟须弘扬墨子勤俭节约之道，提倡中华民族传统美德。

节俭，涉及哲学理论，包括世界观、人生观、价值观、生态伦理、环境伦理、处世伦理、处人伦理，关系国家、民族、个人的盛衰兴亡。提倡节俭，体现天人合一，促进生态和谐，有利于实现人与自然和谐相处，节约保护自然资源，建设节约型社会，推动社会可持续发展。建设节约型社会是复杂的系统工程，要倡导与节约型社会相适应的伦理观，形成全社会的节俭风尚，养成节约型生活方式，推进节约型社会建设。

三、价的范畴

《经下》说："买无贵，说在反其价。"《经说下》解释说："买。刀籴相为价。"《经下》说："价宜则售，说在尽。"《经说下》解释说："价。尽也者，尽去其所以不售也。其所以不售去，则售。价也，宜不宜，在欲不欲。"

即商品价格没有绝对的贵贱，论证理由在于，商品价格可由货币的值来反观。货币与商品可互相比价。货币贬值，商品表面价格上涨，实际价值未上涨。货币升值，商品表面价格下跌，实际价值未下跌。

如果国家规定的货币值没有变化，商品价格会因供求关系和购买欲望而有变化。每年商品价格有变化，每年也会影响到货币值的变化。商品价格适宜，交易成功，论证理由在于，买方不想购物的欲望，是否全排除。

买方不想购物的欲望全排除，交易成功。商品价格适宜与否，在于买方想不想购物。"价"：价值、价格、价钱。等价交换，是价值规律思想的萌芽。《经说上》说："价宜，贵贱也。"即买卖双方商议的适宜价格，对卖方来说够贵，才肯卖；对买方来说是够贱，才肯买。贵贱集于同一价格之身，是价格范畴的辩证思维成果。

四、平价交换

《号令》说："募民欲财物粟米以贸易凡器者，以平价予。"即征募百姓财物和粟米，如百姓想交换各种器具，可按平价予以交换。又说："收粟米布帛钱金，出纳畜产，皆为平直其价，与主人券书之，事已皆各以其价倍偿之。"

即征收粟米布帛、金钱牲畜，都公正估价，给主人开具征收证明，写清征收的数量和价值，战后，一律按原价值双倍偿付。战时征调物资，不是无偿剥夺，要按照商品价值规律，"以平价予"，即平价交换。"事已皆各以其价倍偿"，是说战后一律按原价值双倍偿付，这是因为考虑战时征调对守城防御战有贡献，相当于商品价格升值。

第四节　政治学

一、用义为政

《耕柱》说："今用义为政于国家，人民必众，刑政必治，社稷必安。"即用义为政则人口必定众多，刑政必定治理得好。《天志中》说："（天下）有义则治，无义则乱。"《非命上》说："义人在上，天下必治。"《小取》说："夫辩者，将以明是非之分，审治乱之纪。"即辩学功效，包含分清是非，审察治乱的纲纪。

《公孟》说："政者，口言之，身必行之。今子口言之，而身不行，是子之身乱也。子不能治子之身，恶能治国政？"治政先治身，以身作则政必行。

《尚同下》说："上之为政，得下之情则治，不得下之情则乱。"《经上》说："治，求得也。"《经说上》解释说："治。吾事治矣，人有向背。"即政治治理，要靠行动求得。从事治理，要注意人心有向背。

二、有法所度

《法仪》说："天下从事者，不可以无法仪。无法仪而其事能成者，无有也。虽至士之为将相者，皆有法。虽至百工从事者，亦皆有法。百工为方以矩，为圆以规，直以绳，正以悬，平以水。无巧工不巧工，皆以此五者为法。

巧者能中之，不巧者虽不能中，放依以从事，犹逾己。故百工从事，皆有法所度。今大者治天下，其次治大国，而无法所度，此不若百工辩也。"

即做天下的事情，不能没有法度。没有法度，而事情能办成功的，是没有的。从士人到将军、宰相，都有法度。各种工匠做事，都有法度。各种工匠做方形用矩尺，做圆形用圆规，画直线用墨绳，测定垂直用悬垂，测定水平用水平仪。

无论工匠技术巧不巧，都以这五种工具为法度。巧者能正好符合，不巧者虽不能正好符合，依照法度从事，还是比自己主观臆测好。所以百工做事，都有法度衡量。如今大到治天下，其次治大国，而无法度衡量，这还不如百工聪明。有法所度，有法可依，依法办事。百工从事皆有法，治国岂能无法度。

三、赏功罚罪

《经上》说："赏，上报下之功也。"即下级有功劳，上级给予奖赏。《经上》说："罚，上报下之罪也。"《经上》说："罪，犯禁也。"《经说上》说："罪。不在禁，虽害无罪。"区分"罪"和"害"两个不同概念。

"罪"和"害"是种属关系，"罪"是种概念，"害"是属概念。有罪必有害，有害不必有罪。有罪是违犯国家法律禁令。行为不在国家法律禁令之列，虽有社会危害性，不算犯罪。《备梯》说："审赏行罚。"即审慎实行赏罚。《备城门》说："赏明可信，而罚严足畏也。"即奖赏明确可信，惩罚严厉足畏。《兼爱下》说："劝之以赏誉，威之以刑罚。"即用赏誉劝勉，用刑罚威慑。

四、天下之和

《非攻下》说："一天下之和，总四海之内。"《尚贤下》说："天下和。"《天志中》说："万民和。"《兼爱中》说："兄弟相爱则和调。"《辞过》说："阴阳之和。""和"，即和谐、调和。墨家把和谐作为处理自然和社会矛盾的基本范畴法则。

第五讲　人文社会科学（下）

第一节　伦理学

一、兼爱新证

1. 兼爱五性。《墨经》开辟许多新角度，进一步论证兼爱的整体性、普遍性、穷尽性、交互性和平等性。整体性强调兼爱全人类整体，而不是只爱部分人。普遍性是施爱全人类，而不受民族、地区、国家、等级、阶级、阶层、人种、肤色、性别、年龄、过去、现在、未来、人我等任何差别的限制。穷尽性是强调施爱的对象，穷尽人类全体，无遗漏。交互性强调施爱中的对等互报。平等性是强调无差别性。《非儒》开宗明义批判说："儒者曰：亲亲有杀，尊贤有等，言亲疏尊卑之异也。"

2. 针对儒家。墨者强调兼爱五性，针对儒家"亲亲有杀，尊贤有等"的"别爱论"（只爱部分人。"别"，部分)。

"亲亲有杀",即亲近亲属。因亲属与自己有血缘关系远近的不同,所以施爱有差等。"亲亲":亲近亲属。第一个"亲"字,是动词,解为"亲近"。第二个"亲"字,是名词,解为"亲属"。"杀"(shài):衰杀、降等、等差,表现等级差别。

"亲亲之杀",是儒家伦理思想。指亲亲爱人皆有亲疏远近,上下尊卑之别。《礼记·中庸》作"亲亲之杀,尊贤之等。"《荀子·大略》说:"亲亲,故故,庸庸,劳劳,仁之杀也。""杀"唐杨倞注"差等也",强调须先明亲疏之分、贵贱有等,体现儒家以维持宗法等级秩序为前提的仁爱原则。

"尊贤有等":尊重贤者。因贤者与自己血缘关系远近的不同,所以尊重有差等。墨者针对《中庸》所谓"亲亲之杀,尊贤之等",论证兼爱说。"亲亲有杀,尊贤有等",是封建宗法制的道德伦理观念,为传统儒家所维护。墨家执着地坚持兼爱论题,主张对全人类一律亲爱,爱无差等,倡导普遍的人道主义、人文主义精神,是指引人类社会进步发展的崇高理想。

3. 无穷不害。在墨者生活的年代,对于世界究竟有多大,还没有这方面的实证知识。不过当时的哲学家,已经在思索世界有穷和无穷的问题,他们常以"南方"

为例讨论。《庄子·天下》载惠施著名论题"南方无穷而有穷"。问难者甲就这个问题向墨者发难。《经说下》174条墨者引对方发难说："南方有穷则可尽，无穷则不可尽。有穷无穷未可知，则可尽不可尽未可知。人之盈之否未可知，而必人之可尽不可尽亦未可知，而必人之可尽爱也，悖。"

即南方有穷，则人们可以穷尽它。南方无穷，则人们不能穷尽它。现在南方有穷无穷的问题，还不能确定，则人们是否能够穷尽它，也不能确定，况且人是否充盈南方，这一点也没有得到证实，于是人是否可以穷尽，也就不知道。在这种情况下，就确定人可以兼爱，是荒谬的。

问难者甲的思路是，既然你提出兼爱，这兼爱的对象必须是可以历数（列举）的。现在人们提出有穷无穷的问题还没有结论，你就匆忙提出兼爱所有的人，真是不可思议。假如真的南方是无穷的，而且这无穷的南方充盈了无穷的人，你怎么尽爱（即兼爱）？

《经下》和《经说下》答辩说："无穷不害兼（爱），说在盈否。""人若不盈无穷，则人有穷也。尽有穷无难。盈无穷，则无穷尽也。尽无穷无难。"问难者提出，南方无穷，则不可尽（人不可尽举），但是却又承认"人充盈于无穷南方"的可能。

在墨者看来，这是自相矛盾的。墨者把"尽"定义为

"莫不然"，"盈"定义为"莫不有"，二者等价。墨者认为，"可尽"不一定要一个一个列举，说"人充盈于无穷南方"这也就是一种"可尽"。并且进一步指出，既然你可以对无穷南方的人，用一个"充盈"的词描绘，我也就可以用一个"兼爱"的词描绘。"无穷"的说法并不妨害兼爱，关键就看人是否充盈。接着，墨者用二难推理驳斥对方：

人如果不充盈于无穷的南方，则人有穷，尽爱有穷的人没有困难。

人如果充盈于无穷的南方，则这无穷等于被穷尽了，于是尽爱无穷的人也没有困难。

所以，不管人是否充盈于无穷的南方，人都可以尽爱。

这里，墨者把无穷化为有穷来处理。人的个体是无穷的，但若把无穷作为一个完成了的现实的整体处理，则这个整体等于是被穷尽了。因此，尽管无穷的南方充满无穷的人，墨者仍然在理论上坚持可以对他们施与普遍的平等的爱。

4. 不知其数。《墨经》进一步论证兼爱的整体性、普遍性、穷尽性、交互性和平等性，其中一个辩论，是不知人口数，不妨碍兼爱。问难者乙说："你们墨者主张兼爱，即爱一切人。可是你们知道世界上究竟有多少人吗？你们连世上人口的数量都不知道，怎么能确定要尽爱这些人呢？"

尽爱就是兼爱。问难者乙的问题颇为刁钻，但这并没有难住足智多谋的墨者。《经下》说："不知其数而知其尽也，说在问者。"《经说下》说："'不知其数，恶知爱民之尽之也？'或者遗乎其问也。尽问人，则尽爱其所问。若不知其数而知爱之尽之也无难。"

即不知道人口的数量，不妨碍兼爱。论证这一论点的理由，恰恰就在于你提的这个问题本身。我不怕你提的这个问题，只是你自己不要把你所提的问题忘记。你不是说，我不知道人口的数量吗？是的，我是不知道。但是，你问吧！你问一个人，我就爱一个人。你如果能把所有的人都问遍，我就能把所有的人都爱遍。

可见，不知道人口的数量，同样可以毫无困难地肯定兼爱，表现墨者的机智，辩才无碍。墨者不但没有陷入对方设置的困境，还轻而易举地用对方出的难题难倒对方，有力地论证了兼爱论题。

5. 不知所处。问难者丙对墨者说："你们主张对一切人施以平等的爱，但是有许多人，你连他居住的处所都不知道，你怎么爱他？"《经下》答辩说："不知其所处，不害爱之。说在丧子者。"问难者丙的论点是："不知其所处害爱之。"即凡不知道某人居住的处所，就妨害爱他。从逻辑上说，这是全称肯定判断，用公式表示是"所有 S 是 P"。

墨者的论点是："不知其所处不害爱之。"即凡不知道某人居住的处所不妨害爱他。从逻辑上说，这是全称否定判断，用公式表示是"所有 S 不是 P"。双方的论点，针锋相对。墨者在这个辩论中，列举了一个"丧子者"事例。即走失孩子的父母，并不因为不知道孩子的居处而妨害爱他。

这个事例，对于问难者丙的论点来说，是一个反面事例。这个反例可以概括地表达为："有时不知道某人居住的处所，不妨害爱他。"这是特称否定判断，用公式表示是"有 S 不是 P"。这同丙的论点恰恰是矛盾的，完全可以驳倒它。

6. 爱人爱己。《庄子·天下》说墨子实行自我刻苦的原则，是"不爱己"，即不爱惜自己。世人竞相批评墨者主张"圣人不爱己"。《荀子·正名》说，墨者主张这个命题，是"用名以乱名"（混淆概念）的诡辩。墨者在《大取》自知别人批评有道理，自我修正观点说："爱人不外己，己所爱之中。己在所爱，爱加于己。伦列之：爱己，爱人也。"

墨者认为圣人爱自己，最终还是为了爱人，实行爱人的事业。《大取》说："为天下厚爱禹，乃为禹之爱人也。"墨者承认"爱人包括自己"，是为了尽量消除墨子议论中的矛盾，回避其他学派攻击的锋芒，维护墨者"兼爱"的论题。

7.《小取》论证。《小取》进一步论证说："爱人，待周爱人而后为爱人。不爱人，不待周不爱人。失周爱，因为不爱人矣。"这是在强调人类爱的整体性、普遍性、穷尽性、交互性和平等性。"兼爱"即尽爱、俱爱、周爱，不分民族、阶级、阶层、等级、亲疏、住地、人己、主仆等差别，包括过去、现在和未来的一切人。《小取》说："获，人也；爱获，爱人也。臧，人也；爱臧，爱人也。"爱人包含爱臧获奴隶。

8.《大取》论证。《大取》进一步论证说："爱众世与爱寡世相若，兼爱之又相若。"这是说，人口密度，不妨害兼爱。"爱上世与爱后世，一若今之世人也。"这是说，施爱于过去、现在和未来。"昔者之爱人也，非今之爱人也。"这是说，爱人的一贯性。《大取》说："兼爱相若，一爱相若，一爱相若，其类在死蛇。"这是说，兼爱不容割裂。

二、义利统一

《经上》说："义，利也。"《经说下》说："仁，爱也。

义，利也。"义：仁义、道义、正义。利：实际利益。义的定义就是利，讲义就是给人利。空说仁义而不讲利，义利两分是不可取的。本条《经》文给出的定义就是："道义就是给人以实际利益。"墨家以人民为价值主体，提倡功利主义，所以主张讲道义就要给人民以实际利益，这与儒家空讲仁义道德，不给人民以实际利益的荒谬言行不同。

《论语·里仁》载孔子说"君子喻于义，小人喻于利"，首先提出义与利的分裂，把追求义，还是追求利，作为划分君子和小人的标准，有重义轻利的价值取向。《孟子·梁惠王上》记孟子对梁惠王说"王何必曰利？亦有仁义而已矣"，则是把义和利看作是矛盾的，强调要贵义贱利。《汉书·董仲舒传》记西汉董仲舒概括孔孟的义利观时说："正其谊（义）不谋其利，明其道不计其功。"这是强调道义和功利不能并存，这一观点对后来影响很大。宋代程颢、程颐、朱熹等都坚持董仲舒的观点，认为道义和功利是互相排斥的。

墨家义利对立统一的思想，与儒家义利分裂而不统一的怪论，是辩证法和形而上学两种世界观方法论的不同。墨子的论敌孟子，肯定墨子的精神境界，是"摩顶放踵利天下而为之"。《庄子·天下》赞扬墨子"真天下之好"，有救世才士的美名。

三、礼的范畴

《经上》说："礼，敬也。"礼：礼貌、礼节、礼仪。《三辩》说："昔者尧舜有茅茨者，且以为礼。"《尚同中》说："父子兄弟之礼。"《辞过》说："宫墙之高，足以别男女之礼。"

四、忠的范畴

《经上》说："忠，以为利而强君也。"《经说上》解释说："忠。不利，弱孩足将入井之容。"忠是对国君忠诚的表现：认为对国家有利的事情，就应该强力地劝说国君去做。遇到对国家不利的事情，其危险的程度，犹如幼儿足将入井的状态，这时就要强力地劝说国君避免。"忠"：忠心忠诚，竭尽心力。《节用中》说："爱民谨忠。"

五、孝的范畴

《经上》说："孝，利亲也。"《经说上》说："孝。以利亲为分，而能能利亲，不必得。"即孝是做对父母有利的事情。以做对父母有利的事情为自己的职分，而才能又能做到对父母有利的事情，但不一定能得到父母的喜欢。

"孝"：孝顺、孝敬。《尚贤中》说："慈孝父母。"《兼爱下》说："子者之不孝也，此又天下之害也。""为人子必孝。"《非命中》说:"举孝子而劝之事亲。"《非儒下》说:"事亲得孝。"

六、誉的范畴

"誉",即赞誉、称誉、表扬。《经上》说:"誉,明美也。"《经说上》解释说:"誉。必其行也,其言之欣,使人督之。"即赞誉(表扬)是宣明人的美好言行。赞誉一定是针对人们行为的美好之处,这样赞誉的言论就会使其感到欣喜,从而使其得到督促。社会良性运转机制。

七、诽的范畴

"诽",即批评。《经上》说:"诽,明恶也。"《经说上》解释说:"诽。必其行也,其言之怍。"即批评是揭示人的丑恶。批评一定是针对人行为的丑恶,批评的言论会使人惭愧。《经下》说:"诽:诽之可否,不以众寡,说在可非。"即讨论批评的正确与否,不是以批评的多少为标准,论证理由在于被批评者是否确有可批评处。

《经说下》解释说:"诽。论诽之可不可以理。理之可诽,虽多诽,其诽是也。其理不可诽,虽少诽,非也。今也谓多诽者不可,是犹以长论短。"即讨论批评的正确与否,是以是否合乎道理为标准。从道理上说可以批评,虽批评多,批评是正确的。从道理上说不能批评,虽批评少，批评是不正确的。现在说批评多就不正确，就像说"凡长的都不好，凡短的就好"一样荒谬。墨家认为批评是正常的，是维系社会机制正常运转的手段。

《经下》说："非诽者悖，说在弗非。"《经说下》解释说："非诽，非己之诽也。不非诽，非可非也。（非）不可非也，是不非诽也。"即提出"反对一切批评"这一论点的人，必然陷于自相矛盾，论证理由在于批评不应该反对。

对方说："反对一切批评。"这实际上把他自己"反对一切批评"这一特定的批评，也反对了。如果对方放弃"反对一切批评"这一论点，那么有错误就可以批评。如果有错误不能够批评，这本身也导致对"反对一切批评"这一论点的否定。

墨家批评"非诽"（反对一切批评）论，连续用两个二难推理式。二难推理式一："非诽，非己之诽也。不非诽，非可非也。"即说"反对一切批评"，则也反对自己这一特定的批评。如果不"反对一切批评"，则有错误就能批评。二难推理式二：非可非也，则非可非也。（非）不可非也，是不非诽也。即如果有错误能批评，则有错误能批评。如果有错误不能批评，则也导致对"反对一切批评"论点的否定。《墨经》惯用二难推理，跟论敌论战，这是一例。墨家批评道家"非诽"论（反对一切批评），肯定"诽之可不可以理"。社会良性运转机制。

墨家批评"非诽"（反对一切批评）论的背景，是儒家主张"为尊者讳，为亲者讳，为贤者讳"。[①]《论语·子路》记孔子提倡"父为子隐，子为父隐"。《经说上》批评儒家主张的"圣人有非而不非"（圣人见人有非，不非其非，即不批评其错误）。

八、近以修身

《非儒下》说："夫一道术学业仁义者，皆大以治人，小以任官，远施周遍，近以修身。"即凡道术学业都统一于仁义，都是大则以治理人民，小则以担任官职，普遍地施加恩惠到远方，近处能修养身心。

把修身看作培育道德品质的起点，语义近儒，儒墨交融。《修身》的题名用词、篇章立意，都酷似儒家。修身的关键，是反躬自问、反省自身，是按照规范自我警戒、改过迁善，做到身体力行，追求美善。墨学立意陶冶道德情操，培养优良德行，采用了儒家修养论惯用语。墨家的修身论，与孔孟荀学说，互渗互鉴，互相吸取，形成中华民族道德伦理主流精神。

---

① 《公羊传·闵公元年》。

第二节　教育学

一、有道相教

《天志中》说："有道相教。"《尚贤下》说："有道者劝以教人。""可学能者也。"即认为通过学习可以增长智能。《尚贤上》说："厚乎德行，辩乎言谈，博乎道术者乎，此固国家之珍，而社稷之佐也。"《经下》说："学之益也。"即学习是有益处的。

《经说下》说："唱而不和，是不学也，智少而不学，功必寡。和而不唱，是不教也，智多而不教，功适息。"这就是说，智多就应该多教人，智少就应该多学习。

二、教育为义

《公孟》说："教人学。""今子为义，我亦为义。"即教人学习是"为义"，为实现理想事业，培养造就好人才。《鲁问》说："教天下以义者功亦多。……若得鼓而进于义，则吾义岂不益进。"《耕柱》载，治徒娱、县子硕问墨子："为义孰为大务？"即为实现理想事业，最大任务是什么？墨子说："能谈辩者谈辩，能说书者说书，能从事者从事，然后义事成也。"

"谈辩"：辩言谈，学谈话辩论技巧，属于应用逻辑学。"说书"：讲文化科学知识，培养学者和教师，属于应用政经伦理学。"从事"：博道术，学农工商兵技能，培养实用型专才，属于应用自然科技知识。

第三节　语言文学

一、语经三物

《大取》说："语经：语经也，三物必具，然后足以生。夫辞以故生，以理长，以类行者也。立辞而不明于其所生，妄也。今人非道无所行，虽有强股肱，而不明于道，其困也，可立而待也。夫辞以类行者也，立辞而不明于其类，则必困矣。"

"语经"，是说话思考一定要遵守的基本规律。推理论证要"故、理、类"三个方面都具备，然后一个论题才能必然成立。一个论题的成立要有充足的理由，推论的过程要符合道理和有条理，要根据事物的类别来进行。

建立一个论题，而不明白它所由以成立的充足理由，那就有可能虚妄不实。所谓"推论的过程要符合道理和有条理"，讲的就是如果我们没有道路，虽然有强健的肢体，也无法行走、到达目的地的道理。论题要根据事物的类别关系推引出来。建立一个论题，而不明白它由以推引的类别关系，则必然遭遇困难。语经即是语言表达的基本规律，是辩学术语。

二、言必立仪

《非命上》说:"言必立仪,言而毋仪,譬犹运钧之上而立朝夕者也。"即言论必须建立法则,言论没有标准,就像在运转着的陶轮上,建立测日影的标杆,以定时间的早晚,是办不到的。

《非命中》说:"凡出言谈、由文学之为道也,则不可而不先立仪法。"即凡是发表言论、撰写文章的原则,不可以不先建立标准。《非命下》说:"今天下之君子之为文学、出言谈也,非将勤劳其惟舌,而利其唇吻也,中实将欲为其国家邑里万民刑政者也。"即如今天下君子,写文章,发表言论,不是为了使喉舌辛劳,让嘴唇伶俐,确实是为了国家乡里民众的政务。

三、言由名致

《经上》说:"言,口之利也。""言,出举也。""执所言而意得见。"《经说上》说:"言也者,诸口能之,出名者也。名若画虎也。言,谓也。言由名致也。"言由名致,即语句由语项构成。

四、群言之比

《小取》说:"论求群言之比。""言多方、殊类、异故，则不可偏观也。"这里讲的是，探求语言的类例，把握语言的理由。

五、辩而不繁

《修身》说："慧者心辩而不繁说。""言无务为多，而务为智，无务为文，而务为察。"这些话语言准确，机智精练。刘勰《文心雕龙》评《墨子》"意显而语质"，即意义明显，语言质朴。《非攻下》说："子未察吾言之类，未明其故也。彼非所谓'攻'，谓'诛'也。"即认为商汤对夏桀、周武王对商纣的战争，是"诛"，即以"正义讨伐非正义"。"好攻伐之君"的攻伐掠夺战争，是"攻"，即以"非正义进攻正义"。二者本质不同。《公孟》说："儒固无此四政者，而我言之，则是'毁'也。今儒固有此四政者，而我言之，则非毁也，'告'闻也。"明确"毁"与"告"是不同的概念。陈柱《墨学十论·墨子之文学》评墨子文体说："论说体颇华丽，演讲体最平实，经体传体最奇奥，序体最严正，记传体亦简洁。"

六、古语新解

《尚同下》说："古者有语焉曰，一目之视也，不若二目之视也，一耳之听也，不若二耳之听也，一手之操也，不若二手之强也。'"即古时有这样的话，说一只眼睛看，不如两只眼睛看；一只耳朵听，不如两只耳朵听；一只手拿，不如两只手强。

《非攻中》说："古者有语：谋而不得，则以往知来，以见知隐，谋若此，可得而知矣。"即古时有这样的话：如果谋虑不到，就根据过去推知未来，根据明显的事推知隐微。像这样谋虑，则所谋必得。又说："古者有语：唇亡则齿寒。"

"古者有语曰：君子不镜于水，而镜于人。镜于水，见面之容，镜于人，则知吉与凶。"即古时有话，说嘴唇亡失了，牙齿就寒。古诗说，鱼在水中如果不快跑，一旦到了陆地上，想要脱身就来不及了。古时有话说：君子不在水中照镜子，而是以人作镜子。在水中照镜，只能看出面容；用人作镜，则可知吉凶。

第四节　艺术美学

一、引言

艺术美学，是研究文学艺术审美性质与规律的学科，是哲学的分支，也叫艺术哲学。《墨经》对"美"也有论述。"美"是指美善、美好、美丽，与丑、恶相对。《经上》第29条说："誉，明美也。"即赞誉，是彰明物之美。

《经下》第104条说："谓而固是也，说在因。"《经说下》举例解释:"有之实也,而后谓之。无之实也,则无谓也。不若假。举'美'谓是,则是固'美'也,谓也。则是'非美',无谓,则假也。"即称谓要确定地反映事物的性质,论证理由在于,称谓要以事物的实际情况为转移。有这样的实际情况,然后才能有这样的称谓。没有这样的实际情况,就不能有这样的称谓。这不像说假话。列举"美"的概念,称谓这一事物,是因为这一事物本来美,如此才形成确定的称谓。

假如这一事物本来不美,就不能用"美"的概念来称谓;如果用"美"的概念称谓,就是虚假的称谓。"谓":称谓、陈述、判断。"因":依、靠。人的称谓、陈述、判断,以事物的实际情况为转移。以上论述,深蕴唯物主义反映论原理与逻辑学同一律原理的意涵。

《经下》第156条说:"使:殷;美。说在使。"《经说下》举例解释:"使,令也。戍使戍,不殷,亦使戍。殿使殿,不美,亦使殿。"即指使人做事,有殷勤和美善的不同,论证理由在于,被指使的事需有人做。

指使是命令人做事。某人应该戍守,则指令他戍守。即使他对戍守的事情做得不殷勤,也要指使他戍守。某人应该殿后,则指令他殿后。即使他对殿后的事情做得不美善,也要指使他殿后。"使":指使、指令、叫人做事。这一点反映了墨家学术共同体的特性:服从组织,殷勤做事，追求美善，损己利人，勇于牺牲。

《小取》说："其弟，美人也；爱弟，非爱美人也。"即妹妹是美人（正常意义上的），爱妹妹，不等于"爱美人"（特指男女性爱）。古代亦称妹为弟（younger sister）。《孟子·万章上》说："弥子之妻与子路之妻，兄弟也。"

《辞过》说："今则不然，厚作敛于百姓，以为美食。"《尚贤上》说："美章（彰显）而恶不生。"《尚贤中》说："若有美善，则归之上，是以美善在上。"《尚贤下》说："面目美好者，此非可学能者也。"

《非乐上》说："仁者之为天下度也，非为其目之所美，耳之所乐，口之所甘，身体之所安。""非以刻镂华文章之色，以为不美也。""目知其美也。""食饮不美，面目颜色不足视也；衣服不美，身体从容丑羸，不足观也。"

《非儒下》说："务善则美。"《公孟》说："譬若美女，处而不出，人争求之。""今夫世乱，求美女者众，美女虽不出，人多求之。""夫好美者，岂曰吾族人莫之好，故不好哉？夫欲富贵者，岂曰我族人莫之欲，故不欲哉？好美、欲富贵者，不视人犹强为之。"

刘向《说苑·反质》引墨子说："食必常饱，然后求美；衣必常暖，然后求丽；居必常安，然后求乐。为可长，行可久，先质而后文，此圣人之务。"唐马总《意林》卷一引《墨子》："君子服美则益敬，小人服美则益骄。"《亲士》说:"西施之沉,其美也。"

二、非乐余韵

《大取》说:"以臧为其亲也,而爱之,爱其亲也;以臧为其亲也,而利之,非利其亲也。以乐为利其子,而为其子欲之,爱其子也;以乐为利其子,而为其子求之,非利其子也。"即把臧误认为自己的父亲而爱他,是爱父亲的表现;把臧误认为自己的父亲而利他,并不是真的有利于父亲。以为音乐对儿子有利,而为儿子思念音乐,是爱儿子的表现;以为音乐对儿子有利,而为儿子千方百计寻求使其沉溺于音乐的条件,并不是真的有利于儿子。

从推论形式说,这是《大取》为《小取》提供两个"一是一非"比辞类推的典型案例。《大取》区分爱亲爱子的感情与具体的物质利益,是墨家思想从空想向更接近于实际的进展。但第二个典型案例保留了墨子"非乐"论的余韵(残余),体现为人父母者,担心儿子因沉溺音乐,玩物丧志,不思进取的忧虑,颇有生动的现实感。

"一是而一非",即一种说法成立,而另一种说法不成立。《小取》提供的典型案例:"居于国,则为居国;有一宅于国,而不谓有国。桃之实,桃也;棘之实,非棘也。问人之病,问人也;恶人之病,非恶人也。人之鬼,非人也;兄之鬼,兄也。祭人之鬼,非祭人也;祭兄之鬼,乃祭兄也。之马之目眇，则为'之马眇'；之马之目大，而不谓'之马大'。之牛之毛黄，则谓'之牛黄'；之牛之毛众，而不谓'之牛众'。一马，马也。二马，马也。'马四足'者，一马而四足也，非两马而四足也。……'马或白'者，二马而或白也，非一马而或白。此乃'一是而一非'者也。"

"一是而一非"，是说有两个语句结构 f(x) 和 g(x)，当用 A 代入其中的 x 时，二者等值；当用 B 代入其中的 x 时，二者不等值。即：f(A) = g(A)；f(B) ≠ g(B)。如"居于国"，可以简称为"居国"（居住在一个国家里）。而"有一宅于国"，却不能简称为"有国"（领有一个国家）。

三、音乐快乐

"乐"（yuè），指音乐。《三辩》说："诸侯倦于听治，息于钟鼓之乐。士大夫倦于听治，息于竽瑟之乐。农夫春耕夏耘，秋敛冬藏，息于聆缶之乐。"即诸侯理政疲倦，演奏钟鼓乐休息。士大夫处事疲倦，演奏竽瑟乐休息。农民春天耕种，夏天除草，秋天收获，冬天贮藏，敲打盆瓮，演奏土乐休息。

"瓴"（líng），指瓦器。《说文解字》说："瓴，瓮，似瓶也。""缶"（fǒu），指瓦制敲击乐器。《说文解字》说：

"缶，瓦器，所以盛酒浆，秦人鼓之以节歌，象形。""乐"繁体为"樂"，象形字，小篆字形，钟鼓架，本义音乐（music）。《说文解字》说："乐，五声八音总名，象鼓鞞（pí），木其虡（jù）也。""乐"（lè），指快乐、享乐。《七患》说："上不厌其乐。"《非乐上》说："耳之所乐。"又说："淫溢康乐。"《备城门》说："万民乐之无穷。"

四、矛盾两面

《三辩》记载儒家信徒程繁和墨子辩论音乐社会功能的反复问答。墨子对音乐持否定态度，认为音乐对治天下无益。他从历史传说出发，认为音乐越发达，天下治理越差。这不符合基本历史事实。用意与其"节用"思想一致，反映墨子作为小手工业者的代表，对文化娱乐的社会功能认识不足，存有偏见，表现出思想的两面性和狭隘性。

《三辩》是墨子十论《非乐》的补充。题名"三辩"，应有三次往返论辩。今本只剩两次问答，可能在长期流传中有遗失残缺。《三辩》突显墨子学术性格的矛盾，是当时辩论状况的写照。

在《三辩》中，程繁先声夺人地对墨子说，您说"圣王不为乐"（圣王不奏乐，不听音乐），可是，诸侯处理政事疲倦，演奏钟鼓之乐休息。士大夫处理政事疲倦，演奏竽瑟之乐休息。农民春天耕种，夏天除草，秋天收获，冬天储藏，敲打瓶盆休息。现在您说，圣王不听音乐，这就像只让马拉车，却总不让马卸套；只把弓拉紧，却总不松开；这是有血肉之躯的人，无法办到的。程繁的陈词，符合事理。

在逻辑上，墨子说"圣王不为乐"（"圣王无乐"），相当于全称否定命题"所有S不是P"。但墨子同时又说：从前尧舜用茅草盖房，实行礼仪，演奏音乐。商汤把夏桀流放于大水，一统天下，自立为王，事业成功，没有后患，继承先王音乐，创作音乐，把乐章叫作《护》，又整理古代音乐《九招》。周武王战胜商朝，杀商纣王，一统天下，自立为王，事业成功，没有后患，继承先王音乐，创作音乐，乐章叫《象》。周成王继承先王音乐，创作音乐，乐章叫《驺虞》。这等于承认"有些圣王为乐"（"有些圣王有乐"），相当于特称肯定命题"有S是P"。这与说"圣王不为乐"（"圣王无乐"）的命题形式"所有S不是P"，是矛盾关系，同时肯定二者，自相矛盾，违反矛盾律。

程繁紧接着批评墨子说："您说圣王没有音乐，可是这些也是音乐，怎么能说圣王没有音乐呢？"程繁一语中的，击中要害。反复驳辩到最后，墨子无话可说，诡辩说："圣王的命意是，过多了就让它减少。饮食对人有利，把知道饿了就吃，也算成智慧，但这种智慧少，等于无智慧。圣王有乐而少,也等于无乐。""少乐无乐"强辩,酷似公孙龙"白马非马"的诡辩。强词夺理的谬误论证,在程繁合乎逻辑的论辩面前,显得苍白无力,无异于认输。

五、非乐探源

墨子非乐,是反对统治者大办音乐歌舞,不顾人民疾苦。"非乐"字面意思是"反对音乐",实际意思是墨子为解决当时社会问题,提出论点,矛头针对当时执政者——"王公大人士君子",指责他们为了自己享乐,"暴夺民衣食之财",兴办大型音乐歌舞,劳民伤财。墨子为此走上另一极端,忽视劳动人民需要用音乐歌舞来调节生活。《鲁问》说:"国家喜音沉湎,则语之非乐。"

《非乐上》说:"子墨子之所以非乐者,非以大钟鸣鼓,琴瑟竽笙之声以为不乐也;非以刻镂文章之色,以为不美也;非以刍豢煎炙之味,以为不甘也;非以高台厚榭邃野之居,以为不安也,虽身知其安也,口知其甘也,目知其美也,耳知其乐也,然上考之不中圣王之事,下度之不中万民之利,是故子墨子曰:为乐非也。"

"乐"指音乐等艺术活动。"非乐"是非难统治者大办音乐艺术活动。墨子精于乐道,是音乐艺术活动的内行专才。墨子"非乐",又肯定音乐艺术活动的审美价值,体现复杂矛盾的思想心理和人格特征。

墨子肯定音乐艺术活动的审美功能。《非乐上》说："子墨子之所以非乐者，非以大钟鸣鼓，琴瑟竽笙之声以为不乐也。"虽"耳知其乐也"，然"下度之不中万民之利，是故子墨子曰：为乐非也"。墨子"非乐"，是因为统治者大办音乐艺术活动，不合人民利益。《非乐上》说："以为大钟鸣鼓，琴瑟竽笙之声，以求兴天下之利，除天下之害而无补也，是故子墨子曰：'为乐非也。'"

《非乐上》说："民有三患：饥者不得食，寒者不得衣，劳者不得息。"统治者不顾人民死活，大办音乐艺术活动，满足私欲，奢侈享乐，引起人民的"三患"。《非乐上》说："齐康公兴乐《万》，《万》人不可衣短褐，不可食糠糟。曰，'食饮不美，面目颜色不足视也；衣服不美，身体从容不足观也。'是以食必粱肉，衣必纹绣。此常不从事乎衣食之财，而常食乎人者也。是故子墨子曰：今王公大人惟毋为乐，亏夺民衣食之财，以拊乐如此多也。"齐康公公元前404—前379年在位，齐国是富庶大国，有作乐传统，《战国策·齐策》说，齐国都临淄甚富而实，其民无不吹竽鼓瑟，击筑弹琴。

墨子"非乐"矛头，针对恣意淫乐的统治者。《史记·田敬仲完世家》载，大兴万人乐舞的齐康公，淫于酒、妇人，不听政，是昏庸的国君。当时统治者作乐规模庞大。齐康公创作乐舞《万》，由万人表演。"非乐"是墨家"强本节用"思想的引申，体现其民兴利除害的宗旨。

墨子精于乐道，对音乐等艺术活动是内行和专才。《淮南子·要略训》说："墨子学儒者之业，习孔子之术。""儒者之业"和"孔子之术"包括"乐"。"乐"是儒家业务、孔子学术的六种技艺（"六艺"）中的一种。

墨子学过"乐"，深谙乐理，也善于乐技。他做过乐吏，善吹笙。《礼记·祭统》说："墨翟者，乐吏之贱者也。"《吕氏春秋·贵因》说："墨子见荆王，锦衣吹笙，因也。"《艺文类聚》卷四十四说："墨子吹笙，墨子非乐，而于乐有是也。"墨子见荆王，曾为之吹笙。墨子"非乐"，对音乐等艺术活动，也有所肯定，体现其复杂心理和性格。

从事和欣赏音乐等艺术活动，耽误生产。《非乐上》说："今大钟鸣鼓琴瑟竽笙之声既已具矣，大人肃然奏而独听之，将何乐得焉哉？其说将必与贱人，不与君子。与君子听之，废君子之听治；与贱人听之，废贱人之从事。今王公大人惟毋为乐，亏夺民衣食之财，以拊乐如此多也，是故子墨子曰：为乐非也。"

进行音乐等艺术活动，制造乐器，浪费人力物力。《非乐上》说："今王公大人虽无造为乐器以为事乎国家，非直掊潦水、折壤坦而为之也，必将厚措敛乎万民，以为大钟鸣鼓琴瑟竽笙之声。古者圣王亦尝厚措敛乎万民，以为舟车，既已成矣，曰：吾将恶许用之？曰：舟用之水，车用之陆，君子息其足焉，小人休其肩背焉。故万民出财赍而予之，不敢以为戚恨者，何也？以其反中民之利也。然则乐器反中民之利亦若此，即我弗敢非也。然则当用乐器，譬之若圣王之为舟车也，即我弗敢非也。"

乐器制造，不像挹取地上积水，拆毁土墙，需要大量材料和费用。制造乐器，不如造舟车，可减轻劳累，必然增加人民负担。统治者大搞音乐等艺术活动，劳民伤财，有害无利。所以墨子提出："今天下士君子，请将欲求兴天下之利，除天下之害，当在乐之为物，将不可不禁而止也。"这就是墨子"非乐"的理由。

六、两种观点

《淮南子·泛论训》指出孔墨对乐的不同态度："弦歌鼓舞以为乐"，"孔子之所立也，而墨子非之"。儒墨对音乐等艺术活动，持两种不同观点。墨子非乐，针对《七患》所说的当时"上不厌其乐，下不堪其苦"的社会现实，同时也针对鼓吹礼乐的儒家。

孔子是个音乐迷。《论语·述而》载："子在齐闻《韶》，三月不知肉味，曰：'不图为乐之至于斯也！'"即孔子听音乐，迷醉其中，三月不知肉味，他自己惊叹：想不到音乐感人至深，竟到如此程度！

《论语·八佾》载：孔子说《韶》乐是："尽美矣，又尽善矣。"评论《武》乐是："尽美矣，未尽善也。"即《韶》乐形式美，内容善。《武》乐只是形式美，内容不尽善。表明孔子对音乐艺术理论修养和鉴赏能力。

孔子善于演奏各种乐器，喜欢唱歌。《史记·孔子世家》记载孔子在陈、蔡绝粮时，依然"讲诵、弦歌不衰"。《庄子·秋水》也说："孔子游于匡，宋人围之数匝，而弦歌不辍。"孔子好乐，善乐，重视乐教，把音乐作为儒家主课。孔子自编音乐教材，《论语·子罕》说："吾自卫返鲁，然后乐正，《雅》、《颂》各得其所。"

孔子主张恢复的西周等级制度，靠礼乐维持。西周奴隶主贵族等级森严，享受音乐，严格按照礼的规定，不许僭越。乐是区分尊卑、贵贱的标志。孔子时代，"礼崩乐坏"。"礼乐征伐自诸侯出"，"自大夫出"。鲁国季桓子是大夫，竟用天子八佾舞。"礼崩乐坏"，意味西周奴隶制解体。孔子想恢复西周礼乐，想借此恢复西周社会制度。

墨子"背周道而用夏政"，政治理想是"法夏"，以夏禹为效法榜样。墨子所"非"之"乐"，是儒家鼓吹的西周礼乐。《非儒》指责儒家"繁饰礼乐以淫人"，"盛容修饰以蛊世，弦歌鼓舞以聚徒"。《公孟》载墨子说"儒之道，足以丧天下者，四政焉"，其一为"弦歌鼓舞，习为声乐"。

《淮南子·说山训》说:"墨子非乐,不入朝歌之邑。"《史记·鲁仲连邹阳列传》说:"邑号朝歌,而墨子回车。"即墨子带学生周游列国,听说前方是朝歌,便联想到歌舞,立即驱车返回,不入朝歌。

墨子"非乐",受到儒家反击。《公孟》说:"子墨子曰:问于儒者,何故为乐?曰:乐以为乐也。子墨子曰:子未我应也。今我问曰:何故为室?曰:冬避寒焉,夏避暑焉,且以为男女之别也。则子告我为室之故矣。今我问曰:何以为乐?曰:乐以为乐也。是犹曰:何以为室?曰:室以为室也。"

即墨子问儒者:为什么要进行艺术活动?儒者引用儒家经典"乐以为乐"作答。第一个"乐"是指音乐,第二个"乐"指快乐:音乐活动可使人快乐。墨子说"乐以为乐"与"室以为室"一样,是同语反复,故意混淆概念,取笑儒家。

荀子《乐论》批评墨子"非乐",阐述儒家艺术观。荀子说:"人情之所必不免也,故人不能无乐。乐则必发于声音,形于动静。而人之道,声音动静,性术之变尽是矣。"荀子把乐分为雅颂之声和姚冶之乐,认为姚冶之乐使人"流僈鄙贱",雅颂之声使人"志意得广""容貌得庄""行列得正"。作为雅颂之声的礼乐,使人快乐。"故先王贵礼乐而贱邪音","以道制欲,则乐而不乱,以欲忘道，则惑而不乐"。

荀子认为，乐作用于人的情感，作用于社会，证明乐不可非："是先王立乐之方也，而墨子非之，奈何？"强调"乐"可以协调关系："可以善民心，其感人深，其移风易俗，故先王导之以礼乐而民和睦。"荀子认为，"和"是乐的功能。"和"是协调关系："乐在宗庙之中，君臣上下同听之，则莫不和敬。闺门之内，父子兄弟同听之，则莫不和亲。乡里族长之中，长少同听之，则莫不和顺。""礼乐之统，管乎人心矣。"

荀子结论："乐者治人之盛者也。"即音乐是圣王治国的手段。墨子不识音乐的教化作用，不知人情之真谛，"犹瞽之于白黑也，犹聋之于清浊也。"墨子"非乐"，理由是"为乐"亏夺民衣食之财。

荀子《富国》说，统治者"必将撞大钟，击鸣鼓，吹竽笙，弹琴瑟，以塞其耳。必将雕琢刻镂黼黻文章，以塞其目。必将刍豢稻粱，五味芬芳以塞其口"。墨子认为，享乐活动是浪费，荀子认为是必要，可以"使天下生民之属，皆知己之所愿欲之举在于是也"，达到治国目的。

墨子的价值主体，是劳动人民。劳动人民急需解决的是温饱，不是欣赏音乐。从事音乐活动，影响生产，有害无利。从统治者的角度来说，音乐等艺术活动给他们以美感享受，但墨子认为，统治者挥霍的是劳动人民的血汗。

荀子的价值主体，包括天子、圣人、君子、士大夫、庶民等多层次，各层次有严格区别。荀子说的乐，与礼结合，并称礼乐："乐合同，礼别异。""乐也者，和之不可变者也。礼也者，理之不可易者也。""穷本极变，乐之情也。着诚去伪，礼之经也。墨子非之，几遇刑也。明王已没，莫之正也。愚者学之，危其身也。君子明乐，乃其德也。乱世善恶，不此听也。呜乎哀哉，不得成也。"荀子以统治阶级代言人的身份，批评墨子，体现统治阶级的价值观。

人要表达思想感情。言之不足，歌以咏之。歌咏不足，手之舞之，足之蹈之。歌舞艺术活动，是思想感情的流露。饥者歌其食，劳者歌其事。音乐舞蹈等艺术活动，产生于劳动。在劳动中发出"杭育杭育"的呼号声，是最早的音乐形式，可以协调动作。

人需要进行音乐等艺术活动。肖贝尔作词、舒伯特作曲的《致音乐》说："可爱的艺术"，"你安慰了我生命中的痛苦，使我心中充满了温暖和爱情，把我带进美好的世界"，"每当受苦的人把琴弦拨动，发出了一阵甜蜜圣洁的和声，使我幸福好像进入天堂。可爱的艺术，我衷心感谢你！可爱的艺术，我感谢你。"歌曲表达的对音乐艺术的感受具有普遍性。古今中外所有的人，都不可能与音乐等艺术活动绝缘。

音乐有重要的社会功能。一曲悲壮的《国际歌》，令全世界无产者觉醒振奋，为共产主义事业奋斗，甚至献出生命。音乐等艺术活动，有教育感化、协调关系、陶冶品性、培养情操的功能。随着经济发展和物质生活水平提高，精神生活、文化娱乐水平也相应提高。现在不能学墨子继续"非乐"，要适当发展音乐等艺术活动，并使之同经济、政治、伦理、教育、科学等文化各领域，相辅相成，互相补充，互相促进，谐调发展。

第五节 军事学

一、守御技巧

墨者有系统的军事学说，也叫兵学、战争学，它是积极防御的战略战术，不同于以大国进攻战为研究对象的军事学说，例如《孙子兵法》。墨家在战国的特殊历史时期，是一个学术性兼政治军事性的集团，带有明显的军事特征，是墨者的特点。《公输》载，墨翟弟子"禽滑厘等三百人"，持墨翟"守御之器"，在宋城上从事止楚攻宋的伟大事业。此事遍载史籍，可歌可泣，可书可颂。

墨子非攻救守，司马迁评论墨子"善守御"。班固《汉书·艺文志》说："右兵技巧十三家，百九十九篇。"班固自注："省《墨子》，重。"班固把《墨子》军事篇归入"兵技巧"类，因"墨家"类列入"《墨子》七十一篇"，为避免重复，所以在"兵技巧"类，省列《墨子》。

班固《汉书·艺文志》据刘向《别录》和刘歆《七略》，在"兵家"项分"兵技巧"类，定义说："技巧者，习手足，便器械，积机关，以立攻守之胜者也。""习手足"：训练手足技巧。"便器械"：制造方便器械。"积机关"：设置机巧关节。这都是墨者军事学说的长项优势。墨者任侠仗义，扶弱抑强。《经上》说："任（侠），士损己而益所为也。"《经说上》解释说："任（侠）。为身之所恶，以成人之所急。"

二、兵法技巧

班固在《汉书·艺文志》中，定义"兵技巧"说："技巧者，习手足，便器械，积机关，以立攻守之胜者也。"墨家的"兵技巧"理论，目的是为了"立攻守之胜"。

1. 闲习手足。"习手足"：训练手足技巧。墨者在当时的特定历史条件下，由贵义任侠而学军救守，组成一个带军事性的学术团体。墨者教弟子"能谈辩者谈辩，能说书者说书，能从事者从事"，"从事"包括由学军到从军。墨子的教育，有"学射"等军事科目。

《公孟》说："二三子有复于子墨子学射者。"专门提炼哲学、逻辑和科学范畴的《墨经》，以射箭为例说："矢至侯（布制箭靶）中，志功正也。"即射箭射中靶心，是动机和效果的正好符合。《备高临》记述需十人操作的大型兵器"连弩车"，更需用熟练的技能和灵敏的智力配合，是墨家"兵技巧"训练的重要项目。

2．制造器械。"便器械"：制造方便器械。墨家熟悉木、车、制陶、皮革、冶金、建筑等百工技艺，把这些技艺应用于军事，设计、制造了各种方便作战、有更大杀伤力的军事器械，如连弩车、转射机、窑灶鼓橐等。《公输》记载，墨子豪情万丈，理直气壮地对楚王说："臣之弟子禽滑厘等三百人，已持臣守御之器，在宋城上，而待楚寇矣。"

《备高临》记载，墨家设计制造重兵器连弩车。发射机关"连弩机郭用铜"，"一石三十斤"。[①]《汉书·律历志上》说："三十斤为钧，四钧为石。"用以产生弹力的弓弦，"以弦钩弦，至于大弦"。引张弓弦，非单靠手足力量，而是"引弦辘轳收"，用力士十人操作。"矢长十尺"。"如弋射，以辘轳卷收"。用矢无数，"出入六十枚"。

墨者为积极防御当时强大国家侵凌弱小国家的不义战争，利用其技术优势，特意设计、制造有强大杀伤力的重

[①] 150斤约合今34公斤。参见杨宽：《战国史》，上海人民出版社1980年版，第440页。

兵器。转射机（简称"射机、掷车、技机、奇器"等），是利用杠杆原理制造的抛掷机械，是古代防御战的重兵器，为古炮原型，用以抛掷石弹、利剑、炭火筒、蒺藜球等杀伤物。窑灶鼓橐，是利用风力传播烟雾熏敌的守城战具，是采矿、冶金、制陶技术在军事上的运用。

3. 设置关节。"积机关"：设置机巧关节。"机关"，本指弩箭上的发动设施，引申为一切机巧关节。《备城门》描述"引机发梁"的机关说："去城门五步大堑之，高地丈五尺，下地至泉，三尺而止，施栈其中，上为发梁而技巧之，比傅薪土，使可道行，旁有沟垒，毋可逾越，而出挑且北（败），敌人遂入，引机发梁，敌人可擒，敌人恐惧，而有疑心，因而离。"

通过精心伪装，用机械牵引的活动吊桥，加上"兵不厌诈"的诱敌谋略，可以达到擒敌的目的，这是工匠技艺和兵家谋略的结合。《备穴》篇描述"罂听"，是利用声传播原理设计、制造的原始测声仪，是工匠技艺和科学知识的结合。

三、积极防御

墨家以"善守御"著称，在汉语的文化沉淀中，留下"墨守"（"墨翟之守"）的术语。"守"，即防守、防御。作为战争行动方式，防守有战略、战役和战术防御之分。

就防御在战争、战役乃至战斗中对全局的影响而论，有积极和消极的区别。

战争目的，是消灭敌人、保存自己，二者相辅相成。作为手段，进攻和防御是相互联系、相互制约的两个方面。进攻是消灭敌人的主要手段，同时也是为了保存自己，因为不消灭敌人，则自己将被消灭。

防御是为了保存自己，但同时也是辅助进攻，或准备转入进攻的一种手段。这两个方面，进攻是主要的，防御是第二位的。只有大量消灭敌人，才能有效保存自己。防御是不是积极的，主要看是否有助于进攻，或有助于转入进攻。在这个意义上，战略、战役和战术防御，都有积极与消极的区别。

墨家论进攻和防御，是消灭敌人和保存自己的军事辩证法，是一般辩证法的组成部分。墨者在论证"同异交得"的一般辩证法原则时，列举例证说："剑犹甲，死生也"，意指剑这种致敌死命的进攻性武器，也像铠甲一样，有保存自己生命的防御作用，具有"死生"两种对立的性质。致敌死，是为了保己生；必要进攻，是为了有效防御。这里揭示出进攻与防御的军事辩证法。"墨翟之守"，世代留名，无论在战略、战役、战术上，都是积极防御。

四、入守出诛

墨子"非攻",不是反对一切战争。墨子不是反对一切战争的"非暴力主义者""和平主义者"。这样的误解,在墨子时代已经存在。墨子向当时"好攻伐之君",宣传"非攻"学说。好战国君为自己攻伐掠夺的行为辩护,非难墨子说:"子以攻伐为不义,非利物与?昔者禹征有苗、汤伐桀、武王伐纣,此皆立为圣王,是何故也?"把墨子"非攻"解释为"以攻伐为不义",是错误的。墨子不是把一切"攻伐"(战争)都归结为"不义",加以反对。

在战略上,墨家在刀兵四起、"大攻小,强执弱"的形势下,选择"守小国",确定战略防御的方针。这种战略防御不是消极的,是积极的。"守小国"不限于守自己家乡,无论什么地方出现大国、强国攻伐掠夺小国、弱国的情况,墨者都全力制止。

《非攻下》载墨子说:"大国之攻小国也,则同救之。"墨家救守,是主动行动。《尚贤中》说:"入守则固,出诛则强。"坚固设防守御,强力诛讨不义,全面表达墨子积极防御的方针。《非攻下》载,墨子针对"好攻伐之君"的误解,驳辩说:"子未察吾言之类,未明其故者也:彼非所谓'攻',谓'诛'也。"

墨子力主战争分为正义和非正义两类:大国、强国攻伐掠夺小国、弱国为不义；而小国、弱国组织自卫，抗击和诛讨敢于入侵的敌寇，是正义的举动。前者为"攻"，后者为"诛"，概念类别不同，物情事理有别，不可混淆。

战略防御在总体上处于守势，不主动攻击别人。积极的战略防御在总体上处于守势，为了有效防御，根本消除威胁，有时也采取进攻手段，打出去，并且打赢，这就是墨子所说的"诛"。把"诛"纳入战略防御可采取的行动范围，表现墨家战略防御的积极性质。积极的战略防御，要以充分的物质准备为前提。

坚固防守、积极防御，是墨家军事思想的出发点。《七患》说："城郭沟池不可守"，"敌国至境，四邻莫救"，"自以为安强而无守备，四邻谋之而不知戒"，是国之患。并说："库无备兵，虽有义不能征无义。城郭不备全，不可以自守，心无备虑，不可以应卒（敌国突然进犯的事变）。""备者国之重也。食者国之宝也，兵者国之爪也。城者所以自守也。此三者国之具也。"积极的战略防御，包括在充分物质准备基础上主动出击的"伐交"。通过主动行动，制止将要发生的不义攻伐，是战略防御积极性质的表现。

著名实例有墨子止楚攻宋、止鲁阳文君攻郑、止齐国攻鲁等。鲁国是墨子住地，是小国，春秋后期国势衰落，战国前期不断受到北方大国齐国的攻掠。为了存鲁抗齐，墨子多次游齐，劝说齐国将领和贵族，宣传"非攻"学说。《鲁问》记载，墨子为节制齐国将领项子牛对鲁国的侵略，指派弟子胜绰做项子牛侍从。胜绰接受项子牛的厚禄，支持、纵容项子牛对鲁国攻掠。墨子把胜绰请退，给予严厉批评。

一次，墨子听说项子牛要率兵伐鲁，对项子牛说："伐鲁，齐之大过也。昔者吴王东伐越，栖诸会稽。西伐楚，保昭王于随。北伐齐，取国子（齐将国书）以归于吴。诸侯报其仇，百姓苦其劳，而弗为用。是以国为虚厉（败亡）、身为刑戮也。昔者智伯伐范氏与中行氏，兼三晋之地，诸侯报其仇，百姓苦其劳。而弗为用，是以国为虚厉，身为刑戮也。故大国之攻小国也，是交相贼也，过必反于国。"

《非攻中》载，墨子援引历史经验，证明齐伐鲁是犯了大错，告诫项子牛说："君子不镜于水而镜于人。镜于水，见面之容。镜于人，则知吉与凶。今以攻战为利，则何不鉴之于智伯之事乎？此其为不吉而凶，既可得而知矣。"

墨子用吴国和智伯的教训，分析齐国自恃其大，频繁伐鲁，必然失道寡助，百姓离叛，玩火自焚，搬起石头砸自己的脚。墨子对齐太公田和说："现在有一把刀，用它来砍人，以检验它锋利不锋利。假如被试者人头猝然落地,这算是锋利吗?"齐太公说:"锋利!"墨子又说:"用它砍许多人,人头都猝然落地,这刀算是锋利吗?"齐太公说:"当然锋利!"墨子问:"刀是锋利,但谁应该承担杀人的责任呢?"

齐太公说:"刀被证明是锋利的,但试刀的人应该承担杀人的责任。"墨子问:"并国覆军,贼杀百姓,孰将受其不祥?"齐太公想了一会儿说:"我受其不祥。"在墨子大义凛然,振振有词的驳辩下,齐太公田和,终于自认齐伐鲁的罪责,应该由自己承担。这是墨子一次成功的游说、"伐交"活动。

五、非攻救守

墨子从劳动人民朴素的道德观念,概括"兼相爱、交相利"的"兼爱"说;又从"兼爱"说,引申"非攻"概念。"非攻"是平民道德的引申。墨子说,"天下之人皆相爱",则"强不执弱,众不劫寡,富不侮贫,贵不傲贱,诈不欺愚","祸篡怨恨"不生。"非攻"和"兼爱",紧密相连,不可分割。

墨子常用私有制社会的普遍道德规范"勿偷盗",类比论证"非攻"。他说:现在有一个人,闯入人家的果园、菜园,偷窃人家的桃李瓜姜。人听到了都会说他不对,当政者抓到了也会惩罚他。什么原因呢?因为他不劳而获,亏人自利。同样，偷人家犬豕鸡豚牛马；屠杀无辜、抢掠衣裘戈剑；翻墙而入，绑架人之子女；挖洞入室，窃人之金玉布帛；等等，都是不仁不义的，应该非难和处罚。

楚国封君鲁阳文君，对弱小邻国宋国和郑国，有攻伐兼并的意图。墨子批评鲁阳文君说，假定有一人，家里牛羊猪狗肉"食之不可胜食"，看见人家做面饼，千方百计偷来，说这样可以节省他家里的食物。墨子问鲁阳文君，这是他食物不够呢，还是他有偷窃病呢？鲁阳文君说：这是有偷窃病。

《耕柱》《鲁问》记载，墨子说，楚国四境之田，荒芜而不可胜辟，看见宋、郑之间有空地，千方百计占据，这也是有偷窃病。墨子对鲁阳文君说，窃一犬一彘而谓之不仁，窃一国一都，则以为义，这是知小物而不知大物。

墨者由任侠尚义，而学军救守，组成带军事性的学术团体。墨徒平时过着半军事化的生活，衣食住行有严格制度，受严密组织纪律的约束。墨者平时研究学问，从事各种事业，而一旦战争爆发，可随时拉出几百人，指挥、组织和参与小国小城的防御战斗。

一次战斗中，有上百名墨徒牺牲，这在各学派中独一无二，构成墨家一大特色。墨子教门徒"能谈辩者谈辩，能说书者说书，能从事者从事"，用文武两手，反对大国对小国的攻伐，保护小国人民的劳动果实和生命财产。

"非攻",即反对攻伐掠夺。"非",即反对。"攻",特指攻伐掠夺的非正义战争。"非攻"是墨子十论之一。在战国初墨子军事哲学观点中,《非攻》《天志》《耕柱》《鲁问》《公输》等篇记载了墨子非攻言行。《备城门》至《杂守》等11篇记载了墨家守城技术和非攻的战略战术思想。

墨子墨家从抑强扶弱的任侠精神出发,反对"大攻小、强执弱"(强大国家攻伐掠夺弱小国家),主张"守小国"(防守弱小国家);批评强大国家攻伐掠夺弱小国家是最大的"不义",认为"好战之国齐晋楚越"侵凌攻伐弱小国家鲁卫宋郑,抢掠财富残害人。

墨子实施"非攻"主张,积极从事止楚攻宋郑和止齐攻鲁等活动,在言辞游说的同时,还组织弟子禽滑厘等三百人持特制的守御之器,协助保卫宋城。墨子辩称历史上"禹征有苗,汤伐桀,武王伐纣",不是"攻"(攻伐、侵略),而是"诛"(以有义诛讨和惩罚不义),不在反对之列。

墨子"非攻"的主张,是战国初期特殊历史条件的产物。随着战国中后期兼并战争的发展,后期墨家在《墨经》中已不再直接明确地提出和论证"非攻"的主张。因为当时中国已接近于由秦国用攻战方式统一。入秦墨者,已由秦相吕不韦收编,参与写作《吕氏春秋》,顺应中国由诸侯分治归于全国大一统的趋势。

《鲁问》说:"国家务夺侵凌,即语之兼爱非攻。"《非攻下》说:"今且天下之王公大人士君子,中情将欲求兴天下之利,除天下之害,当若繁为攻伐,此实天下之巨害也,今欲为仁义,求为上士,上欲中圣王之道,下欲中国家百姓之利,故当若非攻之为说,而将不可不察者此也。"

墨子"非攻"学说,是劳动人民期待和平生活、保护劳动成果的朴素愿望的提升。墨子从劳动人民朴素的道德观念出发,概括出"兼相爱,交相利"的兼爱说,又从"兼爱"说出发,引申出"非攻"的概念。墨子用私有制社会普遍的道德规范"勿偷盗",类比论证"非攻"的概念。

天下好战之国为齐晋楚越,要使这四国得意于天下,即使再有十倍多人口,都开发不完广袤的土地。这四国本来是人不足,土地有余,现在却又要争地以战,互相攻杀,这是"亏不足(人口)而重有余(土地)"的蠢事。

总之,墨子"非攻",不是反对一切战争,没有把一切攻伐战争,都归结为不义。墨子在战国大攻小、强执弱的战略形势下,选择守小国,确定积极的战略防御的方针。积极的战略防御,在总体上处于守势,为了有效防御,根本消除威胁,有时也采取短暂的进攻行动,打出去,并且打赢,这就是墨子所说的"诛"(诛讨不义)。把"诛"(诛讨不义)纳入战略防御可采取的行动范围,表现墨家战略防御的积极性质。墨子非攻的学说，至今仍有积极的借鉴价值。

六、战争范畴

战：战争。战在《墨子》文本中出现43次。《经说下》说："闻战。"《修身》说："战虽有陈，而勇为本。"《尚同下》说："厚者有战，而薄者有争。"《兼爱中》说："诸侯不相爱，则必野战。""诸侯相爱，则不野战。""攻城野战。"

《兼爱下》说："被甲婴胄将往战。"《非攻下》说："好战之国齐晋楚越。"《节用上》说："攻城野战死者，不可胜数。"《节葬下》说："出战不克。"《明鬼下》说："大战于甘。""战乎牧之野。"《公孟》说："战且扶人，犹不可及也。"《鲁问》说："战而死。""一夫之战，其不御三军。""鼓而使众进战。""舟战于江。"《备穴》说："且战北（败）。"《杂守》说："男子以战备。"

墨子所提消除战争的方案，是实行"兼爱"，各国互相以仁义的原则相待。《兼爱中》说："诸侯相爱则不野战。"《非攻中》用因攻战而灭亡的历史教训，劝说攻战者放弃攻战。《非攻中》说："'……古者封国于天下，尚者以耳之所闻，近者以目之所见，以攻战亡者，不可胜数。何以知其然也？东方自莒之国者，其为国甚小，间于大国之间，不敬事于大，大国亦弗之从而爱利，是以东者越人夹削其壤地，西者齐人兼而有之，计莒之所以亡于齐越之间者，以是攻战也。虽南者陈蔡，其所以亡于吴越之间者，亦以攻战。虽北者且不一著何，其所以亡于燕代胡貊之间者，亦以攻战也。'是故子墨子言曰：'古者王公大人，诚欲得而恶失，欲安而恶危，故当攻战而不可不非。"

墨子揭露和批判"饰攻战者"（粉饰攻战者，好战者）为好战论证的言论，从"保护小国"的立场出发，批判大国好战的言论，有一定合理性。从春秋末到战国末大国兼并的状况是中国实现大一统的客观历史趋势的必然表现来说，墨子言论的合理性又有一定限度。这是墨子言论合理性和非合理性的"同异交得"（对立统一），是春秋战国数百年中国社会客观辩证运动规律性导致的悖论。

七、进攻范畴

攻：进攻，攻战。与守（防守，防御）相对。攻在《墨子》文本中出现144次。《兼爱上》说："若使天下兼相爱，国与国不相攻。"《非攻上》说："大为非攻国，则不知非，从而誉之，谓之义，此可谓知义与不义之辩乎？"

《非攻下》说："今天下之诸侯将犹多皆攻伐并兼。""今逮夫好攻伐之君，又饰其说以非子墨子曰：'以攻伐之为不义，非利物与？昔者禹征有苗，汤伐桀，武王伐纣，此皆立为圣王，是何故也？'子墨子曰：'子未察吾言之类，未明其故者也。彼非所谓'攻'，谓'诛'也。"

《节用上》说："大人惟毋兴师以攻伐邻国。"《节葬下》说："南有楚越之王，而北有齐晋之君，此皆砥砺其卒伍，以攻伐并兼为政于天下。"《天志下》说："今天下之诸侯，将犹皆侵凌攻伐兼并。"《耕柱》说："今大国之攻小国也，（被）攻者，农夫不得耕，妇人不得织，以守为事。攻人者，亦农夫不得耕，妇人不得织，以攻为事。"

《公孟》说："所（被）攻者不利，而攻者亦不利，是两不利也。"《鲁问》说："国家务夺侵凌，即语之兼爱非攻。"《公输》说："公输盘为楚造云梯之械成，将以攻宋。""吾从北方，闻子为梯，将以攻宋。""公输盘九设攻城之机变，子墨子九距之，公输盘之攻械尽。"

《备城门》说："诸侯畔殷周之国，甲兵方起于天下，大攻小。""今之世常所以攻者：临、钩、冲、梯。"《杂守》说："守者重下，攻者轻去。"

八、防守范畴

守：防守，防御。守在《墨子》文本中出现183次。《七患》说："城郭不备全，不可以自守。""城者所以自守也。""城郭沟池不可守而治宫室，一患也。""君自以为圣智而不问事，自以为安强而无守备，四邻谋之不知戒，五患也。""以七患守城，敌至国倾。"

《尚贤中》说:"贤人归之,以此谋事则得,举事则成,入守则固,出诛则强。""与谋事不得,举事不成,入守不固,出诛不强。"《尚同中》说:"谋事得,举事成,入守固,出诛胜者,何故之以也?曰:唯以尚同为政者也。"《节葬下》说:"若苟乱,是出战不克,入守不固。"《非命上》说:"守城则不崩叛。"《非命下》说:"入守则不固,出诛则不胜。"

《耕柱》说:"今大国之攻小国也,攻者,农夫不得耕,妇人不得织,以守为事。"《公输》说:"公输盘九设攻城之机变,子墨子九距之,公输盘之攻械尽,子墨子之守御有余。""公输子之意,不过欲杀臣。杀臣,宋莫能守,可攻也,然臣之弟子禽滑厘等三百人,已持臣守御之器,在宋城上,而待楚寇矣!"

《备城门》说:"诸侯畔殷周之国,甲兵方起于天下,大攻小,强执弱,吾欲守小国,为之奈何?"《备高临》说:"子问羊黔之守邪?羊黔者,将之拙者也,足以劳卒,不足以害城。守为台城。"

《备梯》说:"敢问守道?""愿遂问守道。""问云梯之守邪?""守为行堞。"《备穴》说:"问穴土之守邪?""子问蚁附之守邪?蚁附者,将之忿者也,守为行临射之,校机藉之,擢之,太泛迫之,烧荅覆之,沙石雨之，然则蚁附之攻败矣！"①

《迎敌祠》说："凡守城之法，县师受事。""二三子夙夜自厉，以勤寡人，和心比力兼左右，各死而守。"《旗帜》："巷术周道者，必为之门，门二人守之。""诸守柞格者，三出却适，守以令召赐食前。"

《号令》说："敌人且至，千丈之城，必郭迎之，主人利，不尽千丈者勿迎也。视敌之居曲，众少而应之，此守城之大体也。""凡守城者以亟伤敌为上，其延日持久以待救之至，明于守者也，不能此，乃能守城。"

《杂守》说："守者重下，攻者轻去。""凡不守者有五：城大人少，一不守也；城小人众，二不守也；人众食寡，三不守也；市去城远，四不守也；蓄积在外，富人在墟，五不守也。"

九、入守则固

《尚贤中》说："入守则固，出诛则强。"入守城池，则坚不可摧；出诛不义，则强劲有力。守固诛强，相辅相成，相互为用。"守固"方能"诛强"；"诛强"利于守固。

---

① "蚁附"：像蚂蚁一样，附着（紧贴着）城墙，攀爬登城。"蚁"原文"蛾"（yǐ），"蛾"古同"蚁"。"附"原文"傅"，"傅"通"附"，附着（紧贴着）之意。

"守固""诛强"兼顾，是积极防御战略战术的全面规定。

《尚同中》说："其为政若此，是以谋事得，举事成，入守固，出诛胜者。"正面说明墨家积极防御战略战术的两面规定。《节葬下》说，"以厚葬久丧者为政"，则"出战不克，入守不固"。即"厚葬久丧"，导致"出战"（出诛）不胜，"入守"城池不能固若金汤，从反面说明墨家积极防御战略战术的两面规定。

积极防御，坚固防守，是墨家军事思想的重点。坚持积极防御的军事思想，是墨家学派社会性的必然要求。墨子是劳动者的圣人，墨家是劳动者的学派，墨书反映劳动者的心声。劳动者要生存，世代繁衍，需要保卫自己的劳动成果不被掠夺，保卫自己的和平生活不被干扰，武装自卫是不得已，是被迫的，是由攻掠者逼出来的，自卫战是后发制人。

《七患》说："备者国之重也。食者国之宝也，兵者国之爪也。城者所以自守也。此三者国之具也。""库无备兵，虽有义不能征无义。城郭不备全，不可以自守，心无备虑，不可以应卒（敌国突然进犯的事变）。""城郭沟池不可守"，"敌国至境，四邻莫救"，"自以为安强而无守备，四邻谋之而不知戒"，是国家的祸患。

墨子止楚攻宋，当游说辩论未完全解决问题时，他严正地指出："臣之弟子禽滑厘等三百人，已持臣守御之器，在宋城上，而待楚寇矣，虽杀臣，不能绝也。"可见军事实力和充足战备，是和平谈判的后盾。

十、墨翟之守

战国时有"墨翟之守"的成语流传，意指"坚固防守"。《战国策·齐策六》说："今公又以弊聊之民，距全齐之兵，期年不解，是墨翟之守也。"《史记·鲁仲连邹阳列传》说："今公又以敝聊之民，距全齐之兵，是墨翟之守也。"

"墨翟之守"一语也叫"善守"，意指最佳防守。史称墨子"善守"，以"善守"闻名。"墨守"义同"善守"。司马迁《史记·孟子荀卿列传》说墨子"善守御"。《四库全书》有古籍27卷，出现"墨翟之守"28次；396卷出现"墨守"500次；872卷出现"善守"990次；28卷出现"善守御"29次。

东汉经学家何休（129—182）喜好公羊学，著书题《公羊墨守》注说，意为《春秋公羊传》"义理深远，不可驳难，如墨翟之守城也"，即就像墨子守城，坚固难犯。郑玄（127—200）针锋相对，著书《发墨守》，反驳何休，见《后汉书·郑玄传》。

成语"墨守成规"中"墨守"二字，借用"墨子善守"和"固守"之意。"墨守"和"善守"，是墨家积极防御的战略战术和军事思想,有重要的历史意义和积极的现代应用价值。墨子"心无备虑,不可以应卒"的名言,对今日中国的世界的安全战略,仍有积极的启发借鉴意义。

十一、墨守成规

"墨守成规"从"墨守城规""墨守阵规"演化而来。"城""成"同音,故"墨守城规"演化为"墨守成规"。古"阵"本作"陈",故"墨守阵规"亦作"墨守陈规"。战国时墨子善于守城,后来用"墨守成规"形容因循守旧,不肯改进。

从"墨守成规"主体看,以墨家弟子为主体的军事集团,为统治者所忌。从"墨守成规"后果看,精英弟子在历次守城之战大量牺牲,传承中断。从"墨守成规"延伸贬义看,墨家弟子因循守旧,无人继往开来,发展墨学。从"墨守成规"目的看,墨家奋斗目标定位不明,弟子变质。继承发扬墨学精华,淘汰抛弃墨学不适应时代部分,优秀传统文化才能成为时代前进的底蕴动力。

十二、兴师诛罚

兴师诛罚即出师诛讨不义。《非儒下》说:"抑暴残之国也,圣将为世除害,兴师诛罚,胜将因用儒术令士卒曰:

'勿逐奔，掩函勿射，驰则助之重车。'暴乱之人也得活，天下害不除，是为群残父母，而深贼世也，不义莫大焉。"

即墨家主张为世除害，对残暴的入侵之敌，兴师诛讨，予以歼灭。如果已取得部分胜利的将领，用儒家思想命令士卒说："不追逐逃奔之敌，掩盖箭函不向逃奔之敌射箭，敌方战车驰回则帮助引挽重车。"这使暴乱之人得活，不为天下除害，是对天下父母的残暴，是天下的大害，是最大的不仁义。对残暴入侵者的仁义，就是对天下父母的不仁义。战争是敌我双方你死我活的武装搏斗，目的和本质是消灭敌人，保存自己。在你死我活的殊死搏斗中，主张对敌人仁慈，等于对人民残忍。墨者反驳儒家"君子胜不逐奔，掩函勿射，驰则助之重车"的论点，是宋襄公蠢猪式的仁义道德。

《孙子兵法》说"归师勿遏"，"穷寇勿迫"，主张对逃归的敌军不拦截，对穷困的敌寇不追击。墨者"为世除害""兴师诛罚"不义的观点，"宜将剩勇追穷寇""除恶务尽"的精神，反映了战争的目的、本质和规律，是积极防御战略方针的表达。

十三、剑犹如甲

"剑犹甲，死生也"，即剑这种致敌死命的进攻性武器，有如铠甲一样，有保存自己生命的防御作用。这是军事辩证法的典型事例。《经说上》说："同异交得：于富家良知，有无也。比度，多少也。蛇蚓旋圆，去就也。鸟折用桐，坚柔也。剑犹甲，死生也。"

"同异交得"，即同异相互渗透和同时把握。同异相互渗透，是物质实体存在的规律，本体的规律。同异同时把握，是思维认识的规律、辩证法、辩证逻辑的规律。客观事物的同异相互渗透，要正确认识世界应同时把握同异两面，这体现了世界观和认识论、方法论、逻辑学的统一，存在规律和思维规律的一致。"同异交得"是辩证法对立统一规律的别名，另一种表述。"同异交得"即事物相异、对立的性质，统一于一物之身；同一物分裂为相异、对立的两面。

语境显示，墨家关于进攻和防御、消灭敌人和保存自己的军事辩证法，是其一般辩证法的组成部分。同一种进攻性武器"剑"，具有"死生"两种对立性质。致敌人死，是为了保自己生；消灭敌人，是为了保存自己；必要的进攻，是为了有效地防御。这是"剑犹甲，死生也"这一"同异交得"典型事例的启示，是对消灭敌人与保存自己、进攻与防御军事辩证法的揭示。

战争的目的是保存自己，消灭敌人。古代战争用矛用盾：矛是进攻的，为了消灭敌人；盾是防御的，为了保存自己。进攻，是直接为了消灭敌人，同时也是为了保存自己,因为如不消灭敌人,则自己将被消灭。

剑与矛一样,是进攻性武器,用于消灭敌人。铠甲与盾一样,是防御性装备,用于保存自己。"同异交得"的典型事例是"剑犹甲,死生也",揭示消灭敌人与保存自己、进攻与防御的军事辩证法,它贯穿于墨家全部军事思想,反映了战争的矛盾、本质和规律,是其积极防御的战略战术的哲学基础,对现代和未来人民的防御战争、反侵略战争,有重要启迪。

十四、勇敢范畴

"勇":勇敢。《经上》说:"勇,志之所以敢也。"《经说上》解释说:"勇。以其敢于是也命之,不以其不敢于彼也害之。""志":意志、思想。"是":此(这件事),跟彼(那件事)相对。《亲士》说:"孟贲之杀,其勇也。"即孟贲的被杀,是因为逞勇。孟贲是战国勇士、大力士。

《修身》说:"战虽有陈,而勇为本焉。"《兼爱中》说:"昔越王勾践好士之勇。"《兼爱下》说:"昔者越王勾践好勇。"《非攻下》说:"将不勇。"《明鬼下》说:"勇力强武。"《耕柱》说:"子墨子谓骆滑氂曰:'吾闻子好勇。'"《备梯》说:"客众而勇。"《备蚁附》说:"令勇士随而击之,以为勇士前行。"《号令》说:"勇敢为前行。"

"敢":勇敢。敢于此不敢于彼:有所敢有所不敢。墨子全面分析敢和不敢。《经上》说："勇，志之所以敢也。"《经说上》解释说："以其敢于是也命之，不以其不敢于彼也害之。"勇敢是人的思想意志敢于做某事。有所敢，必有所不敢。敢于上山打虎，未必敢于下海救人。不敢于后者，不妨碍敢于前者。这是敢和不敢的"同异交得"。

十五、任侠范畴

"任"：任侠，职任。《经上》说："任，士损己而益所为也。"《经说上》解释说："任。为身之所恶，以成人之所急。""任"即保护。《说文解字》说："任，保也。"引申为以保护弱者为己任的侠义行为。墨子及其门徒有任侠的侠义精神，把任侠的侠义勇敢精神，应用到军事学术，形成积极防御的战略战术，用于保护被侵略的小国弱国人民，抵抗大国强国攻伐掠夺。

十六、伤敌为上

《号令》说："凡守城者以亟伤敌为上。"即守城一方以急速杀伤敌人为最佳选择。尽可能多地歼灭入侵之敌，是积极防御的战略战术要求。墨家主张积极防御（攻势防御、决战防御），在防御中实施进攻，歼灭入侵之敌，反对消极防御（专守防御、单纯防御），即不实施进攻，只阻挡敌人进攻，被动挨打。

墨家主张以有义征伐无义的正义战争，歼灭入侵之敌，反对攻伐掠夺的不义战争。《旗帜》说，在防御中"三出却敌"者受奖。《备梯》说，敌人进攻受挫，"引兵而去"，"则令吾死士左右出穴门，击溃师，令贲士、主将皆听城鼓之音而出"，这是在战斗中集中优势兵力，歼灭溃逃之敌，并说"因素出兵施伏"，"破军杀将"。墨家主张屡屡出兵实施埋伏，出其不意地歼灭敌人。

《备城门》记述有伪装成"可道行"的"机巧""发梁"，"出挑且败"，引诱"敌人遂入"，"引机发梁，敌人可擒"。《备穴》说："穴中与敌人遇，则皆御而毋逐，且战败以须炉火之燃也。"在地道中与敌人相遇，仅防御而不追逐，并且伪装成战败以等待炉火燃烧，鼓烟熏敌。这都是使用"变诈之兵"，以最大限度地杀伤消灭敌人。

《墨子》军事各篇，记"强弩射""技机掷""奇器投""夹而射""重而射""桔槔冲""行临射"等，在当时都是强有力的歼敌手段，目的是尽可能多地歼敌，转化力量对比，以赢得积极防御战的胜利。

战争由战役构成。战役不是进攻，就是防御。对一方是进攻，对另一方就是防御。战略上处于防御一方，战役不一定都是防御。战役进攻越多，战略防御越积极。处在战略防御地位，战役主要是防御。战役主要为进攻，战略也就由防御，转为反攻。战役进攻，主要目的是消灭敌人。

战役防御，主要目的是保存自己。有效保存自己的进攻，是成功的进攻。战役防御是积极的，或是消极的，主要看能否在有效保存自己的同时，大量消灭敌人有生力量。

墨家在战略上采取"守小国"的防御态势，其战役主要为防御。墨家"善守御"，指墨家善于开展积极的战役防御和战术防御。墨家善于开展积极的战役防御，首先在于它在战役的安排上，要求最大限度保存自己。古代防御战，主要是依靠具有坚固城墙、宽阔护城河的"城池"。墨子在防御战中，主张集中力量守城。防御是城池的本质规定。

《七患》说："城者，所以自守也。"当时城中积累较多财富，聚居较多居民，有发达的手工业和商业。墨子提出，将不便守御、分散于交通要道和小城镇的人民、财产，转移到大城市中保护。

《号令》说："论小城不自守通（交通要道）者，尽保其老弱、粟米、畜产。"《备城门》说："城小人众，保（全）离乡（近边境之邑）老弱国中及他大城。"《大取》主张牺牲局部，保护全局，犹如遇到强盗，谋财害命，采取"断指以免身"的策略。

《迎敌祠》《备城门》和《号令》说，敌人大军压境，不得已在所守城池周围，采取坚壁清野方针："城之外，矢之所逮，坏其墙，无以为客（敌）御。""去池（护城河）百步，墙垣、树木大小俱坏伐除去之。""去郭百步，墙垣、树木大小尽伐除之，外空井尽室（塞）之，无令得汲也。外空室尽发（拆除）之。诸可以攻城者尽纳城中。……当路材木不能尽纳，既烧之，无令客（敌）得而用之。"

这些措施，是为了征集守城的物资，避免被敌人利用来攻城。同时，也是为了不给敌人提供隐蔽藏身、接近城墙的条件，便于消灭敌人。在规定守城措施时，已考虑到消灭敌人的因素，表明墨家战役防御的积极性。墨家善于开展积极的战役防御，还在于它在战役的安排上，要求最大限度消灭敌人。

墨者主张，在防御战中，要尽可能采取积极攻势行动，力争最大限度消灭敌人有生力量。《号令》说："凡守城者以亟伤敌为上。其延日持久以待救之至，不明于守者也，不能此，乃能守城。"即守城一方，应把杀伤来犯之敌，作为当务之急。如果消极等待救兵，旷日持久，对守城者来说，是不明智的。能做到最大限度消灭敌人，就能把城守住。这是墨家积极防御战的经典之言。

《号令》说："千丈之城，必郭迎之，主人（守方）利，不尽千丈者勿迎也。视敌之居曲，众少而迎之，此守城之大体也。其不在此中者，皆心术与人事参之。"作为守城的大原则，要求有万户居民的城市，要在外城迎击敌人,这样对守方有利。

具体战法,应视敌我力量对比等具体因素酌定。"其不在此中者,皆心术与人事参之",更表明原则性与灵活性的统一,对许多具体条件下的特殊情况而言,要根据具体的主客观条件,决定如何迎敌,大原则是要"以亟伤敌为上"。

《旗帜》规定,"守柞格(壕池内外的木栅)者",若"三出却敌"(三次出击打败敌人),要受到太守隆重宴请,给予最高奖赏,赐予封邑,赠予财物,授予大旗。当敌人用云梯攻城被打败,"引兵而去"时,"则令吾死士(敢死队)左右出突门,击溃师"。"令贲士(勇士)、主将,皆听城鼓之音而出(击)"。要利用一切条件,设计策"出兵施伏",隐蔽接近敌人,出其不意打击敌人。

墨家善于开展积极的战役防御,又在于主张在战役取得胜利后要追击穷寇,不留情面,为世除害。儒者宣扬"君子胜不逐奔,掩函弗射,驰则助之重车"(君子打胜仗,不追逐逃跑的敌人,按着箭囊不射,帮助逃跑敌人引挽重车),墨者在《非儒》中对此给予批判,指出这不符合两军对垒、你死我活的战争规律。

墨子说:"若皆仁人也,则无说(理由)而相与(敌)。仁人以其取舍是非之理相告,无故从有故也,弗治从有知也,无辞必服,见善必迁,何故相与(敌)?若两暴相争，其胜者，欲不逐奔，掩函弗射，驰则助之重车，虽尽能，犹且不得为君子也。意残暴之国也，圣人将为世除害，兴师诛罚，胜将因用儒术令士卒曰：勿逐奔，掩函弗射，驰则助之重车，暴乱之人也得活，天下害不除，是为群残父母，而深贼（害）世也，不义莫大焉。"

墨子举出交战双方的几种可能。如果双方都是仁人，通过讲理、辩论，就可解决问题，何必打仗？如果双方都是暴人，即使他们能做到"胜不逐奔"等，也不会因此就成为君子。如果一方为暴人，一方为仁人，那么仁人就应该奉行为世除害的方针，兴师诛罚。如果这时命令士兵"胜不逐奔"等，使暴人得以逃脱，为天下留下祸根，这是残害天下父母，对世人不利，是最大的不义。

墨子有坚定明确的是非、善恶观念，有"宜将胜勇追穷寇"的意境。与《孙子兵法》说的"归师勿遏""穷寇勿迫"相比，墨子的话更符合战争"你死我活"的本质规律。

十七、有备无患

不好战，不可不备战。《七患》说："备者国之重。""库无备兵，虽有义不能征无义。"墨家的战术防御是积极的，首先是设想在防御中遇到的各种困难，预作充分准备。《墨子》城守11篇，7篇以"备"为篇名第一字，多是制定守城防御战法。

鲁班设计进攻战战术、战法和武器装备。墨子模拟守城，比鲁班稍胜一筹。墨子充分研究守御战术、战法。在防御战中，有充分战术、战法准备，可掌握战斗的主动权。战役由战斗构成。战斗是武器、人力和勇敢精神的较量，又是战术、战法和智慧的较量。

为防御战创造的战术、战法，为防御而制备的武器、工事和器械，属于战术防御范畴。积极的战术防御，是说防御战中所使用的战术、战法、武器、工事、器械等，可有效赢得战斗，最终夺取防御战胜利。《墨子》城守各篇，多有关战术防御。从《备高临》《备梯》《备水》《备突》《备穴》《备蚁附》各篇，可窥见守城战法中，如何贯穿最大限度保存自己和消灭敌人的原则。

十八、军事形势

《备城门》载禽滑厘问墨子："甲兵方起于天下，大攻小，强执弱。吾欲守小国。"墨子时代，齐晋楚越四大国对峙，四分天下。《非攻下》说："今天下好战之国齐晋楚越。"《节葬下》说："南有楚越之王，而北有齐晋之君，此皆砥砺其卒伍，以攻伐兼并。"后形成齐秦楚越韩赵魏燕八国争霸。

越亡后，其余七强并立，即战国七雄，夹在其间的鲁卫宋郑等弱小国，不断受到强大国的攻掠。孙武着重研究大国进攻战的规律，写成千古奇书《孙子兵法》十三篇，影响海内外，万古不朽。墨者着重研究小国防御战的规律，写成"墨守"11篇，与《孙子兵法》交相辉映，犹如双星联璧，各有千秋。

十九、战略任务

"守小国"是墨者从"兼爱"理想出发，根据"大攻小，强执弱"的军事形势，采取的战略抉择。墨者怀抑强扶弱的侠义心肠，采取守小国、扶弱国的立场。其战略任务是最大限度利用小国弱国的人力物力，综合采取政治、经济、军事、外交等手段，最大限度地削弱攻掠一方的有生力量，争取小国弱国防御战的胜利。

墨者规划的小城防御战双方力量对比的规模，是万户守城居民抵挡大国十万正规军。《杂守》说，墨者守城"率万家而城方三里"，即万户居民，城墙周长三里。《备城门》说："客（敌）攻以队，十万之众。"即攻方队伍十万人。这与主要反映大国进攻战规律的《孙子兵法》，说法吻合。《孙子·作战》载孙武说，凡用兵之法"带甲十万"，披铠甲步兵十万。又说："日费千金，然后十万之师举矣。"《用间》载孙武说："凡兴师十万，出征千里。"

万守城居民，与十万攻城大军的力量对比，说明"守小城"的战略抉择，是在严峻的军事形势下被迫做出的，需要巨大的战略勇气和充分的战术准备。

在"大攻小，强执弱"的军事形势下，完成"守小国"的战略任务，必须具备主观条件。墨家主张小国居民，居安思危，积极备战。《杂守》说："安则示以危。"在暂时平安中，要指出遭逢危难的可能。

墨子劝卫君蓄士备武。卫国是比鲁、宋还小的国家，周边与"好战大国"齐晋为邻，不断受齐晋攻掠。卫国上层骄奢淫逸，不思危图强。墨子游说卫国上层，分析强国林立，为求生存，应立志节欲备武，训练军队，不然难免速亡命运。

《贵义》载墨子对卫国卿大夫公良桓子说："卫，小国也。处于齐晋之间，犹贫家之处于富家之间也，贫家而学富家之衣食多用，则速亡必矣。今阅子之家，饰车数百乘，马食菽粟者数百匹，妇人衣文绣者数百人，若取饰车食马之费，与绣衣之财以蓄士（训练军队），必千人有余。若有患难，则使数百人处于前，数百人处于后，与妇人数百人处前后，孰安？吾以为不若蓄士之安也。"

卫国一卿大夫家，有穿锦绣衣服的姬妾数百人，豪华轿车数百辆，吃粮食养肥的马数百匹，腐败奢靡，可想而知。墨子从卫国面临的军事形势出发，告诫卫国统治者，应节欲尚俭，整军备武，改革政治，才能在大国挤压下，长治久安，不致"速亡"。墨子警告，没有引起卫国统治者的重视，卫国在周边强国的攻掠下败亡。

《七患》说，国家大患之一是："自以为安强而无守备，四邻谋之不知戒。""心无备虑，不可以应卒。"看不清军事形势，麻痹大意，一遇突发事件，难于应付，必导致亡国。小国应有危机意识，又不可在战略上丧失信心。在战事突发、大军压境的情况下，不能闻风丧胆，把国家、城池拱手相让。

《杂守》提出"危示以安"的原则，在危难面前，要看到转危为安的因素。《备城门》说，当敌人以"十万之众"，用"临、钩、冲、梯、堙、水、穴、突、空洞、蚁附、轒辒、轩车"等各种战法，气势汹汹来攻城时，应清醒分析守城战斗的有利形势和坚守胜围的条件。

墨子在《备城门》说："我城厚以高，守器具，樵粟足，上下相亲，又得四邻诸侯之救，此所以持也。"城墙厚高、守城器械齐备、柴草粮食储备充足，这是物的因素。内部团结、得道多助，是人的因素。凭借人和物的因素，守城战斗能坚持到最后胜利。正确认识军事形势，对战略大局心中有数，做好充分的物质准备和精神准备，就可对可能发生的变故，应付自如。

二十、好战之国

《非攻下》说:"今天下好战之国齐晋楚越。若使此四国者得意于天下,此皆十倍其国之众,而未能食其地也,是人不足而地有余也。今又以争地之故,而反相贼也,然则是亏不足而重有余也。"

《非攻中》载墨子说,南则楚越之王,北则齐晋之君,所有余的是土地,所不足的是人民,然而他们却"尽民之死",以争虚城,"则是弃所不足,而重所有余也。为政若此,非国之务者也"。

《节葬》说:"南有楚越之王,而北有齐晋之君,此皆砥砺其卒伍,以攻伐兼并。"当时齐晋楚越四大国对峙,"四分天下"。公元前453年,韩赵魏三家分晋,大诸侯国有齐秦楚越韩赵魏燕8个,小的有宋鲁郑卫、莒邹杞蔡、郯任滕薛曾等。大诸侯国不断进行兼并战争,攻城略地,矛头指向周边小国。在中国走向统一的过程中,这种现象虽属不可避免,但也给小国人民带来深重灾难。

二十一、战争破坏

墨子历数"好战大国"攻伐掠夺战争的罪状:耽误农时,陷民饥饿。《非攻中》载墨子说:"今师徒唯毋兴起,春则废民耕稼树艺,秋则废民获敛。今唯毋废一时,则百姓饥寒冻馁而死者，不可胜数。"

《七患》叙述农业生产的特点，是"以时生财"，必须"力时急"，抓紧农时，才能"五谷常收"，"生财密"。兴师动众，攻伐兼并，短者数月，长者数年，必然按贻误农时，破坏农业生产，使人民饥寒冻馁。

抢掠财富，犹如强盗。墨子说："今王公大人，天下之诸侯，将必皆差其爪牙之士，皆列其舟车之卒伍，于此为坚甲利兵，以往攻伐无罪之国，入其国家边境，刈其禾稼，斩其树木"，抢掠牲畜，把人民辛勤创造的财富窃为己有，是"非其所有而取"，"亏人自利"，不劳而获，犹如强盗。《孙子·军事篇》和《九地篇》说："侵掠如火""掠乡分众""掠于饶野"，是大国掠夺小国的实情。

残害无辜，掠民为奴。《天志下》载墨子说，"好战大国"攻伐小国，"民之格者则劲杀之，不格者则系操而归。丈夫以为仆御胥靡，妇人以为舂酋"。被侵掠国家的老百姓，稍有反抗，予以残害，不反抗者用绳索捆绑，像牵牲畜一样掠回，强迫为奴，生如牛马。

国家失卒，百姓易务。《非攻下》载墨子说，"好攻伐之国"动辄兴兵"十万"，连年战争，"农夫不暇稼穑，妇人不暇纺绩织纴，则是国家失卒，而百姓易务也"。这就等于使国家失去劳动力，使百姓不能务本业。

被迫征战的大国百姓，在征途中因饥饿、疾病死者"不可胜数"，战斗"丧师多不可胜数，丧师尽不可胜计"，攻下"三里之城"，"杀人多必数万，寡必数千"。攻伐掠夺战争，对交战双方的百姓，都是巨大灾难。墨子的结论是："当若繁为攻伐，此实天下之巨害也。"

二十二、发挥人力

在"大攻小，强执弱"的形势下，采取"守小国"的战略选择，凭借的优势条件是小国、小城人民人力的充分发挥，各种积极因素的充分调动。墨子非命尚力，反对儒者宣扬的命定论，主张发挥人民奋斗的力量。

《非命下》说："夫岂可以为命哉？固以为其力也。"《经下》说："且然不可止，而不害用功（人力），说在宜。"《经说下》解释说："宜，犹是也。且然必然，且已必已。且用功而后然者，必用功而后然。且用功而后已者，必用功而后已。"即人在某种无法改变的趋势面前，不能无所作为，应该充分发挥人力的作用，趋利避害，把利益争取到最大，把祸害排除到最小。"宜"是符合原则、标准。"是"即正确、合标准。敌方大军压境，是将城池拱手相让，乖乖投降，还是组织人民，把力量发挥到极致，坚守城池？墨家主张后者。

战略形势，是敌众我寡，敌强我弱。《备城门》述敌我力量对比说："客（敌）攻以队，十万之众。"《孙子兵法》所说的情况，与墨子所说一致。攻者为强国大国，拥十万精兵。守者为弱国小国，止万家之民。这种攻守双方力量对比的形势，反映当时进攻和防御战的一般情况，有典型性。在敌强我弱、敌众我寡的战略形势下，应结成最广泛的抗战守城统一战线，把小城人民保家卫国的积极性，充分调动，发挥到极致。

二十三、全民皆兵

万户居民小城，抵挡十万敌军进攻，怎样组织守城军队？《备城门》说："客（敌方）攻以队，十万之众，攻无过四队者。上术广五百步，中术三百步，下术一百五十步，诸不足一百五十步者，主人（守方）利，而客（敌方）病。广五百步之队，丈夫千人，丁女二千人，老小千人，凡四千人足以应之，此守术之数也。使老小不事者，守于城上不当术（攻道）者。"

这一部署，用守军四千人（含男壮丁千人，女壮丁二千人，老人小孩千人）。这四千人队伍，男壮丁之所以比女壮丁少一千人，是由于另有预备队、突击队、敢死队和各级军事长官卫队，各种技术兵种等，需要男壮丁担任。

除这四千守军，还有其他安排，如："（城下的）守法：五十步，丈夫十人，丁女二十人，老小十人人计之，五十步四十人。城上楼卒率一步一人，二十步二十人。城小大以此率之，乃足以守御。"按这种"守法"计算，"万家之邑，千丈之城"需守军三千多人。还有城内各处守卫、巡逻，各种后勤保障，倒班轮换，不动员全城居民，实行"举全城之民皆兵"，不能胜任。

广泛组织妇女参战，是墨者组织积极防御战的一大特色。《号令》说："女子到大军，令行者男子行左，女子行右。"几千名青壮年妇女，听到集合鼓声，放下手中活计，从各家各户走出，齐拥城上岗位报到。要速度快，有秩序，须要男左女右，分道而行。

《号令》说："丁女子，老少，各一矛。"即女兵和男兵一样，手持武器，参与战斗。《旗帜》说："守城之法……女子为姊妹之旗。"即女兵军团，有特殊军旗标志。又说："男女皆辨异衣章徽，令男女可知。"即男女兵，各着不同制式军服，佩戴不同臂章徽记，使男女兵易分辨，便于管理，严肃风纪。女子作战英勇，同男兵一样受赏赐，如"赐钱"，给予免征租税、徭役的优待。

《备穴》说："诸作穴者五十人，男女相半。"连坑道兵组成，都要男女各半。在防御战中，妇女显示"半边天"作用。战国时代，男子服兵役年龄，从15到60岁。四千守城军，有"老少千人"，"老"指60岁以上老人，

"少"指15岁以下儿童。

《旗帜》说:"五尺童子为童旗。"儿童团,有专用军旗,上描儿童形象。又说:"凡所求索,旗名不在书者,皆以其形名为旗。"《号令》说:"里中父老不与守之事及会计者,分里以为四部,部一长,以苛(盘查)往来。不以时行,行而有他异者,以得其奸。"即住在街道上的老人,没有参与守城部队和后勤工作,组织担任巡逻、联防,盘查往来行人,发现可疑,及时报告,以防奸细混入。

《杂守》说:"睍(审观)小五尺不可卒者,为署吏,令给事官府与舍。"即观察15岁以下儿童,不能参加守城部队,组织在官府长官住处服役。在小城保卫战中,连老人、儿童都彻底发动,在城内不会有一个闲人。

二十四、各用所长

在守城战斗中,对各阶层、各行业、各种有一技之长的人,都彻底动员,用其所长,各有分职,全部纳入战时体制,编制为军队的组织形式。《迎敌祠》说:"收贤大夫,及有方技者与工,第之(编制使各有统属)。举屠(屠夫)、沽者(酒商),置厨给事(给军队办理炊事)第之。凡守城之法……百官供财(有钱出钱),百工即事(有力出力)……士皆有职(士人都有专职)。"

即要求把各级官吏、各种有一技之长者、手工业工匠，都编为组织，明确上下级关系。让屠夫、卖酒商人，操办军队伙食。各级官吏提供财力，各种工匠提供人力、技术，知识分子分配专职。

《备城门》说："敌人为穴而来，我急使穴师选士，迎而穴之，为之具内弩以应之。""穴师"是专精开挖洞穴、坑道的技师。《备穴》说："令陶者为瓦窦"，"疾鼓橐熏之，必令明习橐事者勿离灶口"。"陶者"，指制陶技工。"明习橐事者"，指熟练的冶金鼓风技工。在战时组织各种手工业技工、技师，利用专业特长，构筑军事工程设施，实行各种特殊战斗方式。

二十五、统一战线

《杂守》说："有逸人，有利人，有恶人，有善人，有长人，有谋士，有勇士，有巧士，有死士，有内人者、外人者，有善爱人者，有善斗人者，守（郡守）必察其所以然者，应名以纳之。""使人各得其所长，天下事当。均其分职，天下事得。皆其所喜，天下事备。强弱有数，天下事具矣。"

在守城战斗的非常时期，当权者应采取开明宽容的用人方针，调动一切积极因素，尽力化消极因素为积极因素，最大限度团结一切可以参加守城战斗的人，结成广泛抗敌统一战线。拥有数万人的郡级城市，各阶层、各行业、各色人等，无所不有。平时乐善好施、乐于助人者，善于出谋划策的人，心灵手巧的人，勇猛无畏的人，侠客义士等，自然各有所用。高个子、"有力者"（力气大的人，见《备城门》等篇）、"案目者"（能够目不转睛、盯着看的人，见《备梯》）、"聪耳者"（耳朵灵的人，见《备穴》），各有用场。平时爱说别人坏话的人、品行不端的人、爱打架斗殴的人，只要参加守城战斗，改过自新，无不欢迎。外来不久的新住户，与老居民一律对待。凡参加守城战斗，不计较出身、经历、品质、行业、才能等区别，一视同仁，皆予收纳，各分配一定工作，发挥长处，使每一个人都在守城战斗中，找到适合自己的位置。

"使人各得其所长""均其分职""皆其所喜""强弱有数""天下事当"等等，即每个人都为守城战斗做贡献，跟守城事业相联系，结成广泛抗敌守城统一战线。这是守城事业的人力保证。墨者注意既团结内部，又争取外援，瓦解敌人，优待间谍，目的是为了扩大守城统一战线。

《备城门》说："上下相亲"，"吏民和"，"主信以义，万民乐之无穷"。《号令》说："诸有怨仇不相解者，召其人为之解之。"这是团结内部。《备城门》说："得四邻诸侯之救。"《号令》说："豪杰之外多交诸侯。"这是争取外援。

"守入城，先以候为始，得辄宫养之，勿令知吾守卫之备。候者为异宫，父母、妻子皆同其宫，赐衣食、酒肉，信吏善待之。"这是优待敌方间谍，意在瓦解敌人，化消极因素为积极因素，使之有利于守城一方。墨者尽人力坚守胜围，把局部小国、小城有限人力发挥到极致，是古代战争史上的奇迹。

二十六、禽滑厘子

《备梯》说："禽滑厘子事子墨子。"《耕柱》说："子墨子悦，而召子禽子。"《墨子》称"禽滑厘子""子禽子"，说明墨子嫡传大弟子禽滑厘独立授徒。禽滑厘的学生，惯称禽滑厘为"禽滑厘子""子禽子"。禽滑厘是《墨子》城守各篇的记录整理人。

《吕氏春秋·当染》说："禽滑厘学于墨子，许犯学于禽滑厘。"《尊师》说："索卢参，东方之巨狡也，学于禽滑厘。"禽滑厘是墨家学派的第二代表人，传承墨学，贡献卓越，与墨翟并称。《庄子·天下》说："墨翟、禽滑厘闻其风。""墨翟、禽滑厘之意。"

禽滑厘为墨子嫡传，侧重军事学，受墨子指挥，助弱国小国守城，是《墨子》城守各篇墨子军事思想的记录者，以对话形式整理成书。他率墨徒三百人助宋国守城。

《公输》说："臣之弟子禽滑厘等三百人，已持臣守圉之器，在宋城上，而待楚寇矣。"他持墨学以辩杨朱，曾师从子夏，习儒学。《史记·儒林列传》说："禽滑厘之属，皆受业于子夏之伦，为王者师。"见表29：

表29 《墨子·备城门》等军事篇称墨子、禽滑厘统计　单位：次

篇名	备城门	备高临	备梯	备穴	备蚁附	杂守	共计
子墨子	4	1	5	1	1	2	14
禽滑厘	2		1				3
禽子		1	4	1	1	1	8

二十七、师徒对酌

师徒对酌有故事。《备梯》说："禽滑厘子事子墨子三年，手足胼胝，面目黧黑，役身给使，不敢问欲，子墨子甚哀之，乃管酒块脯，寄于泰山，灭茅坐之，以醮禽子，禽子再拜而叹。子墨子曰：'亦何欲乎？'禽子再拜再拜曰：'敢问守道（守城技巧）。'"

二十八、云梯攻防

《公输》说："公输盘为楚造云梯之械。"《备梯》说："云梯既施。""云梯者重器。""夹而射之，重而射之，技机掷之，城上繁下矢石沙炭以雨之，薪火水汤以济之"，

"云梯之攻败"。"云梯"：登高侦察之具。《淮南子·兵略训》许慎注："云梯可依云而立，所以瞰敌之城中。"

二十九、抛掷器械

《备高临》描述藉车，即掷车，转射机，技机奇器，是大型远距离的抛掷器械。其结构为木杆长三丈五尺，抛掷器长臂，架在两根柱子间的支柱上，柱高七尺，四尺埋地，木杆顶端有筐笼，形似马颊（马头状），装石块等杀伤物。士兵站车后，将绳末端下拉，利用杠杆原理使木杆撬起，将顶端石块等杀伤物投向敌方。

《备城门》说："诸掷车皆铁揲。掷车之柱，长丈七尺，其埋者四尺。夫长三丈以上至三丈五尺，马颊长二尺八寸，试掷车之力而为之困，夫四分之三在上。掷车夫长三丈，四之三在上，马颊在三分中。马颊长二尺八寸，夫长二丈四尺，以下不用。治困以大车轮。掷车桓长丈二尺半。诸掷车皆铁揲。覆车者正之。"

即所有掷车都用铁包裹。掷车柱，长一丈七尺，埋四尺，掷车臂长三丈到三丈五尺，马颊长二尺八寸，试验掷车力量，制作车床困，臂四分之三在上。掷车臂长三丈，四分之三在上，马颊在三分中。马颊长二尺八寸，臂长二丈四尺，不够尺寸不用。控制车床，用大车轮。掷车柱长一丈二尺半。所有掷车都用铁包裹。车倾覆扶正。

"转射机，机长六尺，埋一尺。两材合而为之稳，稳长二尺。中凿夫之为通臂，臂长至桓。二十步一，令善射之者主之，佐一人，皆勿离。"即转射机机身长六尺，埋入土中一尺。用两根木材相合，做成车床，长二尺。在机身露出部分中间凿一孔，安上通臂，臂长到墙垣。二十步设置一部，派优秀射手主持，辅佐一人，都不能离开。

三十、冲撞器械

《备城门》说："今之世常所以攻者：临、钩、冲。""冲"：冲撞器械，冲撞车。"益求齐铁矢，播以射冲。"即多求得齐国优质铁做的箭矢，分布城上，以射击敌方冲撞车。《备梯》说："持冲十人，执剑五人，皆以有力者。"即十人掌冲撞车，五人拿剑，都选大力士担任。

《备穴》说："穴且遇，以颉皋冲之。"即敌我双方地道将要接通时，用颉皋冲撞车冲击。"穴且遇，为颉皋，必以坚材为夫，以利斧施之，命有力者三人用颉皋冲之。"即敌我两方地道将要接通时，备好冲撞车，用坚硬材质做冲杆，安装锋利斧头，命令三个大力士，用冲撞车冲击。

三十一、连弩之车

《备高临》说："连弩之车，材大方一方一尺，长称城之薄厚。两轴三轮，轮居筐中，重下上筐。左右旁二植，左右有横植，横植左右皆圆枘，枘径四寸。左右缚弩皆于植，以弦钩弦，至于大弦。弩臂前后与筐齐，筐高八尺，弩轴去下筐三尺五寸。连弩机郭用铜一石三十斤。引弦辘轳收。筐大三围半，左右有钩距，方三寸，轮厚尺二寸，钩距臂博尺四寸，厚七寸，长六尺。横臂齐筐外，爪尺五寸，有距，博六寸，厚三寸，长如筐。有仪。有屈伸，可上下。为武，重一石，以材大围五寸。矢长十尺，以绳系于矢端，如弋射，以辘轳卷收。矢高弩臂三尺，用弩无数，出入六十枚，用小矢无留。十人主此车。"

即连弩车的木材大一尺见方，长度相当于城墙厚薄。两轴三轮，轮装在车筐中，车筐有底顶两层。左右旁边各有两根立柱，有横梁，横梁左右圆榫头，榫头直径四寸。左右在柱上绑弓弩，用弦钩弦，直到大弦。弩臂前后与车筐齐，车筐高八尺，弩轴离筐底三尺五寸。连弩机郭用铜一百五十斤。用辘轳收引弓弦。筐有三围半大，左右装有钩距，三寸见方。轮厚一尺二寸。钩距臂宽一尺四寸，厚七寸，长六尺。横臂与筐外沿齐，爪一尺五寸长，有距，宽六寸，厚三寸，与筐一样长。有瞄准仪，有屈伸，可上下调整。用一围五寸大的木材，重一百二十斤，做成弩床。箭长十尺，用绳系在箭尾，像弋射一样，用辘轳卷收。箭高出弩臂三尺。用弩放箭没有定数，一次出入六十枚，用小矢不收回。十人操纵。

三十二、引机发梁

用滑车牵引的活动吊桥。《备城门》说:"去城门五步大堑之,高地丈五尺,下地至泉,三尺而止,施栈其中,上为发梁而机巧之,比傅薪土,使可道行,旁有沟垒,毋可逾越,而出挑且败,敌人遂入,引机发梁,敌人可擒。敌人恐惧,而有疑心,因而离。"

离城门五步挖壕沟,地势高挖一丈五尺深,地势低挖到泉水,再挖三尺。壕沟架栈板,栈板设吊桥,装巧妙机关,普铺薪土,可作道路,旁有沟垒,不能逾越,出城挑战,假装败逃,诱敌走进栈板,开动机械,引开吊桥,敌被捉拿,敌人恐惧,产生疑心,逃离而去。

三十三、铁制蒺藜

《备城门》说:"城上九尺一弩、一戟、一椎、一斧、一艾,皆积礧石、蒺藜。""为蒺藜投,长二尺五寸,大二围以上。"即制作用于投掷的蒺藜,长二尺五寸,大两围以上。"蒺藜、甓皆可缮防。"即蒺藜砖瓦都可做防御器材。《备梯》说:"蒺藜投必遂而立,以车推引之。"即蒺藜投一定要在敌人的攻道上设置,用车推引。《备穴》说:"穴用梓若松为穴户,户内有两蒺藜,皆长极其户。"即地道用梓木松木做门,门内有两蒺藜,长度相当于门高度。

三十四、地道攻防

《备城门》说："敌人为穴而来，我急使穴师选士，迎而穴之。"《备穴》说："有善攻者，穴土而入，缚柱施火，以坏吾城。""令陶者为罂，容四十斗以上，固幎之以薄络革，置井中，使聪耳者伏罂而听之，审知穴之所在，凿穴迎之。"即叫陶工做瓦坛，容纳四十斗以上，用生皮革紧蒙，放井中，派听力好的人，伏瓦坛听敌动静，察知敌人掘地道方向，掘地道迎击。"谨备寇穴。"即谨慎防备敌寇挖地道。

"令陶者为瓦窦，长二尺五寸，大围，中判之，合而施之穴中，偃一覆一，善涂其窦际，勿令泄，两旁皆如此，与穴俱前，下迫地，置糠若炭其中，勿满，炭糠长亘窦，左右俱杂，相如也。穴内口为灶，令如窑，令容七八圆艾，左右窦皆如此，灶用四橐。穴且遇，以桔槔冲之，疾鼓橐熏之，必令明习橐事者勿令离灶口。连版以穴高下广狭为度，令穴者与版俱前，凿其版，令容矛，参分其疏数，令可以救窦。穴则遇，以版当之，以矛救窦，勿令塞窦。窦则塞，引版而却，过一窦而塞之，凿其窦，通其烟，烟通，疾鼓橐以熏之。从穴内听穴之左右，疾绝其前，勿令得行。若集客穴，塞之以柴涂，令无可烧版也。然则穴土之攻败矣。"

即命陶工造瓦管，长二尺五寸，大一抱，从中间剖开为两半，两半相合设置地道，一半凹处向上，一半凹处向下，用泥涂抹瓦管缝隙，不漏气，两旁都这样，与地道一起向前延伸，下紧贴地面，放置糠炭，不放满，炭糠放置横贯瓦管，左右拌和均匀。地道内口垒灶，似窑，装七八个艾团，通左右两边瓦管。每灶用四个风箱。双方地道将要相遇时，用桔槔冲开，紧急鼓动风箱熏敌，派能熟练操作风箱的人，不离灶口。拼连木板，与地道高低宽窄相当，挖地道人与连版一起前进，连版凿孔，疏密相间，让孔能容长矛，以便抵御敌人破坏瓦管。双方地道相遇，用连版挡，用矛保护，不叫敌人堵塞瓦管。瓦管被堵，引板退却，越过一节瓦管，堵塞敌人，凿开瓦管，使烟气畅通，紧急鼓风箱熏敌。从隧道内注意探听地道左右传来声音，断绝敌方推进，不叫敌人前行。如果冲到敌方地道，用涂泥的柴火堵塞敌人，不要叫敌人烧毁连版，这样敌人的穴攻就失败。

三十五、典型案例

《公输》《吕氏春秋·爱类》《战国策·宋策》《淮南子·修务训》等元典，均载墨子止楚攻宋的典型案例。《公输》记载，前440年一天，墨子听到鲁班帮助楚国造云梯，准备攻打宋国，便从齐鲁国出发，日夜兼程，行十天十夜，到楚国都郢，找到鲁班。

鲁班问："先生有何见教？"墨子说："北方有人侮辱我，请你杀他。"鲁班不高兴。墨子说："我送你十两金子。"鲁班说："我讲仁义，从来不杀人！"墨子起身再拜说："吾从北方，闻子为梯，将以攻宋。宋何罪之有？荆国有余于地，而不足于民，杀所不足而争所有余，不可谓智。宋无罪而攻之，不可谓仁。知而不争，不可谓忠。争而不得，不可谓强。义不杀少而杀众，不可谓知类。"鲁班被说服，并答应带墨子见楚王。

墨子对楚王说："今有人于此，舍其文轩，邻有敝舆，而欲窃之。舍其锦绣，邻有短褐而欲窃之。舍其粱肉，邻有糠糟，而欲窃之。此为何若人？"王说："必为有窃疾矣！"墨子说："荆之地方五千里，宋之地方五百里，此犹文轩与敝舆也。荆有云梦，犀兕麋鹿满之，江汉之鱼鳖鼋鼍为天下富，宋所为无雉兔鲋鱼者也，此犹粱肉与糠糟也。荆有长松、文梓、楩楠、豫章，宋无长木，此犹锦绣之与短褐也。臣以三事（三种比喻）之攻宋也，为与此同类。"

楚王说："讲得好！尽管如此，鲁班已为我准备了云梯，我一定要攻打宋国！"于是把鲁班叫来一起辩论。墨子解下腰带当城墙，以木片当守城器械，与鲁班进行攻守模拟战。鲁班九次改变攻城器械和战法，九次被墨子打败。鲁班攻城器械用尽，墨子守城器械尚未用完。

鲁班对墨子说:"吾知所以距子矣,吾不言!"墨子说:"吾知子之所以距我者,吾不言!"楚王问其故,墨子说:"公输子之意,不过欲杀臣。杀臣,宋莫能守,可攻也。然臣之弟子禽滑厘等三百人,已持臣守御之器,在宋城上,而待楚寇矣。虽杀臣,不能绝也!"楚王说:"善哉!吾请无攻宋矣!"

墨子制止楚王攻宋,返回鲁国,路过宋国,那里戒备森严,赶上下雨,墨子想到城门洞中避雨,遭到守城者拒绝:这是守城者根据墨子守城的要求行事。

从故事看出,墨子"非攻"和"救守",是一体两面,反对攻伐掠夺战争,当这种战争爆发,要用"救守"(救援守者)的行动,去"非攻":制止攻伐掠夺战争。

制止不义战争,要有多种条件。要有道义优势。"得道多助,失道寡助。""有理走遍天下,无理寸步难行。"战争爆发,与之并行的,是外交斗争,"伐兵"和"伐交"交织。"伐兵"靠军事实力,"伐交"靠道义。占道义优势,义正词严,大义凛然。墨子与鲁班、楚王对话,占道义优势,在气势上压倒对方。

熟知战术、战法。"伐交"谈判,充满军事理论、知识的交锋。攻方用军事优势恐吓,想在谈判桌上,取得在战场上尚未得到的。守方不被吓倒,要对双方军事实力了如指掌。在战术、战法、武器装备方面,要有应付对方的手段,"在战略上藐视敌人,在战术上重视敌人"。如果墨子不在与鲁班的"沙盘战斗"中取胜,楚王就不会放弃攻宋意图。

以物质实力为制止战争后盾。道义胜利,通过正义战争胜利实现,以正义力量强大为前提。墨子与鲁班模拟攻防战取胜,对方仍想通过杀掉墨子的不义举动赢得攻宋战争。楚王听说墨子门徒,早已持墨子守城器械,在宋城上严阵以待,才真正认输。